Der Güterbesitz In Ehstland Zur Zeit Der Dänen-herrschaft: Nach Jakob Langebek's, Peter Friedrich Suhm's Und Georg Magnus Knüpffer's Topographischen Bemerkungen Zum Liber Census Daniae Mit Einigen Zusätzen...

Carl Julius Albert Paucker

Der

Güterbesitz in Ehstland

zur Zeit der

Dänen-Herrschaft,

nach

Jakob Langebek's, Peter Friedrich Suhm's und
Georg Magnus Knüpffer's

topographischen Bemerkungen

zum

Liber Census Daniae

mit einigen Zusätzen

herausgegeben

von

Dr. *Carl Julius Albert Paucker,*

Procureur des Gouvernements Ehstland,

Vice-Präsidenten der Allerhöchst bestätigten ehstländischen literärischen
Gesellschaft, Director der ehstländ. Abth. der evangel. Bibelgesellschaft,
auch Präses des Verwaltungsraths des unter dem Schutz Ihrer Kaiserl.
Hoheit der Frau Grossfürstin Cäsarewna stehenden Kinder-Rettungshauses
zu Reval, Allerhöchst bestätigtem Mitgliede des Gefängniss-Fürsorge-Comité's
und vom Ministerio des Innern ernanntem Mitgliede des statistischen Comité's
des ehstländ. Gouvernements, ordentlichem Mitgliede der Königl. Gesellschaft
für nordische Alterthumskunde zu Kopenhagen, der finnischen Literatur-
Gesellschaft zu Helsingfors, der ehstnischen gelehrten Gesellschaft zu
Dorpat, der Allerhöchst bestätigten Gesellschaft für Geschichte und Alterthumskunde der Ostsee-Gouvernements zu Riga und der curländischen
Gesellschaft für Literatur und Kunst zu Mitau, auch correspondirendem
Mitgliede der Kaiserlichen freien öconomischen Gesellschaft
zu St. Petersburg.

Hic patriae agnosces mutata vocabula linguae,
Mores, ingenium. res. loca. regna. situs.
Schardius.

Reval 1853.

Der Druck wird unter der Bedingung gestattet, dass, nach Beendigung desselben der Abgetheilten Censur in Dorpat die vorschriftmässige Anzahl von Exemplären vorgestellt werde.

Dorpat, den 12. Januar 1853.

(Nr. 9.) Abgetheilter Censor Hofrath *de la Croix*.

Gedruckt bei Heinrich Laakmann.

Sr. Hochgeboren

dem Herrn

Dr. *Carl Eduard von Napiersky*,

Staats-Rath und Ritter des St. Annen-Ordens, mit dem Ehrenzeichen
25jährigen untadeligen Staatsdienstes, Mitgliede des Censur-Comité's zu
Riga und des statistischen Gouvernements-Comité's für Livland, auch des
rigischen Sections-Comité's der evangel. Bibel-Gesellschaft, Stifter und Ehren-
Mitgliede der lettischen literärischen Gesellschaft und der Gesellschaft für
Geschichte und Alterthumskunde der Ostsee-Gouvernements Russlands,
ordentlichem Mitgliede der curländischen Gesellschaft für Literatur und Kunst
zu Mitau, der Königl. dänischen Gesellschaft für nordische Alterthumskunde zu Kopenhagen und der Königl. preussischen deutschen Gesellschaft
zu Königsberg, correspondirendem Mitgliede der ehstländischen literärischen
Gesellschaft zu Reval und des thüringisch-sächsischen Vereins für Erfor-
schung des vaterländischen Alterthums und Erhaltung seiner Denkmale,
corresp. und Ehren-Mitgliede des wetzlarschen Vereins für Geschichte und
Alterthumskunde und des Vereins für Geschichte und Alterthumskunde
Westphalens zu Münster und Paderborn, Ehren-Mitgliede der gelehrten
ehstnischen Gesellschaft bei der Kaiserlichen Universität zu Dorpat, Cor-
respondenten der beim Ministerium der Volks-Aufklärung gegründeten archäo-
graphischen Commission für Russland und der Kaiserlichen Akademie der
Wissenschaften, auch Ehren-Mitgliede der Kaiserlichen öffentlichen Bibliothek
zu St. Petersburg u. s. w.

zu ehrender Anerkennung

seiner ausgezeichneten Verdienste um die Aufhellung und

wissenschaftliche Bearbeitung vaterländischer Geschichte

und Alterthumskunde

mit aufrichtigster Hochachtung und Ergebenheit zugeeignet

vom

Verfasser und Herausgeber.

Topographische Bemerkungen

zum

Liber Census Daniae

hinsichtlich der darin benannten

Ortschaften Ehstlands

von

Georg Magnus Knüpffer,

emerit. Prediger zu St. Marien in Wierland.

Einleitung.

Da es mir vorzüglich nur um Aufhellung der Topographie Ehstlands nach dem Liber Census Daniae zu thun ist, so enthalte ich mich aller antiquarischen Bemerkungen über das Werk selbst, welches Jakob Langebek zum Druck verbereitet, nach seinem Tode' aber erst Peter Friedrich Suhm in Kopenhagen vor bald einem halben Jahrhundert herausgegeben hat*). Nur ein kurzer Auszug aus dem Vorbericht von Suhm stehe hier, da er manche wissenswerthe Nachricht enthält, welche zur Aufklärung über dieses Buch und über die Zeit, der es muthmasslich seinen Ursprung verdankt, dienen kann. Auch habe ich das Nöthigste hinsichtlich meiner Bearbeitung dieses Büchleins hinzugefügt und die aus der Arbeit für die Topographie unseres Vaterlandes iu ältester Zeit gewonnenen Resultate kurz zusammengestellt.

Die Pergament-Handschrift des Liber Census Daniae befindet sich im Archiv des königlichen Antiquitäten-Cabinets zu Stockholm. Nach der Zierlichkeit der Buchstaben zu urtheilen

---

*) s. *Scriptores rerum Danicarum medii aevi*, quos collegit et adornavit Jacobus Langebek, post moriem autem viri beati recognovit, illustravit, publicique juris fecit Petrus Fridericus Suhm. Havniae 1792 fol. Epitome ex tomo VIImo, continens partim Waldemari II. librum Census Daniae, ejusque historiam pag. 507—517, 543—554 et 621—625. [Ein neuer Abdruck dieser wichtigen Urkunde steht zu erwarten in dem 2ten Theil der Antiquités russes des antiquaires du Nord, herausgegeben von dem verdienstvollen Secretairen der königlichen Gesellschaft für nordische Alterthumskunde Herrn Etatsrath und Ritter Dr. Carl Christian Rafn in Kopenhagen.]

1

und zufolge der in der Schrift erwähnten Aunonae marcaeque ist sie ohne Zweifel im 13. und vielleicht nur zum Theil im 14. Jahrhundert geschrieben worden. Sie giebt sich als ein Rationarium Regis Waldemari zu erkennen und wird auch als Kong Waldemar's Jordebog (Erdbuch) bezeichnet. Nach Lux-dorff wäre ihr richtigster Titel Catastrum Regum — nicht Regni — Daniae, weil fast durchweg bloss die Einnahmen des Königs, das Maass und die Beschaffenheit seiner Ländereien vorkommen, nicht aber die der Bewohner des Landes, ausser in Falster, wo indessen auch nicht der Einkünfte der Bürger gedacht ist, sondern nur der Grösse ihrer Grundbesitzungen, welches auch für die Lehngüter der Vasallen des Königs in der entfernten Provinz Ehstland gilt.

Das Alter des Erdbuchs entnehmen wir aus ihm selbst. S. 1 erwähnt des Jahres 1231, S. 60 kommt das Jahr 1254 vor, und S. 63 wird des Königs Christoph namentlich gedacht. Es lässt sich daraus mit Wahrscheinlichkeit schliessen, dass das Erd-buch schon im Jahr 1231 auf Befehl des Königs Waldemar II. angefertigt und später noch, zunächst unter der Regierung des Königs Christoph I., Manches ergänzt und hinzugefügt worden sei. Langebek freilich hat die Bemerkung gemacht, dass die Namen einiger Mannen in Ehstland jünger seien und jenen Zeiten nicht angehören könnten, wobei er vielleicht namentlich *Heilardus* p. 85, *Tuui palnis* p. 91, *Thideric de Kiuael* p. 95 und *Heidenricus de Bickaeshöueth* p. 98 im Sinne gehabt, deren in Urkunden erst von 1260 bis 1289 Erwähnung geschieht. Allerdings mögen, darnach zu urtheilen, jene Männer im J. 1231 noch kaum gelebt, geschweige denn in Ansehen gestanden haben; doch stehet dem nicht entgegen, dass sie um 1254 bereits königliche Lehnsmannen und manche unter ihnen in den Jahren 1260—1280 auch selbst Hauptleute gewesen sein können.

Ohne Zweifel ist der in Rede stehende Codex schon im 13. Jahrhundert geschrieben worden und zwar die beiden ersten Abtheilungen wohl schon zur Zeit Waldemar's II. von gleich-zeitigen Händen, denn sie haben grosse Aehnlichkeit von ein-ander: die erste Abtheilung bis p. 42 wahrscheinlich im J. 1231, die andere, welche p. 59 endigt, aber bald nachher. Die dritte Abtheilung p. 60—62 ist von einer andern Hand wohl erst im J. 1254, und die vierte Abtheilung, welche mit p. 65 beginnt und mit p. 108 endigt, doch noch zu König Christoph's I. Zeit mit einer von der vorigen wenig unterschiedenen Hand geschrieben. Von ganz abweichender Handschrift sind dagegen die vier letzten Blätter, die aus einem andern Codex herzurühren scheinen und in einem Schreiben des gelehrten Schweden N. R. Brockmann Fragmenta Rationarii Waldemari genannt werden. Sie sind mit unserer Handschrift verbunden, jedoch gewiss jünger als das Catastrum und etwa um 1263 oder noch später verfasst. Denn darin werden genannt die Bischöfe Ascerus von Ripen, der von 1249 bis 1273 den Bischofsstuhl einnahm, Nicolaus von Viborg, welcher im J. 1267 starb, Petrus von Arhus, der ungefähr um 1263 gelebt hat, und Petrus Borg von Roeskild, welcher von 1251 bis 1278 Bischof war.

In jener Zeit waren fast alle dänischen Bauern freie Grundbesitzer; jetzt besitzen Edelleute diese Ländereien. Alle Bauern, Landbobönder genannt, mussten eine nach dem Werthe ihrer Grundstücke verhältnissmässige Mannschaft ins Feld stellen, Skyld genannt und Landgilde, nämlich 4 Mann von einer Mark Silber Werth, oder einen Mann von 2 Mark Landgut. Die weniger besassen, hatten keine Mannschaft zu stellen und konnten ruhig zu Hause bleiben (in quaersede). Diese wurden Indebönder genannt und zahlten nur Geld zur Unterhaltung der Tafel des Königs. Die Edelleute, welche Grundstücke besassen, stellten keine Kriegsleute, weil sie selbst persönlich zur Heeresfolge verpflichtet waren. Nur die Geistlichkeit war von Kriegsleistungen und allen Zahlungen dazu gänzlich befreit.

Die Zahl der Einwohner war gering. Die Ländereien, deren 24 Hufen (Ortus) damals einen Boel oder Morgen (mansus) ausmachten, waren auf den Inseln fast alle in Havne (portus) getheilt, aus deren Einkünften die Mannschaft zur See unterhalten wurde. Ein Grundstück von 24 Mark unterhielt ein Schiff mit 12 Ruderern. In jedem Havne war ein Befehlshaber Styresmend, dessen Hof (Curia) bei der Ertheilung nach seinem Ableben nur den Töchtern zufiel. Ein Ruderschiff wurde zu einer Seereise mit Bewaffneten völlig ausgerüstet und mit Mundvorrath der Reisigen für 3 Monate auf ihre Kosten versehen. Jeder Reisige musste überdies versehen sein mit einem ehernen Helm, mit Wurfspiessen und einem Bogen mit 36 Pfeilen.

1 *

[Nicht so genau sind wir über die damaligen Verhältnisse unterrichtet in dem von dem Königreiche Dänemark durch das Meer getrennten fernen Ehstland. Wir wissen nur aus dem für die Dienstmannen daselbst geltenden Lehnrechte König Waldemar's II., dass sie beim Thronwechsel in Dänemark in drei verschiedenen Abtheilungen binnen 3 Jahren sich daselbst einfinden mussten, dem Könige zu huldigen und Treue zu schwören und ihre Besitzungen in Ehstland dagegen von ihm zu Lehn zu empfangen. Denn wegen der häufigen Raubzüge der Litthauer und der kriegerischen Einfälle der benachbarten Russen und Karelier durfte das Land zu keiner Zeit ohne Hut während der Abwesenheit eines Theils der Ritter und Mannen der Gefahr blossgestellt werden, und war man selbst vor den gewaltsamen Ueberfällen der bezwungenen Ehsten im Lande nicht sicher, die jede Gelegenheit begierig ergriffen, sich von dem schweren fremden Joche zu befreien. Der König ertheilte den Dienstmannen, welche ihm gehuldigt hatten, alle die Güter zu Lehn, zu denen sie ihr Recht erwiesen, wobei die Aussage zweier glaubwürdigen königlichen Mannen, die ihre Wissenschaft darum vor den heiligen Reliquien eidlich erhärteten, im Zweifel auch gegen den König als voller Beweis galt. Das Lehn aber wurde ausdrücklich auch mit allen Nutzungen der Güter und mit allen aus denselben zu erhebenden Zinsen und Zehnten ertheilt, auch mit der Gerichtsbarkeit an Hals und Hand, d. h. in peinlichen Fällen selbst über Leben und Tod aller daselbst wohnenden Leute, und mit allen Rechten an den Dörfern, Feldern, Wäldern, Wiesen, Weiden und Gewässern, so weit die Grenzen jedes Gutes sich erstreckten. Dagegen waren die Lehnsmannen auch verpflichtet, nicht bloss ein jeder für sich die ihm verliehenen Güter, sondern auch alle insgesammt das ganze Land auf eigene Kosten zu vertheidigen und gegen dessen Feinde im Innern wie nach aussen hin nach besten Kräften und Vermögen zu schützen und zu schirmen. Verloren sie dabei ihr Hab und Gut, so hatten sie vom Könige auf keinen Ersatz zu rechnen, geriethen sie in Gefangenschaft, so mussten auch sie selber sich wieder auslösen oder von den eigenen Angehörigen sich auslösen lassen. Verstarb ein Lehnsmann und hatte keinen rechtmässigen Erben, so fiel das Lehn zurück an den König, dem dann auch das Heergewette gebührte, dagegen aber auch die Entrichtung der auf dem Gute lastenden Schulden oblag. Hinterliess der Verstorbene nach kinderloser Ehe eine Wittwe, so blieb diese Jahr und Tag im Besitze des Gutes ihres Mannes, musste es dann aber räumen, nachdem ihr von seinen Erben die ihr im Brautstande für ihre Mitgift als Wiederlage ausgesetze Morgengabe und alles bewegliche Gut, was noch sonst zu ihrer fräulichen Gerechtigkeit gehörte, vollständig ausgekehrt worden war. Hinterliess der Verstorbene Frau und Kinder, so blieb die Wittwe im Besitze des Gutes so lange sie lebte und sich mit ihren Kindern darin nicht theilen mochte, musste aber natürlich für des Mannes Schulden mit einstehen, und auch während ihres Besitzes stets die Lehnspflicht von dem Gute leisten und die erforderliche Mannschaft nach Verhältniss der Grösse des Gutes gehörig ausgerüstet ins Feld stellen. Nach dem Tode oder nach der Theilung der Mutter hatten die Söhne das nächste Anrecht an des Vaters Gut und musste, wenn nur 2 vorhanden waren und sie nicht im gemeinsamen Besitze bleiben wollten, der ältere den Werth des Guts bestimmen, wozu ihm 6 Wochen Zeit gelassen wurde, darauf der jüngere dann gleichfalls 6 Wochen Zeit hatte, um sich für die Wahl des Gutes oder des ihm zukommenden Antheils an dem gelegten Werthe desselben zu entscheiden. Waren mehrere Brüder vorhanden, so wurde der Werth des Gutes gemeinsam bestimmt und dann das Loos darüber geworfen, wer unter ihnen das Gut behalten und seinen Miterben dann ihre Antheile davon in Gelde auskehren sollte. Die Töchter hatten gar kein Recht, ein Erbtheil aus dem Lehngute des Vaters zu fordern, wenn sie mit Söhnen concurrirten, und diese hatten nur die Verpflichtung, sie bis zu ihrer Verheirathung auf dem Gute zu erhalten und dann ihnen eine angemessene Aussteuer und Hochzeit auszurichten. Verweigerten die Brüder dies, so hatten die Schwestern das Recht, nach erreichtem 16. Jahre sich einen Vormund unter den nächsten Verwandten zu wählen, und durch diesen die Brüder zu nöthigen, ihrer Pflicht Genüge zu thun. Waren nur Töchter und keine Söhne nach des Lehnsmannes Tode hinterblieben, so hatten die Töchter auch nur auf die ihnen zukommende Leibzucht oder im Fall der Verheirathung auf ihre Ausstattung und eine freie Hochzeit Ansprüche, das Gut fiel an den nächsten männlichen Verwandten des Verstorbenen,

der auch das Heergewette erbte, oder wenn kein solcher männ-
licher Erbe vorhanden war, fiel das Gut mit sammt dem Heergewette dem Könige zu. Waren jedoch Söhne vorhanden, und
alle oder doch einige schon über 12 Jahre alt, so mussten sie
binnen Jahr und Tag nach Dänemark hinüber fahren und dem
Könige huldigen und Treue geloben, dagegen aber die väterlichen Güter zu Lehn empfangen, und konnten selbst sich einen
Vormund wählen bis zu ihren mündigen Jahren. Wollten sie
im gemeinsamen Besitze des väterlichen Erbes bleiben, so be-
lehnte sie der König mit dem Besitze zur gesammten Hand,
und starb alsdann einer unter ihnen, so fiel sein Antheil den
andern Mitbelehnten zu. Es konnten aber auch Vettern oder
andere Mannen sich die Verleihung des Gesammthandrechts
vom Könige erbitten, und war dann der Besitzer des Lehngutes
verpflichtet, wenn er das Gut verkaufen wollte, dasselbe seinen
Mitbelehnten zuvor anzubieten, welche in jedem Fall das Näher-
recht daran hatten, wenn sie denselben Preis dafür zahlen
wollten, den ein Anderer geboten; wollten sie das nicht und
widersprachen auch dem Verkaufe nicht aus andern gesetzlichen
Gründen binnen Jahr und Tag, so war ihr Gesammthandrecht
an dem Gute damit erloschen. Wurde aber ein solches Gut
bloss verpfändet und versetzt, so konnten die Gesammthand-
berechtigten es durch Erlegung des Pfandgeldes jeder Zeit wieder
einlösen. Sonst aber durfte, ausser nur im Fall äusserster
Noth und Bedrängniss, ein Lehnsmann auch ein vom Vater auf
ihn vererbtes Lehngut nicht verkaufen ohne Zustimmung seiner
nächsten gesetzlichen Erben, welche, wenn sie zur Zeit des
Verkaufs unmündig waren, solchen noch binnen Jahr und Tag
nach erreichter Mündigkeit widerrufen und rückgängig machen
konnten. Ueber selbst erkaufte und wohlgewonnene Güter aber
stand dem Eigenthümer die unbeschränkte Verfügung zu. Und
auch der Liber Census beweist, dass hier viele Mannen des
Königs eigene Güter besassen, die sie nicht vom Könige zu
Lehn empfangen hatten, wie bei vielen Gütern besonders bemerkt ist. Die Grösse der Güter wurde in Ehstland stets nach
Haken angeschlagen und nach deren Zahl auch die Leistung der
Lehnspflicht hinsichtlich der ins Feld zu stellenden Mannschaft
bestimmt. Der Lehnsmann war ausserdem auch selbst zur
Heeresfolge verpflichtet, so oft er von dem königl. Hauptmann

in Reval dazu aufgefordert wurde, der an Stelle des Königs über
das Land hieselbst waltete, im Kriege den Oberbefehl führte,
im Frieden aber an der Spitze des königlichen Landesrathes
auch das Richteramt in letzter Instanz übte. In geringeren
Fällen übertrug er dieses Richteramt einem der königl. Mannen,
und wenn die Betheiligten mit dessen Entscheidung unzufrieden
waren, konnten sie ihre Beschwerden vor den Rath des Landes
bringen, der dann nach vorgängiger Prüfung der Sache unter
Vorsitz des Hauptmanns, wenn der zur Stelle war, allendlich
entschied, ohne weiter zulässige Berufung an den König. Vor
diesen konnten nur Lehnssachen gebracht werden, in welchen
weder der Rath noch der Hauptmann ohne Zustimmung der
Parteien entscheiden durften, zumal der Hauptmann als Ober-
verwalter der königl. Domainen bei einer Klage wider die, welche
ein solches königl. Gut als Lehn für sich in Anspruch nahmen,
zugleich als Partei und Richter hätte auftreten müssen, dem
daher auch das Waldemar'sche Lehnrecht weise vorgebeugt
hatte.]

Dass sich das Meer seit Alters nicht zurückgezogen hat,
wie man wohl gemeint, ersieht man daraus, dass dieselben
Meerbusen, Strandländer, Flüsse und Flussmündungen fast
unverändert wie jetzt schon zur Zeit des Liber Census be-
standen haben. Das ganze Land vom höchsten Norden bis
an den Eyderfluss hiess Jütland. Die Namen der Dörfer in
Schleswig waren alle dänisch und sind erst später germanisirt
worden. Schleswig war damals ein Theil von Dänemark. Da
bei den dänischen Besitzungen weit weniger Edelleute genannt
werden, als bei denen in Ehstland, so muss man glauben, dass
es in Dänemark überhaupt weit weniger Edelleute gegeben habe,
als hier, wo das eroberte Land den zu dessen Bewältigung von
König Waldemar aus Norddeutschland mitgebrachten Rittern zum
grossen Theil zu Lehn gegeben wurde, um dasselbe ferner
gegen die kriegerischen Nachbarn und die Ueberfälle der schwer
bezwungenen Eingebornen zu schützen und zu vertheidigen.
Die Ländereien waren in Dänemark alle genau begrenzt, wohl
auch zum grossen Theil gemessen, was sich von Ehstland
keinesweges annehmen lässt. Die Seen, Mühlen u. s. w. waren
auch in den Verzeichnissen von des Königs Einkünften schon
in den ältesten noch heidnischen Zeiten mit eingetragen und

der Betrag dieser Einkünfte genau geschätzt, während die Grösse der königlichen Besitzungen in Ehstland wohl erst zur Zeit des Census genauer ausgemittelt und angegeben worden sein mag. Man findet den Gebrauch arabischer Zahlzeichen schon damals in Dänemark. Von den Maassen war beim Landmessen die Leuca gewöhnlich, welche bei den Normannen 1000 Fuss betrug. Auch in Dänemark wie in England wurde vorzüglich Gerste gebaut. Drei runde trockene Gerstenkörner machten in England einen Zoll aus (pollex), 12 Zoll bildeten einen Fuss, 3 Fuss eine Elle, 5½ Elle eine Pertica, 20 Perticae in der Länge und 4 in der Breite gaben ein Schnurstück (acra), 4 acrae oder 320 Acker betrug ein Lehn, welches auch wohl anders berechnet ward, indem 4 Ruthen Landes (virgae terrae) eine Hyda machten oder 64 Acker, zu deren Bearbeitung ein Pflug das Jahr hindurch ausreichte. Das Lehn eines Kriegsmannes aber bildeten 5 Hydae, gleich 320 Acker Landes. Acht Pfund Getreide waren = 1 Lagena; 8 Lagenae = 1 Modius (Scheffel) etwa ⅛ Quarter; 250 Pfd. = 1 Bushel. Ein Denarius (Sterlingh), — rund und unbeschnitten, sine tonsura — musste wiegen 32 Gran Korn in medio spicae, 20 Denare wogen eine Unze, 12 Unzen aber 1 Pfd. nach englischem Gewicht, und rechnete man auf 1 Pfd. gemeiniglich 20 Schillinge oder Solidos.

Vorstehende Nachrichten beziehen sich auf den vollständigen Liber Census Daniae. Ich beschränke mich jedoch nur auf das Catastrum Ehstlands und habe es versucht, alle in demselben benannten Orte nach ihrer jetzigen Lage und Benennung zu bestimmen, so weit dies gegenwärtig möglich ist, wobei ich gelegentlich auch hin und wieder einige andere Bemerkungen habe mit einfliessen lassen, wie sie der Gegenstand eben herbeigeführt. Am Schlusse folgen hier die Ergebnisse der ganzen, wie sich unten zeigen wird, nicht ganz leichten Arbeit. Ich habe mich zu deren Veröffentlichung, ich muss es gestehen, nicht ohne eine gewisse Befangenheit entschlossen, indem ich die Schwierigkeiten, die sich der richtigen Deutung und nähern Bestimmung aller in dem Census angegebenen Ortschaften jetzt nach 600 Jahren entgegenstellen, nicht verkennen konnte und daher gerne zugebe, nicht überall das Rechte getroffen zu haben. Wenngleich ich nach besten Kräften das Wahre zu erkennen mich bestrebt, so hat mir dies doch nicht immer völlig gelingen wollen und habe ich überhaupt mancherlei Mängeln in der Ausführung leider nicht entgehen können. Da ich indessen ein noch fast ganz unbebautes Feld betrete, so darf ich hoffen die Anforderungen an diesen ersten Versuch nicht zu hoch gespannt zu sehen. Zwar hat schon Suhm in seinen Noten zum Liber Census auch einige Orte in Ehstland genauer anzugeben gesucht, jedoch nur so weit ihn A. W. Hupel's topographische, aus den Landrollen Ehstlands in der 2. Hälfte des vorigen Jahrhunderts entnommene Nachrichten in dieser Provinz orientirten, deren Localkenntniss ihm völlig abging, daher er in seinen Muthmassungen oft irrte, was ihm als Ausländer nicht zu verargen ist.

Wenngleich Langebek's Bearbeitung des Liber Census schon 1754 abgefasst wurde, so verzögerte es sich doch mit dem Druck bis zum Jahre 1792, daher Männer wie Arndt und Gadebusch noch keine Ahnung hatten von dem für ihre Forschungen darin enthaltenen Schatze. Auch ist er Joh. Ludw. Börger'n in seinem Versuch über Livlands Alterthümer und Joh. Jak. Harder'n bei Abfassung seiner alten Geographie von Livland so unbekannt geblieben, wie Joh. Chr. Schwartz, der die Anmerkungen dazu schrieb, und Hupel'n, der diese Schrift in seinen neuen nordischen Miscellaneen herausgab, so wie Wilh. Chr. Friebe, der mit seinem Handbuch der Geschichte Liv-, Ehst- und Kurlands Bd. II. Riga 1792, zugleich auch die von ihm vorzüglich nach Heinrich dem Letten entworfene Charte des alten Livlands erscheinen liess. Erst Ludw. Albrecht Gebhardi in seiner Geschichte von Liefland, Esthland, Kurland und Semgallen, Halle 1785 im 50. Bande der allgemeinen Weltgeschichte. S. 358, gedenkt der Eintheilung Ehstlands in Kylægunden und Parochien oder Kirchspiele nach der Zahl der Haken und Dorfschaften, mit Verweisung auf seine Geschichte Dänemarks im 32. Bande der allg. Weltgeschichte S. 528, wo das Erdbuch oder Kammer-Register des Königs Waldemar II. kurz beschrieben worden. Daraus hatte auch Heinrich Johann v. Jannau in seiner Geschichte von Liv- und Ehstland, Riga 1793, Thl. I. S. 60 seine hierauf bezügliche kurze Nachricht geschöpft, ohne das Erdbuch selbst näher zu kennen. Wäre es von jenen in unserer älteren Geschichte so erfahrenen Män-

nern gekannt und bearbeitet worden, so könnte ich getrost so
kundigen Führern folgen; so aber stehe ich fast ganz allein da
und muss etwanige Berichtigungen späteren Bearbeitern überlassen. [Die dem Herausgeber gestatteten, zur Beachtung des
suum cuique eingeklammerten, Zusätze beschränken sich meist
nur auf Vergleichungen und Nachweisungen von gleichlautenden
Ortsnamen aus den früher von ihm herausgegebenen zwei kleinen
Heften über Ehstlands Landgüter zur Zeit der Schweden Herrschaft, Reval bei Gressel 1847 und 1849, die hin und wieder
zur festern Begründung oder Berichtigung von Knüpffer's
Conjecturen beitragen möchten, wo er ungewiss gewesen war.
Ausserdem sind aber auch Herbord Carl Friedr. Bienemann's
v. Bienenstamm geographischer Abriss der drei deutschen
Ostsee-Provinzen Russlands, Riga 1826, und Dr. P. A. F. Possart's Statistik und Geographie des Gouvernements Ehstland,
Stuttgard 1840, so wie die 1766, 1775, 1818 und 1841 ge-
druckten Landrollen dieser Provinz öfter benutzt worden, um die
von Suhm nach Hupel's topographischen Nachrichten Bd. III.
Riga 1782 angegebene Hakenzahl mancher Güter bald mit der
frühern, bald mit der Jetztzeit zu vergleichen.] Dem hier
folgenden Texte nach Langebek's Abschrift sind die lateinischen Noten von Suhm mit Beibehaltung seiner Nummerfolge
unverändert untergesetzt worden, denen ich meine Anmerkungen
unmittelbar angereiht habe [welchen sich dann auch des Herausgebers kleine Zusätze mit anschliessen]. Auf etymologische
Worterklärungen habe ich mich äusserst selten und fast nur
da eingelassen, wo sie sich wie von selbst darboten, wohl wis-
send wie misslich und unzuverlässig solche muthmassliche Wort-
ableitung oft ist, falls sie nicht auf gründlicherer Kenntniss der
Sprache auch der ältesten Zeit beruht, als deren ich mich
rühmen kann. Für die alte Geographie Ehstlands ergeben sich
aus der Uebersicht des Ganzen nicht unwichtige Resultate, wie
sie für die geographischen und topographischen Verhältnisse der
übrigen Ostseeländer in ältester Zeit leider entbehrt werden,
für welche Heinrichs des Letten Annalen, auch hin und wieder Alnpeke's Reimchronik die einzigen Nachrichten liefern.
Aber auch im Liber Census Daniae muss man wohl unterscheiden die Provinzen, an welchen die Dänen Eigenthumsrechte
zwar in Anspruch nahmen, aber keinen Besitz hatten, und

solche, welche sich in ihrem wirklichen Besitz befanden. Zu den ersteren gehörte nicht allein ein grosser Theil von Preussen, sondern auch Kurland und Semgallen, und kein geringer Theil der noch jetzt ehstnischen Bezirke von Livland, namentlich die Insel Oesel mit 4 Kylaegunden [deren nach Dr. Joh. Wilh. Ludw. Luce's Beitrag zur ältesten Geschichte der Insel Oesel, Pernau 1827 S. 152, später um d. J. 1334 bereits 8 Kihhelkonden gezählt wurden, Mone mit eingerechnet, während jetzt, mit Zuzählung von Arensburg 13 Kirchspiele vorhanden sind, die für die neugebildeten Gemeinden der rechtgläubigen griechischen Kirche nächstens wohl nochmals getheilt werden dürften], ferner gehörten dahin die Inseln Dagö, Wormsö und die Halbinsel Nuckö mit ihren früher grösstentheils schwedischen Bewohnern, und die sogenannte Wieck Rotelewich mit 7 Kylaegunden, wobei vornehmlich wohl die Strandwieck gemeint gewesen sein mag. Zu Livland wurden gerechnet Alempos, ein Kylaegund am westlichen Ufer des Wirzjerw; Wegele, die Provinz Waiga oder Wagien am linken Ufer des Embachs, 1 Kylaegund, welcher sich nördlich bis nach Mocha oder Möge, westlich bis Nurmegunde erstreckt zu haben scheint, südlich aber an den Embach und östlich an den Peipussee grenzte. Möge oder Mocha enthielt auch nur ein Kylaegund, südlich von Wierland, vermuthlich das jetzige Kirchspiel Lais, vielleicht auch Theile von St. Bartholomaei in sich begreifend, und wohl auch einen kleinen Streif der Waldgüter südöstlich von St. Simonis in Ehstland mit umfassend; Nurmegunda, ein Kylaegund westlich von Mocha, das jetzige Oberpahlen, vielleicht auch einen kleinen Theil von Pillistfer in sich schliessend. Dem Orden der Schwerdtbrüder, nachher dem deutschen Orden gehörte endlich ausser Saccala auch die Provinz Jerwia oder Jerwen, das Land der Seen, welches 3 Kylaegunden enthielt und dessen Grenzen wir ungefähr, wie sie jetzt bekannt sind, anzunehmen haben, ausser dass von dem heutigen Wierland fast das ganze Kirchspiel St. Marien, die Kirche mit eingeschlossen, auch dazu gehörte. Die Grenze lief hier nämlich zwischen den Ordens- und Dänenbesitzungen dergestalt hindurch, dass nur ein schmaler Streif südöstlich, östlich und nördlich vom jetzigen Marien-Kirchspiel zu Wierland gerechnet ward, indessen zu verschiedenen Kylaegunden und Parochien dieser Provinz. So gehörte namentlich zum Laemund' oder Lemmun Kylaegund südöstlich Kersel und der östliche Theil von Ottenküll, nicht aber dessen Hof, zur Parochia Kaetaekylae oder St. Simonis und Judas; nordöstlich und nördlich die zu dem späteren bischöflichen Schloss Borgholm gehörigen Dörfer Hvaetel, jetzt Weädla, Tonnaewaerae, jetzt Tönnofer, Kuldenkaua, jetzt die Hoflage Kullenga, und Asaemulae, jetzt Assamalla, zur Parochia Vov, später Kehl, jetzt St. Jacobi genannt, und endlich gehörte Dorf Karungca, jetzt Karunga, unter Lassila in der Parochia Toruestaeuaerae, später Tristfer, jetzt St. Catharinen, zum Repel-Kylaegund in Wironia.

An Provinzen, welche die Dänen in Ehstland wirklich in Besitz hatten und die daher im Census speciell aufgeführt werden, ergeben sich eigentlich nur zwei, indem Harrien in zwei kleinere Theile zerfiel: das eigentliche Harriaen und Reuelae, ersteres mit 3 Parochien, letzteres in 3 Kylaegunden mit zusammen 4 Parochien; dagegen Uironia oder Wierland 5 Kylaegunden zusammen auch mit 7 Parochien umfasste. Zur leichtern Uebersicht mögen sie hier nach einander folgen, wie es ihre geographische Lage und auch die von dem Liber Census beobachtete Reihefolge bedingt.

I. Die Provinz *Harrien* bestand aus zwei Districten:

A. *Harriaen*, worin 3 Kylaegunden angeführt, statt derselben aber nur 3 Parochien namhaft gemacht werden, weil jeder Kylaegund wahrscheinlich nur diese eine Parochie in sich begriff, namentlich im heutigen Südharrien:

1) *Parochia Haccriz*, das jetzige Kirchspiel Haggers, welches damals auch einen grossen Theil von Rappel und dem viel spätern Nissi enthielt.

2) *Parochia Kolkis* oder *Koskis*, das jetzige Kirchspiel Kosch, wozu auch grosse Stücke der heutigen Kirchspiele Jörden und Rappel gehörten.

3) *Parochia Juris*, welches in jener frühesten Zeit aus Theilen der gegenwärtigen Kirchspiele Jörden und Kosch und einem kleinen Stück von Haggers bestand.

B. *Reuelae* zerfiel in 3 Kylaegunden, deren erster im heutigen Westharrien belegen war, die beiden andern aber den heutigen District Ostharrien einnahmen.

1) *Uomentakae Kylaegund* enthielt nur die *Parochia Keykel*,

welche aus dem jetzigen Kegel, einem Stück von Nissi
und dem ganzen Kirchspiel Matthias bestand und sich
bis nahe an die heutige Grenze zwischen Harrien und
der Wieck erstreckte. Das Kirchspiel Kreuz mit dem
später von Pönal dahingezogenen Gute Newe gehörte nicht
dazu und fehlt im Census. Mit dem südlichen Theil
grenzte Keykel in der Gegend des jetzt Nissischen Kirchspiels zugleich an die Landwieck.

2) *Ocrielae Kylaegund* umfasste bloss die *Parochia Waskael* oder das heutige St. Jürgen-Kirchspiel mit ein paar
Grenzpunkten von Jegelecht.

3) *Repel Kylaegund* endlich enthielt zwei Parochien:

a) *Parochia Jeeleth*, das jetzige Jegelecht nebst St. Johannis in Harrien.

b) *Parochia Kusala*, das gegenwärtige Kirchspiel Kusal
mit Ausschluss der nicht oder nicht vollständig mit auf-
genommenen Stranddörfer und Inseln. Hieran schliesst
sich dann Repel Kylaegond in der folgenden

II. Provinz *Uironia* oder *Wironia*. Diese hatte folgende
Grenzen: westlich Harrien mit dem Districte Repel oder Renelae,
wo er sich mit der Parochia Kusala abschloss, indem der Fluss
Witten Aa wahrscheinlich schon damals, wie auch im 16. Jahrh.
und noch jetzt die Grenze davon mit der Parochia Toruesteuaerae,
dem heutigen St. Catharinen, bildete [vergl. die alten Grenzen
der ehstländischen Landschaften in Dr. F. G. v. Bunge's Archiv
für die Geschichte Liv-, Esth- und Curlands Bd. V. S. 321];
ferner nördlich den finnischen Meerbusen, östlich die Narowa
oder Ingermannland, wenn dieses sich damals bis über den Fluss
hin in das jetzt Waiwara'sche Kirchspiel ausgedehnt haben sollte,
wie man fast glauben muss, da die Ortschaften dieses Kirchspiels im Liber Census zum grössten Theil fehlen. Vielleicht
streifte es hier auch an Livland in der Gegend des Peipussees,
wenn Tuddolin und Onorm vielleicht mit zu Awwinorm daselbst
gezählt wurden. Im Süden stiess Wierland an die Provinz Moege
oder Mocha und südwestlich an Jerwen. Zwar will Parrot
in seinen Liven, Lätten und Eesten die Provinz Jerwen zwischen Harrien und Wierland bis an das Meer hin einschieben,
jedoch ohne allen haltbaren Grund. Wierland enthielt folgende
5 Kylaegundeu.

1) *Repel Kylaegund* in Uironia mit 2 Parochien des heutigen Districts Strand-Wierland.

  a) *Parochia Toruestaeuerae*, das nachmalige Tristfer, jetzt St. Catharinen-Kirchspiel, ungefähr in seinen gegenwärtigen Grenzen.

  b) *Parochia Halelae*, das jetzige Kirchspiel Haljall und der grösste Theil des heutigen Kirchspiels Wesenberg, wovon indessen einzelne Stücke auch zu Maholm und St. Jacobi gehörten.

2) *Maum Kylaegund* mit nur einer Parochie gleiches Namens, welche fast ganz Maholm, zugleich aber auch noch Theile der gegenwärtigen Kirchspiele Wesenberg und Luggenhusen enthielt und heutiges Tages auch noch zu Strand-Wierland gezählt wird.

3) *Kylaegund Alaetagh*, ohne Angabe der Parochie, welche vermuthlich denselben Namen führte. Dahin gehörte wahrscheinlich nur das jetzige Kirchspiel Jewe, wovon indessen die Güter der entlegenen Filiale Isaak und Pühhajöggi nicht genannt werden, dagegen ein kleiner Theil des angrenzenden Kirchspiels Luggenhusen als dazu gehörig aufgeführt wird, nicht aber die Güter des an der andern Seite grenzenden Kirchspiels Waiwara, wie Suhm irrig angenommen hat. Dieser und der folgende Kylaegund bilden mit Einschluss des Kirchspiels Waiwara den heutigen District Allentacken.

4) *Kylaegund Ascalae* mit nur einer Parochie, wahrscheinlich gleiches Namens, die fast das ganze Kirchspiel Luggenhusen und auch einen geringen Theil des angrenzenden Kirchspiels Jewe mit umfasste.

5) *Laemund Kylaegund* mit 2 Parochien des heute Landwierland bildenden Districts.

  a) *Parochia Vov*, das heutige Kirchsp. St. Jacobi und einzelne Theile des Kirchspiels Wesenberg und St. Marien mit umfassend, dagegen des Filials Tuddolin in der Nähe des Peipussees und des angrenzenden Gutes Onorm keine Erwähnung geschieht.

  b) *Parochia Kaetaekylae*, welche das ganze Kirchspiel St. Simonis enthielt, einige Waldgüter an der südlichen und südöstlichen Gränze abgerechnet, die vielleicht nach

Livland gehörten, dagegen ein Dorf des heutigen Gutes Waimastfer in Livland wieder mit dazu gerechnet worden, so wie ein paar Güter des nachmals ein besonderes Filial von St. Simonis bildenden Kirchspiels Neukirch, jetzt St. Marien genannt.

Aus Vorstehendem ergiebt sich, dass in dem Liber Census Daniae fehlen:

1) die Landstriche der Provinz Wierland, welche das heutige Kirchspiel Waiwara ausmachen, den südlichen Theil des Kirchspiels Jewe und namentlich dessen heutiges Filial Isaak bilden, eben so den östlichen Theil des Kirchspiels St. Jacobi und dessen gegenwärtiges Filial Tuddolin, und die angrenzenden Waldgüter des St. Simonis-Kirchspiels umfassen. Alles dies bildet einen zusammenhängenden beträchtlichen Strich Landes längs des Narova-Flusses und des Peipussees [der wahrscheinlich wegen der grossen Moräste und undurchdringlichen Wälder damals noch zu wenig angebaut und nicht nach Haken gehörig abgeschätzt sein mochte, um schon in das Cataster mitaufgenommen werden zu können, wenn nicht der Besitz der Dänen und Deutschen dort auch wegen der unruhigen Grenznachbaren zu unsicher war, um ihn mit unter die dienstpflichtigen Lehngüter rechnen zu können]. Ueberhaupt ist an Landgüter, *praedia*, wie wir sie heutigen Tages finden, in Ehstland um die Mitte des 13. Jahrhunderts, vom Jahre 1231 bis 1254 oder 1263 gerechnet, da vermuthlich der Liber Census abgefasst worden, ganz und gar nicht zu denken. Fast alle in diesem Cataster genannten Ortschaften waren gewiss nur ehstnische Dörfer, welche die königliche Regierung nach Bezwingung der Eingebornen als ihr Eigenthum angesehen und damit ihre Anhänger und Vasallen belehnt, zum grossen Theil aber an sich behalten und als königliche Domainen zum Besten der Krone hatte verwalten lassen. Manche Dörfer waren auch von unberufenen Gewalthabern eigenmächtig in Besitz genommen, wie wir hin und wieder in dem Census bemerkt finden. Oft mochte der Lehnsmann, noch öfter gewiss der königliche Verwalter in dem grössten Dorfe der zu einander gehörigen Besitzungen seine Wohnung gehabt, allmählig sich aber wohl einen eigenen Herrenhof auserse-

hen und so viel möglich vor etwanigem Ueberfall der un-
zuverlässigen Eingebornen zu sichern gesucht haben. Wie
jämmerlich aber selbst noch in der ersten Hälfte des 17.
Jahrhunderts die Höfe bebaut waren, wo nicht auf grös-
seren Besitzungen, insbesondere zur Zeit der Ordensherrschaft, aus Stein gebaute Burgen und feste Schlösser vorhanden waren, lässt sich zum Theil [aus Anton Goetee-
ris Beschreibung der Reisen des holländischen Gesandten
von Brederode durch Ehstland in den Jahren 1615 und
1616 in v. Bunge's Archiv Bd. IV. S. 300 ff., zum Theil]
aus Adam Olearius Beschreibung seiner etwa 20 Jahre
späteren Reisen, entnehmen, welcher namentlich eine Ab-
bildung des grossen Gutes Kunda beigefügt ist, dessen
Wohnhaus auch für die unbemitteltsten Gutsbesitzer in Ehstland jetzt ziemlich abschreckend und ungenügend erscheinen möchte.

2) fehlen auch fast alle Stranddörfer, wahrscheinlich weil sie
nur geringe Abgaben zahlten und keine Mannschaft in's
Feld zu stellen hatten, ihre Aufnahme in das Cataster
mithin von keinem wesentlichen Interesse war. So z. B.
ist von dem grossen Gute Palms am Wierischen Strande
keine Spur zu finden und eben so wenig von Saggad, dessen
ein paar tiefer in's Land hinein gelegene Dörfer allein
genannt werden, und dasselbe gilt von sehr vielen andern
am Strande belegenen Gütern. Noch jetzt ist die sogenannte Gerechtigkeit an Korn- und andern Natural-Abgaben
und der Gehorch von Tageleistungen der Strandbauern,
da sie wenig Ackerland und Wiesen haben, verhältniss-
mässig bedeutend geringer als der andern Bauern im Lande.
Es ist aber wohl möglich, dass auch die hier am Meeres-
strand gelegenen Ortschaften wie in Dänemark damals in
Havne oder portus getheilt gewesen, welche ihre Ruder-
schiffe und viros militares der Regierung zu Gebote zu
stellen gehabt.

3) endlich fehlen im Census auch alle Städte, wie Reval,
Wesenberg und Narva, vermuthlich weil sie nicht wie die
Güter und Dörfer besteuert waren.

Dass sich manche Ortsnamen schwer und unsicher, andere
gar nicht mehr auffinden lassen, ist nach Verlauf von sechs

Jahrhunderten nicht wohl anders zu erwarten. Namensveränderungen entstanden theils durch Umgestaltung von Dörfern in Hoflagen und Höfe, theils durch Uebertragung der Namen der Besitzer auf ihre Besitzungen, während früher wohl umgekehrt die Besitzer sich nach ihren Besitzungen nennen liessen, wovon mehrere Beispiele auch schon im Liber Census vorkommen, wie z. B. das Gut Saximois offenbar vom Dominus Saxi, das Gut Buxhöwden von Heidenricus de Bickaeshönelh, nach seinen spätern Besitzern jetzt ehstnisch Nirottimois genannt, Warrango und Wrangö von Tuki Wrang, mehrere Dörfer Kareperre eben so von Scharenberg den Namen führen, dagegen es nicht unwahrscheinlich ist, dass die Familie von Kiuael von Kiwwilo, später Fegefeur genannt, Parenbeke, später Fahrensbach, von dem Dorfe Parenbychi, jetzt Parrasmeggi, die Familie Revel von Repel oder Räbla, die Familie Harrien von Harriaen, die Familie Tolks von dem Dorfe Tolkas, Angaer von Anger, Luggenhausen von Luggenus, Maydell von Maidalae, Asserien von Assery und so noch viele andere von ihren Besitzungen hier den Zunamen angenommen haben mögen. Manche ursprünglich ehstnische Ortsnamen haben sich später nur deutsch noch erhalten, wie namentlich Ottiküla, Bärendorf, deutsch noch Ottenküll genannt wird, während die Ehsten nach den vieljährigen Besitzern von Stryck das Gut Trigimois nennen, Ass nach der Familie von Gylsen, die es lange Zeit besass, Kiltsimois, und eben so das nach der ursprünglich ehstnischen Benennung deutsch noch Peuth genannte Gut, nach den vieljährigen Besitzern von Clodt, Klotimois etc. Manche Ortsnamen sind spurlos verschwunden, nachdem ganze Dörfer und einzelne Gesinde, welche durch Krieg und Pest zerstört und verödet, später gar nicht oder an ganz anderer Stelle wieder aufgebaut und hergestellt worden, nach dieser auch andere Namen erhalten. In manchen Fällen sind nahe bei einander gelegene Orte auch wohl ganz zusammengezogen und vereinigt worden, wobei denn auch die Namen in einander aufgegangen und verschmolzen, oder der eine dem andern völlig gewichen und später verschollen ist. Noch grössere Veränderungen haben auch die Namen im Laufe der Zeit wohl oft im Munde des Volks erlitten, wobei zuweilen die Wurzel und ursprügliche Bedeutung in den jetzt gangbaren Namen kaum mehr wieder zu erkennen ist. Um so erfreulicher ist es unter

solchen Umständen, dass sich im Ganzen genommen dennoch
die meisten Ortschaften des Liber Census mit völliger Gewissheit,
viele aber mit mehr oder weniger Wahrscheinlichkeit ziemlich
genau haben ermitteln und bestimmen lassen. Ueber einige
von mir nicht sicher angegebene oder gar nicht ausgemittelt,
mir ferner liegende Localitäten aber wird sich vielleicht auch
später noch manches Licht verbreiten, wenn meine in ihrem
Kreise natürlich mehr bewanderten lieben Amtsbrüder oder
andere Sachkundige, die dort zu Hause sind, sich deren Ermittelung und die genauere Bestimmung der Oertlichkeit angelegen
sein und mich oder den Herausgeber dieses Büchleins davon
freundlichst in Kenntniss setzen lassen wollten, um solche Er-
gänzungen und Berichtigungen später nachtragen zu können,
womit unserer alten Topographie in Ehstland ein wesentlicher
Dienst geleistet werden möchte.

Grosse Hülfe für Ermittelung der Ortsnamen in mir ferner
gelegenen Kirchspielen hat mir mein Bruder, der vormalige
General-Superintendent A. F. J. Knüpffer zu St. Catharinen,
geleistet, indem er mir manche Guts- und Dorfs-Listen ab-
schriftlich aus dem Consistorial-Archiv mitgetheilt, nebst mancherlei andern historischen und sprachlichen Bemerkungen.
Einige Nachrichten aus ihren Kirchspielen erhielt ich von dem
Herrn Consistorialrath Propst Striedter zu Kosch und dem
Herrn Consistorialassessor Propst Fick zu Kegel. Mehrere
andere Bemerkungen habe ich auch der Gefälligkeit des Herrn
Staatsraths und Ritters Prof. Dr. Friedrich v. Kruse in Dorpat
zu danken, der auch eine sehr schätzbare Charte des alten
Ehstlands nach den genaueren Bestimmungen der Ortschaften
im Liber Census entworfen, deren Veröffentlichung er sich
jedoch für eine spätere Zeit vorbehalten hat.

Möge denn meine Arbeit, die nicht geringe Zeit und Ge-
duld erfordert hat, auch gerechte Nachsicht und billige Beur-
theilung finden.

St. Marien im August 1841.

G. M. Knüpffer.

Nachwort.

Lange hat ein Unstern über dem Liber Census Daniae, dieser wichtigsten Quelle der alten Topographie in Ehstland, so weit dieses den Dänen gehört hat, gewaltet. Denn nachdem die Dänen-Herrschaft hier gegen die Mitte des 14. Jahrhunderts bereits aufgehört hatte, vergingen vierhundert Jahre, ohne dass man eine Erinnerung oder auch nur eine Ahnung von der Existenz dieses merkwürdigen alten Pergaments hier gehabt. Erst um die Mitte des vorigen Jahrhunderts suchte es der eifrige Alterthumsforscher Jacob Langebek in Stockholm aus dem Staube der Vergessenheit hervor, und um das Jahr 1754 schrieb er seine gelehrten Anmerkungen dazu, um Licht und Kenntniss über das Dunkel der frühesten geschichtlichen Zeiten Dänemarks und seiner fernen kleinen Colonie in Ehstland zu verbreiten. Doch er erlebte die Veröffentlichung seines mit so viel Umsicht erläuterten kostbaren Fundes nicht, und es verging fast ein halbes Jahrhundert bis der nicht minder gelehrte Peter Friedrich Suhm in Kopenhagen seinen Plan wieder aufnahm und 1792 endlich mit neuen lateinischen Anmerkungen und einer schätzbaren geschichtlichen Einleitung den Liber Census Daniae unter vielen andern historischen Schriften Dänemarks aus dem Mittelalter zur Freude der gelehrten Forscher des Alterthums an's Licht stellte. Dennoch kam nur spärliche Kunde davon nach unsern seit Jahrhunderten nur in geringem Verkehr noch mit Dänemark stehenden entlegenen Provinzen an der Ostsee. Erst die neuere, gründlichen wissenschaftlichen Studien und insbesondere geschichtlichen Forschungen in unserm Vaterlande günstigere Zeit brachte auch ein Exemplar des weitschichtigen Suhm'schen Werks und damit zugleich des Liber

2 *

Census Daniae in die öffentliche Bibliothek der Kaiserl. Universität zu Dorpat. Bei Stiftung der gelehrten ehstnischen Gesellschaft daselbst nahm deren Mitglied, Herr Pastor G. M. Knüpffer Gelegenheit, sich eine getreue Abschrift des auf Ehstland bezüglichen Theils jenes Liber Census zu verschaffen und bald darauf machte er sich an die Arbeit, die darin genannten Ortschaften nach seiner ausgebreiteten Localkenntniss in den verschiedenen Gegenden, besonders von Harrien und Wierland topographisch zu bestimmen. Schon vor einem Jahrzehend beendete er dieses mühevolle Werk, doch stellten sich damals der Veröffentlichung desselben mancherlei Schwierigkeiten in den Weg. Die gelehrte ehstnische Gesellschaft in Dorpat konnte es ihren „Verhandlungen" nicht einverleiben, da diese den dazu erforderlichen Raum nicht zu bieten hatten, und in Reval wollte sich auch kein Verleger dazu finden. Spätere Kränklichkeit aber hinderte den Hrn. Verfasser selbst weitere Schritte dafür zu thun. Vertrauensvoll legte er endlich die Frucht seiner Mühen in die Hände des unterzeichneten Herausgebers, der seinerseits, noch ein paar andere Abschriften des Liber Census von Ehstland zur Vergleichung benutzend, sich fast nur Zusätze aus der einschlagenden neueren Literatur, und hin und wieder auch in der Anordnung und Zusammenstellung der Einleitung, wie der Anmerkungen einige kleine Aenderungen erlaubt hat, die nur die Erleichterung der Uebersicht und des Verständnisses zum Zweck hatten. So ist denn fast ein Jahrhundert darüber hingegangen, ehe Langebek's Fund auch unseren Freunden des Alterthums und der vaterländischen Statistik und Topographie aus der Dänenzeit zugänglich und lesbar geworden. Möge er ihnen denn zur näheren Kenntniss des Ehsten-Landes auch jetzt noch nützlich und willkommen sein.

Reval im Februar 1851.

Paucker.

Ehstland

zur Zeit der

Dänen - Herrschaft.

Reuele, das gute lant,
Gehoret an des koniges hant,
Der Denemarken hat gewalt.
Das lant ist also gestalt:
Es liet nahen bie dem mere
Vnd ist bie vor mit manchem here
Von Denemarken vber riten.
Derselbe Kunic hat es erstriten,
Das es der kunige eigen ist
Vnd hat gewesen lange vrist.

Das lantuolk eisten sint genant,
Die dienen in des kuniges hant.
Der hat darinne burge gut,
Da von das lant ist wol behut;
Dar uffe ist vromer rittere vil,
Als ich die warheit sprechen wil,
Die hat der kunic belehnet wol
Wer das gut besitzen sol,
Der mac wol erlichen varn;
Sie helfen wol das lant bewarn.

Da ist ouch manich vromer knecht
Der wol verdienet sin leben recht.
Sie heisen al des kuniges man
Vnd haben dicke schin getan
Ir helfe kein der heidenschaft.
Ir houbtman, der hat die craft,
Wan er wil von des landes wegen,
Er brenget manchen stoltzen degen
Zu den brudern an ir schar.
Man wirt irre helfe wol gewar.

An manchen stunden in der not
Ir ist geleget mancher tot
Bie den brudern als ein helt.
Sie sint kvne vnd us erwelt
Wan sie in die reise komen,
Ir helfe wirt vor gut genomen.
Ettesweune ist das geschehn,
Das man die rusen hat gesehen,
Heren in des koniges lant:
Die bruder hulfen in zu hant.

Geschriben in der Kumentur zu rewel durch den
Ditleb von Alnpeke.

Liber Census Daniae

tempore Regum Waldemari II. et Christophori I.
confectus annis 1231 et 1254,

ex codice membranaceo Holmensi coaevo descriptus anno 1754,

notisque illustratus a Jacobo Langebekio,

et postea editus a Petro Friederico Suhm anno 1790.

———

Pag. 82.

Ehstonia.

In Wironia [1426]) V Kiligunde [1427]), in quibus sunt III millia

---

1426. Hodie circulus *Wiericus,* sive *Wierland* in Ducatu Esthoniae, sive gubernatione Revaliae. Vocatur esthonice *Wirroma.* In ea sunt hodie civitates Narva, Wesenberg et Borgholm. [Letzteres ist ein Irrthum ; das vormals bischöfliche Schloss Borgholm, das seinen Namen von dem Revalschen Bischof Simon von der Borg empfangen, der es 1482 erbauen liess, hatte zwar früher ein Hakelwerk oder Flecken, der aber in dem Kriege mit den Russen zerstört wurde und niemals eigentliche Stadtrechte erlangt hat.] Multi, et inter eos M a s c o v, putant Wirros esse Scyros P l i n l i i prisci, S ó z ó m e n i, P r o c o p i i, J o r n a n d i s, qui saec. V et. VI. Romanorum imperium infestaverunt. Hi Scyri autem erant Gothi et hodierni Wirri erant tempore Waldemari, ut sunt adhuc hodie et longe antea, ex genere Fennorum. Interim tamen certum est, Gothicas gentes antiquissimis temporibus Prussiam, Curlandiam. Livoniam. Esthoniam incoluisse. Ob similitudinem autem nominum potius credo Scyros latere in Kyrialibus vel Karelis, aut in Curonis vel Curlandis. Rem mihi sic repraesento: post abitum Scyrorum ex Gothica gente seculo V., Finni eorum regionem occupaverunt, eorum nomine retento, appellantes se Scyros et lapsu temporis Kyros, Kuros etc. [vgl. Prof. Dr. Fr. v. K r u s e : Urgeschichte des ehstnischen Volksstammes und der Kaiserl. Russischen Ostsee-Provinzen Liv-, Ehst- und Curland überhaupt bis zur Einführung der christlichen Religion. Nebst einer Charte etc. Moskau 1846. S. 100 und Dr. Fr. G. v. B u n g e's Einleitung in die liv-, esth- u. curländische Rechtsgeschichte. Reval 1849. S. 33. u. 61, wo er die Curen auch für finnischen Stammes erklärt. Am richtigsten scheint wohl die Ableitung der Wierländer von der finnischen Bezeichnung der Wierländischen Küste als *Wieru:* steiles, abschässiges Ufer., s. A h r e n s etymologisches Wörterbüchlein als Anhang zu seiner Grammatik der ehstnischen Sprache revalschen Dialects. Th. I. Reval 1843. S. 133. Wierland enthält übrigens jetzt 4604 ☐-Werst und 2000 Haken in zwei Districten, s. B i e n e m a n n v. B i e n e n s t a m m's geographischen Abriss der drei deutschen Ostseeprovinzen Russlands oder der Gouvernements Ehst-, Liv- u. Curland. Riga 1826. 8. S. 70 und Dr. P. A. F. K. P o s s a r t's Statistik u. Geographie des Gouvts Ehstland. Stuttgard 1846. S. 234].

1427. *Kiligunda* significat in lingua Fennica et Esthonica [adjicimus et in lingua Livonica, ut nuper repertum est a cl. S j ö g r o e n, cf. Denk-

uncorum [1428]); Jerwia [1429]) III Kiligunde, que habent duo millia uncorum [1430]); We`gele [1431*]) una Kiligunda, in qua habent

schriften der russischen geographischen Gesellschaft. Hildburghausen 1848].
pagum vel provinciam, et hodie *Kihhelkond* significat parochiam, vide A. W.
H u p e l's topogr. Nachrichten von Lief- und Ehstland. Riga 1774. Th. 1.
S. 90. Memorabile est hic 5 Kiligundas nominari, aeque ac apud G r u -
b e r u m 5 provinciae [s. G r u b e r's Nota a. zum 18 Jahr Bischof Alberts
in den von ihm herausgegebenen Origines Livoniae von H e i n r i c h d e m
L e t t e n, wieder abgedr. in Scriptores rerum Livonicarum. I Riga u. Lpzg.
1849. S. 202 und vgl. hinsichtlich der Kiligunden-Eintheilung in Ehstland,
Oesel und Curland v. B u n g e a. a. O. S 62, 63 u. 66, auch v. K r u s e:
andere kleinere Ehsten-Stämme in Ehst- u. Livland a. a. O. S. 96 ff.].

1428. *Unci* vocatur Germanice *Haken*. Talis uncus continebat
ao. 1232 triginta agros, quorum quilibet habebat 40 *Ruthen* in longitudine
et 10 in latitudine, et quilibet *Ruthe* secundum ordinationem de ao. 1262
debebat esse 16 pedum; quilibet uncus [legas ager Kr.] erat ergo 25,600
ulnarum quadratarum et ex eo dabatur ao. 1242 Episcopo in decimam
1 *Külmet* avenae, et ex duobus 2 *Külmet* siliginis, et ex quatuor uncis
1 *Külmet* tritici. *Külmet* autem est tertia vel quarta, etiam interdum quinta
et sexta pars unius *Loof*, ex quibus [in Livonia] duo [in Ehstonia tres]
faciunt unam *Tonnam*. Tunc etiam *Hufa* vocabatur in Ehstonia latine
mansus et erat minor unco. Vide F. G. A r n d t's livl. Chronik Th. II.
S. 43 et A. W. H u p e l l. c. in introductione p. 58. T. II. p. 330. [Vergl.
v. B i e n e n s t a m m S. 46 und Dr. F. G. v. B u n g e: das liv- u. esth-
ländische Privatrecht. Reval 1847. Th. I. § 81—84 über das Hakenmaass
in Ehstland, Livland und Oesel und dessen geschichtliche Veränderungen,
mit der dort angegebenen Literatur hierüber, zu welcher ausser J. J o h n -
so n's Abh. aus und zu der Veranschlagung der Bauerländereien in Liv- und
Curland. Mitau 1835. auch dessen Beitrag zur Kenntniss der wirthschaft-
lichen Verhältnisse der Insel Oesel. St. Petersburg 1850. S. 5 und (Dr. A.
v. H u e c k's) Darstellung der landw. Verhältnisse in Ehst-, Liv- u. Curland.
Leipz. 1845. S. 62 mit gehört.]

1429. *Jerwia* scribebatur etiam *Gervia* annis 1253 et 1285. Esthonice hodie vocatur *Järwa-ma*. Nomen habet a *jürw*, lacus, quia lacubus
plena est. Est provincia mediterranea. Ibi est civitas Weissenstein, olim
Wittensten, Ehstonice Paydelin vocata. Vide H u p e l l. c. T. I. p. 368,
T. III. p. 500 [vergl. v. B i e n e n s t a m m S. 86, auch P o s s a r t S. 281].

1430. Hodie ibi sunt 9 parochiae et ao. 1774 [fuerunt sec. H u p e l
T. III. p. 500] 1029²³⁹/₂₄₆ Haken [über die Grösse des gegenwärtig wieder,
wie vor der Statthalterschaftsregierung, nur 7 Kirchspiele, wenngleich
8 Kirchen zählenden Kreises Jerwen s. B i e n e n s t a m m a. a. O., wo
1042⁴⁷/₄₈ Haken angegeben sind, P o s s a r t a. a. O. S. 267, der auch die
Landrolle des Ehstländischen Gouvts. Reval 1841, 4. S. 94 benutzt hat,
und wie sein Vorgänger den Flächenraum Ost- und Süd-Jerwens zusammen auf 2340½ ☐-Werste schätzt].

1431. Sine dubio nomen superest in *Waoküll*, praedio nobili in
parochia St. Mariae Magdalenae in provincia Jerwen. Vocatur etiam
Waygele in diplomatibus anni 1251 et 1295. Hier ist S u h m, wie schon
die von ihm selbst angeführte urkundliche Rechtschreibung von *Waygele*
andeutet, offenbar im Irrthum. Wie konnte mitten in Jerwen noch eine
zweite nicht unbeträchtliche Provinz liegen, ohne zu ihr hinzugezogen zu
werden? *Wegele* ist vielmehr die Provinz *Waiga* oder *Wagien* am linken
Ufer des Embachs, östlich bis zum Peipus-See, nördlich an die Provinz
Mocha, westlich an Nurmegunde grenzend. Dies angenommen wird es

fratres militiæ [1432]) DC. uncos et Episcopus Hermannus [1433])
CCCC.; Möge [1434]) una Kiligunda, in qua sunt CCCC. unci;

klar, warum gerade hier dem Bischof Hermann zu Dorpat 400 Haken zu-
getheilt wurden, s. Nota 1433. Das übrige Land gehörte den *fratribus
militiae Christi*, Brüdern des Ritterdienstes Christi oder Schwerdtbrüdern,
wie sie gewöhnlich heissen. [Die Erwähnung derselben scheint einen
Beweis dafür abzugeben, dass dieser Theil des Catasters schon 1232 oder
doch wenigstens vor ihrer Vereinigung des von Bischof Albert 1202 gestif-
teten Ordens der Schwerdtbrüder mit dem Orden des deutschen Hauses
zu Jerusalem aufgezeichnet worden, die bereits am 14. Mai 1237 durch
eine päpstliche Bulle öffentlich anerkannt und bekannt gemacht wurde, s.
Monumenta Livon. antiq. III, 1. S. 125—133. III, 2. S. 3 Anm. 4.] Die
Dänen aber haben die in Rede stehende und mehrere der folgenden Provinzen nie besessen, wenigstens gewiss nicht zur Zeit des Census, daher
sie auch in demselben nicht speciell verzeichnet stehen. Die dänische
Regierung aber machte wohl Ansprüche auf dieselben, weshalb sie hier
auch nicht ganz ausgelassen werden durften.

1432. Sunt *fratres militiae Christi*, alias *Ensiferi*, ordo militaris
institutus anno 1201 [Dr. A. Hansen in seiner Ausgabe der Origines
Livoniae in den Script. rer. Liv. I, 1 lässt es in der Anm. 6 zu Alberts
4tem Jahr S. 79 allerdings zweifelhaft, ob dieses oder das folgende Jahr
1202 als Stiftungsjahr des Schwerdtbrüderordens anzusehen sei], *paucos
annos post in Livoniam introductus* [das sagt weder Heinrich der Lette
a. a. O. in den Orig. Livon., noch auch Alnpeke in seiner Reimchronik
V. 620—625] *et cum ordine Teutonico consociatus anno 1238* [richtiger
zu Anfang 1237] *posteaque ordo cruciferorum nominatus.*

1433. *Tarpatensis, frater Alberti Episcopi Rigensis et Episcopus
Tarpati ab anno 1223, vide* Gruberi Orig. Livon. p. 166 et Arndtii
Chron. Livon. I. p. 194. [Nach Dr. Hansen's Chronologie in seiner
erwähnten Ausgabe der Orig. Livon. S. 43 muss hier das Jahr 1224 stehen.]

1434. Apud Arndtium T. II. p. 15 et 95 vocatur provincia *Mocha*,
p. 16 *Mogeks*, p. 51 *Moche* et p. 209 *Moicke*. Hodie *Moick*, Esthonice
Moiko-mois, praedium ecclesiae cathedralis Revaliensis in provincia Harria,
vide Hupel T. III. p. 419. Sita est in parochia Waschiel sive St. Georgii
ad limites provinciae Wikensis. Wie Suhm zu dieser Behauptung kommt,
ist nicht abzusehen. Die parochia Waskael (St. Georgii) kann nie an die
Wieck gegrenzt haben, da sie ganz in der Nähe von Reval liegt. Eben
so hat die Namensähnlichkeit von *Moik*, dem Hospitalgut der Domkirche,
keine Meile von Reval (ibi sunt hodie tantum 15¾ Haken, unde patet,
provinciam hanc olim multo majorem fuisse quam hodie), zu einer Ver-
wechslung mit der Provinz *Mocha* geführt, obwohl ein Landgut von kaum
16 Haken unmöglich eine besondere Provinz bilden konnte und ihr auch
nicht einmal den Namen gegeben hat. Denn *Müge* oder die Provinz
Mocha, an welche die Dänen ebenfalls Prätensionen machten, lag südlich
von Jerwen und Wierland und mochte das Kirchspiel Lais, vielleicht auch
einen Theil des Kirchspiels St. Bartholomaei umfassen, wie sich daraus
ergibt, das Heinrich der Lette erzählt (S. 254 der Ausg. von Hansen),
dass im J. 1220 die Priester Heinrich und Theodorich, nachdem sie aus
Jerwen in die letzte Landschaft gegen Wierland zu, nach Loppegunde zogen
und in allen Dörfern getauft, zuletzt in Kettis und Reynenen, sie an die
Grenze von Wierland geeilt, wo auf einem Berge (muthmasslich bei Ebbafer,
s. Inland 1836 Nr. 22 u. 23 Sp. 361—366 u. 377—393) im heiligen Walde
der Gott der Oeseler Tharapita geboren sein soll und wo sie die Götzen-
bilder umhieben, darauf sie in eine andere Provinz *Mocha* gewandert,
in den Dörfern getauft und dann nach Wayga gegangen, viele dort taufend

Nurumegunda [1435]) una Kiligunda, in qua sunt DC. unci; Alempos [1436]) una Kiligunda, in qua sunt CCCC. unci. Hanc habent fratres milicie sibi injuste uindicatam, cum a nullo dinoscuntur certo titulo habuisse [1437]). In Reuaelae [1438]) III. Kiligunde [1]),

---

in den Dörfern, um den Wirzjerw gangen und nach der Provinz Soontagga zurückgekehrt seien.

1435. Vocatur *Normegunde* in dipl. 1251, *Normekunde* 1282 et forte *Murumgunde* apud **Arndtium** ao. 1210 p. 93, *Normegunde* p. 95 [cf. Orig. Livon. ed. **Hansen** p. 160—163], *Wormegunde* p. 165 [ed. **Hansen** p. 253 *Wormegunda*], *Normegunda* p. 201 [**Hansen** p. 290], *Nurmegunde* p. 209. Provincia sita erat ad fluvium Pala, inter Saccala vel Fellin et provinciam Jervensem, comprehendebatque parochiam Ober-Pala et partem parochiae Lais, vide **Hupel** T. I. 78. *Nurmegunde* hat sich entweder gar nicht bis Lais erstreckt, denn dieses gehörte zu Mocha, oder doch nur einen kleinen Theil von dessen westlicher Grenze eingenommen. Es umfasste wahrscheinlich nur Oberpahlen, vielleicht auch einen Theil von Pillistfer. Auch diese Provinz nahmen die Dänen in Anspruch.

1436. Vocatur apud **Arndtium** I. p. 209 *Alumbus*, II. p. 15 *Alumbus*, p. 51 *Alempoys*, et etiam in diplomate Martini IV. Papae anno 1282. **Langebekius** in charta indicit situm hujus provinciae ad litora occidentalia magni lacus Werzjerwe, in hodierna provincia Pernoviensi. Auch der Besitz von *Alempos* ward von den Dänen beansprucht, es lag aber mehr in der Gegend von Fellin als von Pernau. Die Richtigkeit dieser Angabe, wie der über die Lage von Wegele und Möge ergibt sich auch daraus, dass nach dieser Ansicht die vier Provinzen *Waiga, Mocha, Nurmegunde* und *Alempos* in geographischem Zusammenhange auf einander folgen, während sie bei **Suhm** ganz zerstreut unter einander geworfen erscheinen.

1437. Filius Waldemari II., Rex Abel postea anno 1251 hanc provinciam concessit ordini Teutonico. **Arndt** II. p. 51.

1438. Ergo *Revalia* et plaga adjacens, quae hodie pars tantum est Harriae, erat tempore Waldemari peculiaris provincia. Russice vocatur haec civitas Koliwan et Esthonice Tallin, quod dicitur formatum esse ex Dani-lin: Danorum civitas, quia Esthones nullam vocem littera D incipiunt [vergl. *Reval's* sämmtliche Namen, nebst vielen andern, wissenschaftlich erklärt von H. **Neus**. Reval 1849]. Antea ibi fuit castrum paganorum vocatum *Lyndawiense* [rectius *Lyndaniense*, v. Orig. Livon. ed. **Hansen** p 279 c.], vel *Lyndanisse*, de quo mentio fit apud **Gruberum** annis 1218 et 1222 p. 129 et 161. Castrum *Revaliense* autem construxit Waldemarus 1219.

1) Die Angabe von 3 *Kiligunden* in der Provinz *Reuaelae* und drei in Harrien ist schwierig in's Klare zu bringen, da sie später unten bei der speciellen Eintheilung nicht ausgeführt ist. Es werden überhaupt nur drei *Kiligunden* (Districte) namhaft gemacht, ob aber zu *Reuaelae* oder *Harriaen* gehörig, bleibt unbestimmt. Für das Wahrscheinlichste halte ich Folgendes: Zu *Harriaen* gehörte offenbar die Parochia *Haccritz* (Haggers), da diese Provinz mit ihr beginnt, vermuthlich auch die Parochia *Kolkis* oder *Koskis* (Kosch) und die Parochia *Juriz* (Jörden). Diese mit den nachher entstandenen Pfarreien *Rappel* und *Nissi*, alle im südlichen Theil der Provinz neben einander belegen, bildeten wahrscheinlich die 3 nicht genauer bezeichneten Harrischen *Kiligunde*. Zu *Reuaelae* wären dagegen zu rechnen die in dessen Nähe befindlichen und speciell benannten *Kiligunde: Uomentakae*, wozu Parochia *Keykel* (Kegel) nebst dem spätern Kirchspiele *St. Matthias*, westlich

in quibus sunt MDC. unci. In Harriaen [1439]) III. Kiligunde, in quibus sunt MCC. unci. In Osilia [1440]) IV. Kiligunde, in quibus sunt tria milla uncorum. In Rotelewich [1441]) VII. Kiligunde,

{ bis zur Wieckschen Grenze gehörte; ferner *Ocrielae Kil.* mit Parochia *Waskael* (St. Georgii) und *Repel Kil.*, wahrscheinlich verstümmelt aus *Reuaelae Kil.* mit Parochia *Jeeleth* nebst dem nachherigen *St. Johannis*-Kirchspiele, wozu auch Parochia *Kusala* gehören mochte. Hieran schliesst sich gleich *Repel Kil.* in *Wironia* mit den Par. *Torwestaewaerae* (St. Katharinen) und *Halelae* (Haljall), welche beide an das Kirchspiel Kusal grenzen. Nach dieser Ansicht erhalten wir für die Provinz *Reval* eine ganze Kette von Parochien längs der nördlichen Küste Ehstlands, von der Grenze der Wieck bis Allentacken, welches mit *Maum Kil.* (Maholm) beginnt. Die damals noch nicht abgetheilten Parochien finden sich in den angegebenen mit enthalten, wie aus den bei letzteren speciell angeführten Dörfernamen deutlich hervorgeht. Bei Wierland sind alle 5 *Kiligunden* angegeben und leicht nachzuweisen, wie sich unten zeigen wird.

1439. Hodie Esthonice *Harjo-ma*, v. Hupel T. I. p. 319. T. III. p. 415. Habuit 1774 circa 2080$\frac{91}{23}$ uncos vel *Haken* [Bienenstamm S. 46 rechnet nach der ehstländischen Landrolle von 1818 S. 18 u. 66 an 2180$^{31}/_{40}$° Haken. Er wie Possart S 183 gibt die Grösse des Kreises Harrien zu einem Flächenraum von 4958²/₃ □-Meilen an. Schwerlich aber kann man mit dem Schluss von Suhm's Note übereinstimmen in seiner etymologischen Ableitung der *Hirri* von *Harrien*: Inde forte *Hirri* apud Plinium. Vergl. v. Kruse's Urgeschichte des ehstnischen Volksstammes S 100, dagegen ist des Pastors Ahrens (a. a. O. S. 114) Ableitung *Harrien's* von dem finnischen *harju* (Gebirgskamm, Landrücken, Glint) wohl ausser Zweifel die einzig richtige.]

1440. Habuit anno 1341 juxta quandam designationem tantum 8 parochias, hodie 12, quod etiam confirmatur Registro *Osiliensi* in Arch. Canc. Germ. Hauniensi anno 1514 et 1522, ubi 11 nominantur [was jedoch der Behauptung von bloss 8 Kirchspielen noch im J. 1341 widerspricht, nicht aber sie bestätigt, daher jenes Öselsche Kammerregister im Archiv der deutschen Kanzlei zu Kopenhagen aufzusuchen und zur Benutzung für die vaterländische Geschichte zugänglich zu machen sein möchte]. Vocatur *Osilia* Esthonice *Kurre-*, rectius *Kura-Saar*, Curonum insula [s. dagegen v. Bunge's Rechtsgesch. S. 64 und v. Kruse's Urgesch. S. 144], vel *Sare-ma*: regio insularis, et Lettice *Sahmu-Semme* [s. Neus Revals sämmtliche Namen S. 14 Anm.****)]. Apud Snorronem T. II p 7 in vita Olai sancti c. 7 vocatur *Ey-Syssel*: provincia insularis. Vide Hupel T. I. p. 301. 302 307. T. III. p. 355 et 356, ubi *Osiliae*, ut provinciae, nonnullae parvae insulae adnumerantur et huic provinciae dantur 1482 ¹³/₄₄ Haken. Suhm's Vermuthung, dass *Kurresaar* Curonum *inuslam* bedeute, ist sehr problematisch. Wörtlich heisst *kurresaar* Kranichs-Insel, welcher Name in der besonders in früherer Zeit sehr morastigen Beschaffenheit des Landes seinen Grund haben mag. In Folge der 1206 u. 1222 wiederholten Eroberungszüge des Königs Waldemar II. nach Oesel, wurde auch diese Insel von den Dänen in Anspruch genommen gleich der Wieck, wiewohl erst Bischof Albert zu Anfange des Jahres 1227 Oesel eroberte und die Ehsten dort taufen liess.

1441. Hodie provincia Wikensis, ubi nomen antiquissimi civitatis *Rotula* adhuc superest in parochia *Rötel*, Esthonice *Riddali*. Wik est Danice *sinus*, unde hoc provinciae *litus maritimum* vocatur et forte est Snorronis (Ed. Peringskioldii T. I. p. 318 et 319) Adalsyssel, quia ibi videtur praecipuum robur Esthoniae fuisse. Ibi sunt hodie 1664 *Haken*

in quibus sunt MDCCCC. unci. Hec sunt nomina terrarum Pruzie [1442]): Pomisania [1443]), Lanlania [1444]), Ermelandia [1445]), Notangia [1446]), Barcia [1447]), Peragodia [1448]), Nadrania [1449]), Galindo [1450]), Syllonis [1451]), in Zudua [1452]), Littonia [1453]). Hec

et civitates Lehal et Hapsal, ubi *Rötel* prope jacet. Hupel T. I. p. 379 T. III. p. 525. [Bienenstamm S. 96 zählt in der Wieck nach der Landrolle von 1818 S. 65 an 1694 7/40 Haken, Possart S. 284 gibt wie er die Wieck zu 3969 □-Werste, nach der Landrolle von 1841 aber nur zu 1687 ½ Haken an, mit der Eintheilung von Land-, Strand- und Insular-Wieck, darin die Stadt Hapsal und der Flecken Leal, so wie das alte Schloss Lode, 17 Kirchen, 10 Kapellen, 151 Landgüter und 3 Landstellen, zusammen bewohnt von 32,000 Revisionsseelen.] In nomine Hapsal Langebekius in schedis msc. putat latere *Adal-* et forte etiam Snorronis *Asa-Sysler.* Vide meum Othinium p. 94 (Wikia veresimile dividebatur in borealem partem *Rotelewich* et in australem *Warblaewich.* Haec jam penitus sub dominatione Teutonorum erat et episcopatus Leal ibi jam fundatus. Illa habet totidem ecclesias, quarum circuli illae Kiligundae mihi videntur: 1) Kreuz (Risti), 2) St. Catharinae (Noa rotsi, in quo nomine nomen Danorum (?) latet), 3) Poenal (Niggola), 4) Goldenbeck (Kullama cum veteri arce Lode apud ecclesiam), 5) Röthel (Rotele cum antiqua arce), 6) St. Martens (Jerkfer vel Keskfer), 7) Merjama (Maria-ma) Kr.). [Die Wieck *Laäne-mnæ* leitet Pastor Ahrens a. a. O. S. 118 vom finnischen *länsi* oder *länet*, Westen, ab, als das Westland.]

1442. Suhm's Anmerkungen zu den hier genannten Preussischen Landen haben weniger Interesse für den vorliegenden Zweck und sind daher weggelassen, [statt dessen verweisen wir hinsichtlich Preussens *Borussia, Po-Russia, Prussia,* auf Joh. Voigt's Geschichte Preussens. Königsberg 1827 Thl. I. S. 305 u. 673].

1443. [Von *Po-medzianis,* Leuten, die an einem Gehölze wohnen. Voigt a. a. O. S. 479.]

1444. [Zu bedauern ist, dass der so umsichtige Voigt a. a. O. den Liber Census Daniae in Absicht auf diese alten Provinzen Preussens ausser Acht gelassen und über *Lanlania* und

1448. *Perigodia,* auch deren Lage keine Auskunft und Nachricht gegeben hat. Ohne Zweifel aber ist unter *Lanlania* nur das Gebiet von Elbing, in Urkunden *Lanzania* genannt, zu verstehen, worauf noch das Kirchdorf *Leuzen* hinweist, s. Voigt S. 441 Anm. *.]

1445. [S. Voigt S. 486 über *Ermeland* oder *Warmien*].

1446. [Nördlich von Ermeland läg *Natangen.* Voigt S. 488.]

1447. [Südöstlich von *Barten* oder das *Barterland,* s. Voigt S. 490.]

1449. [Die Landschaft *Nadrauen* grenzte gegen Osten an Litthauen und Samaiten, und der Pregel schied sie westwärts von dem Barter-Lande, s. Voigt S. 499.]

1450. [Im Süden stiess an das Barterland die Landschaft *Galindien,* deren Name schon Ptolomaeus bekannt war, s. Voigt S. 495.]

1451. [Eine Landschaft dieses Namens ist unbekannt, vielleicht aber ist das *Selien* bezeichnete Gebiet in *Sudauen* darunter gemeint, ebendas. S. 499.]

1452. [*Sudauen* nördlich von *Galindien* stiess östlich an Litthauen, das wohl unter

1453. *Littonia* zu verstehen sein möchte, das. S. 498. Dr. Ernst Hennig sagt in seiner Commentatio de rebus Jazygum sive Jazviagorum,

sunt terrae ex una parte fluvii, qui uocatur Lipz ¹⁴⁵⁴). Ex
altera parte ejusdem Zambia ¹⁴⁵⁵), Scalwo ¹⁴⁵⁶), Lammato ¹⁴⁵⁷),
Curlandia ¹⁴⁵⁸), Semigallia ¹⁴⁵⁹).

Regiom. 1812 S. 35: Sudavia continet regionem paludibus repletam, Masovia, Podlachia (terra Bielcensi, hodie Gubernio Russico Bialystock), Littuania et antiquis Prussiae orientalis provinciis, Nadravia, Bartonia et
Galindia inclusam, nunc regimini Littuanico-Prussico subjectum.]

1454. [Der Pregel-Strom mündete nach Voigt S. 503 vor sechs
Jahrhunderten nicht wie jetzt bei dem Gute Hollstein, sondern weit mehr
westlich hin in's frische Haff. Dort nahm er den Namen Lippe an und
bildete an seiner Mündung einen schönen Hafen, der den Dänen unter
eben diesem Namen seit den räuberischen Seezügen der Wickinger und
später unter Haquin, Canut dem Grossen, Canut IV. und Waldemar II. an
Samlands Küste wohl bekannt war, s. Carl Emil Gebauer's Kunde des
Samlandes oder Geschichte und topographisch-statistisches Bild der ost-
preussischen Landschaft Samland. Königsberg 1844 S. 153—163.]

1455. [Nach der Sage erhielt bei der Theilung aller Länder des
hochbetagten Widewud unter dessen 12 Söhne eben so wie sein ältester
Sohn Litwo das Land vom Boicko (Bug) und Niemo (Niemen), das er Li-
thauen nannte und worin er eine Feste seinem Sohne Garto baute, das
spätere Grodno, vor Zeiten Garthen genannt, auch Samo als 2ter Sohn
das Land zwischen den Gewässern Chrono und Haalibo, der offenen See
und dem frischen Haff bis an den Skara-Strom, in welchem sein Weib
Pergolla ertrank, seitdem der Strom nun ihren Namen führt, und seine
Burg hiess Gailtegarwo, wovon der Berg Gailgarben oder Gallgarben
noch jetzt zeugt. Nach den übrigen 10 Söhnen Widewuts, welche die
Sage Sudo, Nadro, Schalauo, Natango, Barto, Galindo, Warmo, Hoggo,
Pomezo und Chulmo nennt, erhielten auch die ihnen durch den Griwe in
Romove zugetheilten Landschaften die Namen Sudauen, Nadrauen, Scha-
lauen, Natangen, Barten, Galinden, Warmien, Hockerland, Pomeza-
nien und Culmerland.]

1456. [Dass unter Scaluo, wie der selige Wilh. Arndt in seiner
hinterlassenen Abschrift vom Liber Census geschrieben, während Knüpffer's Abschrift Sclalwo lautet, nur Schalauen zu verstehen ist, leidet
wohl keinen Zweifel.]

1457. [Eben so scheint Lammato für Sammato verschrieben und
darunter nur Samaiten verstanden gewesen zu sein.]

1458. [Petrus Duisburgensis sagt in seinem Chronicon Prussiae
von 1326: Memela est fluvius ipsam Russiam, Lethoniam et Curoniam
dividens etiam a Pruschia; über die alten Stämme der Curen und ihre
Wohnsitze vergl. v. Kruse's Urgeschichte S. 140 und v. Bunge's Rechtsgeschichte S. 62.]

1459. [Das Land der Semgallen bestand aus den vier Districten
Dohbelena, Tehrwitene, Meschohtene und Karsowene, s. v. Kruse S. 150
und v. Bunge a. a. O.].

I. Haerlae [1]).

1. In Parochia Haccriz [1460]).

Dominus Ywarus [1461])	Tedan [2]) XV. unci	Expulsi [1463])
	Orgiöl &	Laendaer.
	Pyol [1462]) XV.	Arnold.

---

1) Von allen Districten Ehstlands befanden sich nur Harrien und Wierland im wirklichen Besitz der Dänen, diese werden daher mit allen einzelnen Ortschaften aufgeführt, wie folgt. [Die Bezeichnung *Haeriae* für die oben S. 31 angegebene Landschaft *Harriaen* beruht vielleicht bloss auf einer ungenauen Les - oder Schreibart Langebek's, da uns die Urschrift nicht vorliegt.]

1460. Hodie *Hagger*, Esthonice *Haggeri*. Hupel T. I. p. 355. T. III. p. 440. [Bienenstamm S. 62. Possart S. 212. Dr. Carl Jul. Paucker: Ehstlands Landgüter und deren Besitzer zur Zeit der Schweden-Herrschaft, I. Harrien. Reval 1847. S. 79 das Kirchspiel Hackers*).] *Haccritz* umfasste zu dänischer Zeit nicht nur das jetzige Kirchspiel *Haggers*, sondern auch einen grossen Theil von *Rappel* und *Nissi* [vergl. H. R. Paucker: Ehstlands Geistlichkeit in geordneter Zeit- und Reihefolge. Reval 1849. S. 88]. Das Kirchspiel *Nissi* wurde erst 1501 bei Erbauung der Kirche mit Erlaubniss des Papstes Alexander VI. als altare portabile zu einer Hauskapelle von Johann Uexküll zu Riesenberg gegründet, als Filial von *Haggers*. Später wurde es durch einzelne Güter und Dorfschaften von *Haggers* und *Kegel*, vielleicht auch von *Goldenbeck* vergrössert [s. Ehstlands Geistlichkeit S 94 und Ehstlands Landgüter I. 87. Eine Urkunde in der Sammlung des Hrn. Obristl. v. Toll vom J. 1452 erwähnt jedoch schon des Kirchspiels *Nysso*.]

1461. Ejus nomen occurrit iterum infra pag. 87 nota 1502.

2) *Tedan*, wahrscheinlich Dorf *Tödwa* zum Gute *Sack* gehörig [s. Ehstlands Landgüter I. 91]. Es gab zur Zeit der Ordensherrschaft eine adliche Familie von *Tödwen* in Ehstland, welche ihren Namen vielleicht nach dieser Besitzung angenommen haben mochte.

1462. Forte praedium Pachel. Hupel III. p. 441. *Pyol* ist wohl nicht *Pachel*, sondern das zu dem Gute *Addila* gehörige Dorf *Pihhali*, so wie *Orgiol* das gleichfalls zu *Addila* gehörige Dorf *Orro*, in der Landrolle von 1586 *Oriel* genannt [s. Ehstlands Landgüter I. 79, wo neben *Oriel* auch das Dorf *Pirgall* steht, muthmasslich das frühere *Pyol*, jetzt *Pihhali*]. Omnes hic nominati loci sunt forte vel praedia, vel villae rurales, praesertim illi, qui nominantur apud Hupel. Ohne *Zweifel* irrt Subm, wenn er in so früher Zeit schon praedia Landgüter annimmt; diese entstanden gewiss später und das ganze Land enthielt grösstentheils wohl nur Dörfer, welche theils der Krone zufielen, theils vom Könige als Lehn vergeben wurden.

1463. Significant forte priores possessores, qui per Ywarum .et sequentes expulsi fuerunt vel etiam per Danos. Ywarus erat sine dubio Danus, multi autem ex sequacibus Germani. Expulsi sunt, ut videtur, multi Germanorum. Quae res difficultatem parit, quomodo enim inhabitaverunt Germani Esthoniam ante Waldemarum II.? Non solum obscurum, sed etiam ignotum est hoc factum in historia. [Es lässt sich aber wohl annehmen, dass viele Deutsche in Waldemar's Gefolge mit Dörfern in dem eroberten Ehstland belehnt worden, Eifersucht und Habsucht übermächtiger dänischer Vasallen des Königs in Ehstland sie aber von ihren Besitzungen vertrieben habe, um diese sich selbst zuzueignen.]

Dominus Haelf 1464)	Kaxwold ³) XII. Koylae 1465) XIV. Hakroz ⁴) VI. Kyuizael ⁵) XV.	Expulsi Hermannus. Arnold. Waezelin. Johannes. Godefrith. Halworth.
Dominus Odwardus 1466)	Sandae ⁶) XI. unci Laemaech 1467) X. Aekizae ⁷) VII.	Expulsi Henricus Carbom. Haerborth.

1464. Vocatur infra Dominus *Elf* pag. 89 et 107.

3) *Kaxwold* hat vielleicht *Kassowald* geheissen, woraus nachher *Kasso-külla* entstanden ist, wie denn oft *Wald* und *Külla* in Ortsnamen vorkommen. Ein Dorf *Kassokülla* existirt aber noch unter dem Gute *Tois* [s. das Dorf *Kasso* in Ehstlands Landgüter I. 84].

1465. Hodie *Koil*. Habet nunc cum Auta 11²/₃ uncos. Hupel III. 441. [Bienenstamm S. 62 zählt ebenso viel Haken; bei Possart S. 213 fehlt *Koil* gänzlich oder ist durch die ehstnische Benennung *Kohhila* irrthümlich mit dem Gute *Kohhat* von nur 8½ Haken vermischt. Bei der schwedischen Güter-Revision im J. 1586 hielt das Dorf *Koyall* von 10 Gesinden an 12 Haken, s. Ehstlands Landgüter I. 81.

4) *Hakroz* [in Ehstlands Landgüter I. 82 *Hackers*] ist das jetzige Dorf *Haggeri* unter dem Gute *Sutlem*, dicht bei der Kirche zu *Haggers*.

5) *Kyuizael*, zur Zeit der Güter-Revison 1586 *Kawpisell*, ein Dorf unter *Rabbifer* [Ehstlands Landgüter I. 79], heisst jetzt *Kiwise*. Das Dorf *Gross - Kiwise* gehört noch zu *Rabbifer*, *Klein - Kiwise* aber zu *Wredenhagen*.

1466. Vide infra p. 87 eundem in parochia Keykel. [Man kann dabei an den Herrn *Odewart* denken, der den Livländern bei ihrem Heereszug gegen die Semgallen unter Meister Conrad von Feuchtwangen im J. 1281 mit des Dänen-Königs Mannen aus Ehstland zu Hülfe zog, wie Ditléb von Alnpeke in seiner livl. Reimchronik V. 9531 u. 9665 erzählt. Dr. Bergmann's Ausg. Riga 1817 S. 131 u. 133, und in der hochdeutschen Uebertragung von Ed. Meyer zu Reval 1848 V. 9531 u. 9659 S. 267 u. 271. — Nach G. v. Brevern gehörte dieser *Odewart* zu den Hauptleuten oder Capitaneis von Reval, s. die Oberbeamten in Ehstland während der dänischen und Ordenszeit in Dr. F. G. v. Bunge's Archiv für Geschichte Liv-, Esth- und Curlands, III. S. 322 u. Zusätze IV. S. 328. Möglicherweise ist der hier in Rede stehende *Odewardus* derselbe, welcher schon in der Urkunde der Königin Margaretha über die Grenze der Revaler Stadtweide vom 13. Aug. 1265 als *Dominus Odewardus de Looth* (Lode) vorkommt, s. v. Bunge: die Quellen des Revaler Stadtrechts II. 91 und Paucker: die Herren von Lode und deren Güter S. 17.]

6) *Sandae*, wahrscheinlich Dorf *Sondo* unter *Kelp* [früher *Kalpy* genannt mit dem Dorf zu *Sandate* s. Ehstlands Landgüter I. 80].

1467. Forte *Limmat*, quod hodie tantum habet 3¹/₃ uncos [viel wahrscheinlicher als dies vor Zeiten *Lummede* genannte Bischofsgut *Lümmat*, ist unter *Laemaech* vielleicht das Gesinde auf dem Holm unter *Kalpy*, s. Ehstl. Landg. a. a. O., gemeint, das vor Zeiten wahrscheinlich auch *Laiekmegk* oder *Laiemäggi*, zum breiten Berg, geheissen, wie ein ähnliches Gesinde unter *Kappel* angeführt wird, s. Ehstl. Landg. I. 75].

7) *Aekizae*, jetzt Dorf *Aigitse* unter *Erlenfeld*, welches von *Kelp* abgetheilt worden. [Zur Zeit der Güter-Revision 1586 wurden noch zu

| Kustizae [1]) XVII. | Bertram. |
| Howympae [2]) VII. | Haerbort lang. |

| Thidericus eius puer 1468) | Mandaes [3]) IIIIor. |

Dominus Rex	Angaer 1469) XII.	Ludulf V.
	Loal 1470) XXIII.	Haenrich fan anger VIII.
		Idem Haenrich IIIIor.

Pag. 84.

| Thorth föghse | Kiaeppaekylae [4]) XXIII. | quos habuerat Hilward et Thideric. |

Kalpy gerechnet das Dorf zu *Aitz* und die vier Gesinde zu *Weyter* etc., s. Ehstl. Landgüter I. 80. Nach Bienenstamm S. 63 u. Possart S. 212 zählt *Kelp* jetzt 5½ Haken und *Erlenfeld* (Ohholeppe) eben so viel]

1) *Kustizae*, Dorf *Kustja* unter *Haiba* [zur Zeit der schwed. Güter-Revision 1586 Dorf *Kustus* in Allem 7 Haken, doch hatten 20 Jahre früher 10½ Haken zur *Custus*-Wacke gehört. Ehstl. Ldg. I. 85 u. 86].

2) *Howympae* ist nicht zu finden — entweder eingegangen, in ein Gut verwandelt oder anders benannt [ohne Zweifel ist damit ein Dorf an einer Hofstätte gemeint, *Howi pael*, muthmasslich *Haiba*].

1468. Vide infra p. 85. Significat puer hic famulum, militem, hominem, vasallum [Junge, Knappe, Knecht, s. R. v. Helmersen: Geschichte des livl. Adelsrechts § 39 S. 159—162 und Dr. F. G. v. Bunge: Geschichtliche Entwickelung der Standesverhältnisse § 7 Anm. 50 S. 25].

3) *Mandaes*, wahrscheinlich Dorf *Mönuste* unter *Kirna* im *Nissi*'schen Kirchspiele [über das Dorf *Monasta* mit 7 bis 8 Haken zur Zeit der schwed. Herrschaft s. Ehstl. Landg. I. 86.]

1469. Hodie *Angern*. Habet hodie tantum 4½ uncos. Hupel III. 441. [Bienenstamm S. 63 und Possart S. 212 geben 4½ Haken an, mit denen das Gut im Consistorio und in der Credit-Casse verzeichnet steht, während die Ritterschafts-Canzlei 6½ Haken zählt und zu schwedischer Zeit sogar 12½ Haken für *Angern* berechnet worden, ja mit *Pirk* und andern Zubehörungen 25 und mehr Haken, s. Ehstl. Landg. I. 80 u. 81.]

1470. Hodie etiam *Loal*. Habet 12 uncos. Hupel III. 440. [Bienenstamm S. 62 gibt *Loal* zu 12, *Röa* aber abgesondert zu 2 Haken an, während Possart S. 213 bemerkt, dass *Loal* mit *Röa* zu schwedischer Zeit nur 12 Haken betragen habe, jetzt aber 14 Haken zähle, dagegen *Loal* nach dem nordischen Kriege und der Pest im J. 1710 aus bloss 5½ Haken bestand, s. Ehstl. Landg. I. 85.]

4) *Kiaeppaekylae*, wahrscheinlich Dorf *Köbbiküll* unter *Ruil*. Dieses Gut fehlt in der Landrolle von 1586, wird aber dort gelegentlich als eine Wacke (Gebiet) erwähnt. [Ueber das Amt und den Hof zu *Ruyel* zu schwedischer Zeit s. Ehstl. Landg. 85 u. 86.]

Herman ⎰ Tors [1471] VIII. ⎱   Aeuerard VIII.
et duo ⎱ Item in Koil [5]) X. ⎰ et duos fratres ejus.

Thideric: Koci [6]) XI. expulit Thomam et Hilward [1472]).
Ölric habet Kuaet [7]) X.

Paeter Tolk ⎰ Paihac [8]) VI. unci
⎱ Hopesal [1473]) VI.
⎱ Kirmaer [1474]) VII.

1471. Forte *Tois*. Habet cum Mönniko et Kurtna 14½ uncos. Hüpel Hl. 440. [Bienenstamm S. 62. Possart S. 214. Zu Ende des 16. Jahrh. gehörte das Dorf *Tois*, ehstnisch *Tohhise*, zum Gute *Ruil* in der *Lohal*-Wacke, und betrug es damals nur 8 oder 8½ Haken, das später damit vereinigte *Mönniko-Kurtna* oder *Mennikurten* von *Koil* aber hielt 6 Haken, s. Ehstlds Ldg. 84].

5) *Koil* ist das heutige *Koil*, welches Suhm (1465) richtig unter obigem *Koylae* vermuthet [doch ist es nicht klar, warum es an beiden Stellen verschieden geschrieben und mit abweichender Hakenzahl und andern Besitzern angegeben worden, welche Dunkelheit anderweitig aufzuklären noch nicht gelungen ist, wenn nicht zwei verschiedene Theile eines Dorfs darunter zu verstehen sind.]

6) *Koci* ist schwer zu bestimmen. Es könnte das Dorf *Kouti* unter *Haiba* sein [in Ehstl. Landg. 88 findet sich dagegen dort nur ein *Kaske*-Gesinde] oder auch *Koykas* oder *Köckendey*, beide Dörfer, die in der Landrolle von 1586 unter dem Gute *Sicklecht* im Kirchspiel *Rappel* angeführt worden. [Mit eben dem Rechte könnte auch das Dorf *Knieck* mit 10 Haken unter *Allo*, s. Ehstl. Landg. 74, oder *Köksmoise* unter *Kechtel*, ebendas. 77, hier unter *Koci* vorausgesetzt werden.]

1472. Haec verba verisimilem reddunt sententiam meam de expulsis p. 83 supra n. 1463 adlatam.

7) *Kuaet*, wahrscheinlich *Kohhat*, welches in der Landrolle von 1586 *Koifur* heisst [sonst könnte man auch an das eben erwähnte Dorf *Kujames* unter *Kotz* denken]. Aus der Urkunde des Königs Erich aus *Lund* vom 9. April 1249, worin er dem Bischof Torkill in *Reval* und dessen Nachfolgern 14 Haken in *Kuate* zu immerwährendem Besitz verleiht, welche früher ein gewisser Wurfmaschinenmeister Ulrich besessen hatte, in welchem der Ölric unsers Textes nicht zu verkennen ist, erhellet, dass dieser Theil des Liber Census schon vor dem Jahre 1249 abgefasst worden, und sich der Grundbesitz dieses Gutes seitdem um 4 Haken vermehrt haben muss, da es hier nur zu 10 Haken angegeben ist, s. Hrn. Brevern's Urkunden zur Geschichte des Bisthums Reval in v. Bunge's Archiv 1, 298.

8) *Paihac*, jetzt das Gut *Pajak* im *Nissi*'schen Kirchspiel [s. Dorf *Payack* zur Schwedenzeit, Landg. I. 79. Bienenstamm S. 65 *Pajak* mit der Hoflage *Runafer* 18½ Haken, eben so Possart S. 233].

1473. Nestio an Haiba, quod habet 12¼ uncos. Hüpel III. 440. Hier ist Suhm im Irrthum. Es ist nicht *Haiba*, sondern das Dorf *Ubbasallo* unter *Pajak*, mit dem es hier zusammen steht. Die Landrolle von 1586 gibt *Hoposal* richtig unter *Pajak* [s. Landg. 79 *Höpesell* mit 7 Gesinden, *Riunifer* mit 3 Gesinden zum Hofe *Payak* gehörig].

1474. Forte *Kirna*, quod habet 7¼ uncos. Ibidem 441. *Kirmaer*, jetzt der Hof *Kirna*, liegt im Kirchspiel *Nissi* an der *Haggers*'schen Grenze. [Zur Schwedenzeit gehörte es zu *Kohhat*, s. Landg. 83, nach den Land-

Tuui Cola [1]) — Uarpal [2]) X.

Dominus Rex { Othaencotaes [3]) XIIII.
Jales [4]) XIIII.
Capal [1475]) XXX.

— { Lepac [5]) VIII.
Pasae [6]) XII.
Rapal [7]) VIII.

rollen von 1765 u. 1775 ist *Kirna* und halb *Kobhat*, und nach den von 1818 und 1841 ist *Kirna* mit 7½ Haken, und darnach auch bei v. Bienenstamm S. 62 und bei Possart S. 213 mit so viel Haken im *Haggers*schen Kirchspiel angegeben, bei Possart S. 234 jedoch bemerkt, dass das *Nissi*'sche Kirchspiel zufolge der Consistorial-Liste noch 5 Haken zählt, als beigepfarrt von dem zu *Haggers* gehörigem Gute *Kirna*.]

1) S. unten p. 88. nota 1508. *Tuui Collae*.

2) *Uarpal* ist die zerstörte Ehstenburg *Warbola*, jetzt *Warbjalla* unter dem Gute *Poll* im Kirchspiel *Nissi* [s. nähere Beschreibung der alten ehstnischen Burg *Warbola* oder *Jani lin* vom Majoren und Kreisrichter, nachmals livl. Landrath, Consistorial-Präsidenten und Ritter Ludwig August Grafen v. Mellin in A. W. Hupel's nord. Miscell. 15—17. Stück S. 735—43].

3) *Othaencotaes*, nach der Landrolle von 1586 *Odenkotza*, ehstnisch *Ohhekotso*, im Kirchsp. *Rappel* [Landg. 78, das halbe Dorf zu *Odenkotza* mit 10 Haken und 5 besetzten Gesinden etc.; Landrolle von 1765 *Odenkotz* mit 7½ Haken, Landrolle von 1775 mit 9½ Hak., Landrolle von 1818 u. 1841 desgleichen und darnach auch bei Bienenstamm S. 61 und Possart S. 290, wo schon der neue Gutsname *Odenwald* angegeben ist mit den zu schwedischer Zeit berechneten 15' Haken Landes].

4) *Jales*, wahrscheinlich Dorf *Jallase*, unter *Saage* im Kirchspiel *Rappel* [statt dessen finden wir zur Schwedenzeit das Dorf zu *Gallas* mit 8 Gesinden und das Dorf *Lesy* mit 1 Gesinde unter *Sicklecht*, Landg. 74].

1475. Forte *Kelp*, quod habet 12½ uncos. Hupel III. 441. *Capal* ist nicht *Kelp*, sondern das Gut *Kappel* im Kirchspiel *Rappel*. Auch in der Landrolle von 1586 wird das Dorf *Kappel* erwähnt. Ehstnisch heisst es *Kabbala* oder *Kawwala*. [Ueber *Kappel* zur Zeit der SchwedenHerrschaft s. Landg. 75. Damals soll es 27 Haken Landes gehalten haben, zur Zeit der russischen Regierung aber anfangs nur 7½ Hak., bei der Revision von 1757 dagegen 16 Hak., bei der von 1765 aber 18½ Hak. und 1774 schon 19½ Hak., wobei es auch bis jetzt geblieben ist, s. Bienenstamm S. 61 und Possart S. 219.]

5) *Lepac*, Dorf *Leppiko* unter *Kurtna*. [Wenn, wie öfter vorkommt, *t* für *c* zu lesen ist, so wäre für *Lepae* mit mehr Wahrscheinlichkeit hier *Lepate* oder das Dorf zu *Lepte* mit 5½ Haken unter *Kotz*, jetzt *Wäldau* genannt, Landg. 75, anzunehmen.]

6) *Pasae* lässt sich nicht gewiss bestimmen; vielleicht ist es das Dorf *Pörsaküll* unter *Hermet* im Kirchspiel *Rappel*. [Item das Dorf *Hermet* und *Persack* mit 8 Haken unter *Kotz*, Landg. 75, wenn nicht *Paddesso* unter *Kappel* ebendas.]

7) *Rapal* ist das neu errichtete Gut *Rappel*, nahe bei der Kirche, früher ein Dorf unter *Allo*. [Landg. 74 rechnet nach *Allo* unter andern

Dominus Rex $\Big\{$ Accola [8]) X.
Mahethae [9]) IX.
Hanaros [10]) V.

— $\Big\{$ Piacae [11]) IIII.
Kipunkaelae [12]) III.
Linas [13]) VII.
Raiklap [14]) V.
Sonalae [15]) VII.

allerdings das Dorf zu *Rappel* bei der Kirche 6 Haken, darauf wohnt (i. J. 1586) Niemand, ist ganz wüste, allein die Mühle ist besetzt.]

8) *Accola* muss wohl *Accota* heissen, da *l* und *t* sich leicht verwechseln, und ist wahrscheinlich *Haggud* im Kirchspiel *Rappel* [möglich, doch ist wohl mit mehr Recht darunter das Dorf *Hackel* mit 10 Haken unter *Kechtel* zu verstehen, Landg. 77].

9) *Mahethae*, nicht genau zu bestimmen, aber wahrscheinlich das Dorf *Mehheküll* unter *Sutlem* bei *Haggers* [wenn nicht etwa das Dorf *Matti* oder *Matti* mit 4 Haken unter *Riesenberg* im *Nissi*'schen Kirchspiel darunter gemeint ist, Landg. 87].

10) *Hanaras*, wahrscheinlich das Dorf *Angerja* unter *Pachel* [wo nicht auch die 2 Haken des Gesindes zu *Anafer* unter *Rayküll*, Landg. 77].

11) *Piacae*, vielleicht das Dorf *Pati* unter *Salntak*. Dies könnte das *Maian-Pate* in Heinrich's des Letten Chronik sein, welches als Hauptort eines ganzen Districts vorkommt [oder vielmehr nach den Worten des Chronisten S. 300 der neuen Ausgabe von Dr. Hansen, Riga u. Leipz. 1849; tam in Sontagana, quam in Majanpathe et Puekalle sc. receperunt eos Maritimi — qui remanserant ante non baptizati — zu schliessen, selbst eine ganze Landschaft am Ostseestrande unweit *Sontagana*]. Die Landrolle von 1586 enthält auch ein Gesinde *Payet* unter *Koijat* (*Kohhat*) und ein Dorf *Pegast* unter *Riesenberg*, welche aber noch weniger hieher passen. [Wenn aber das Dorf *Matti* mit 4 Haken dem *Mahethae* mit 9 Haken entspricht, so könnte das neben demselben genannte Dorf *Pegest* mit 8 Haken unter *Riesenberg* auch wohl für *Piacae* mit 4 Haken gelten; doch scheint es fast richtiger, hierunter das Dorf *Pehadt*, Landg. 75, sonst *Pöha* oder *Pöhhat*, jetzt *Pühhat*, mit 2⅓ Haken im *Rappel*'schen Kirchspiel zu verstehen.]

12) *Kipunkaelae*, das zweite Dorf *Kübbiküll* s. oben p. 84 Anm. 4. Dies ist wahrscheinlich das zu *Pajak* gehörige, vielleicht abgetheilt von dem früher erwähnten *Ruill*'schen Dorfe dieses Namens [s. *Kepküll* mit 10 Gesinden unter *Payak* im Kirchspiel *Haggers*, Landg. 79].

13) *Linas*, Dorf *Linnaal* unter *Kedenpäh* im Kirchspiel *Rappel* [*Kehempe* und *Kehdenpae*, s. Landg. 71 u. 72. v. Bienenstamm S. 61 *Kedenpä* (*Köwa*) 14½ Haken; desgl. Possart S. 219].

14) *Raiklap*, wahrscheinlich das Gut und Dorf *Raiküll* im Kirchspiel *Rappel*. Ob dies Dorf noch existirt, ist mir nicht bekannt, in der Landrolle von 1586 wird hier noch das Dorf *Raeküll* angeführt [s. Landg. 77, der Hof *Raiküll* mit dem Dorf zu *Raiküll* mit 11 Gesinden und 12 Haken].

15) *Sonalae*, höchst wahrscheinlich das Dorf *Soale* unter *Jerwakant*, indem das *n* im Laufe der Jahrhunderte aus dem Namen elidirt worden, dafür spricht das stärker betonte *o* und *a* in *Soale*, und auch die

Dominus Rex {
Laelleuer [1]) V.
Soka [2]) III.
Purculi [3]) X.
Kiarpalae [4]) VIII.
Waskilae [5]) II.
Raekaevaer [6]) VI.
Salablia [7]) V.
}

Nähe von *Lellefer*, das mit *Jerwakant* und *Wahhakant* die gemeinsame Besitzung eines Herrn bildet [s. *Soale* unter den Dörfern von *Jerwakant* in Landg. 78 *) als Appertinenz des frühern Hofs *Idenurm*, noch *Sonal* genannt, ebendas. 76].

1) *Laelleuer*, jetzt das Gut *Lellefer* im Kirchspiel *Rappel*. [Es war zu Anfang der russischen Regierung einherrig mit *Kechtel*, indem jenes 6½, dieses 10 Haken Landes hielt, s. Landg. 77. Im Jahre 1757 zählte *Lellefer*, ehstnisch *Lellewerre*, schon 8½ Hak., 1765 aber 10½ Hak., seit 1774 aber 12 Haken, wie noch jetzt, s. v. Bienenstamm, S. 61 und Possart S. 220].

2) *Soka* ist nicht auszumitteln, muss aber zu den *Jerwakant'schen* Gütern gehören, da es mitten unter den Zubehörungen derselben aufgeführt wird. Wenn das nicht der Fall wäre, so könnte es, da an *Saage* im *Rappel'schen* Kirchspiel wohl nicht gedacht werden kann, weil es ehstnisch nicht so, sondern *Kusiko* heisst, das Dorf *Sakko* sein unter *Tois*, das aber 2 Meilen nördlich liegt zwischen *Koil* und *Loal* im *Haggers'schen* Kirchspiel [s. *Sack*, *Sacko*, *Sackus*, zur *Loal*-Wacke und *Ruyel-Gardh* gehörig, Landg. 84 u. 85].

3) *Purculi* ist das Dorf *Purkis* unter *Wahhakant* im Kirchspiel *Rappel*. [In der Resolution der Revisions-Commission vom 8. Jan. 1696 über das Gut *Wahhakant* oder *Altenguth* wird zu dessen Dörfern auch *Porkall* gezählt, s. Landg. 78].

4) *Kiarpalae*, Dorf *Kerpell* unter *Lellefer*, ebendaselbst.

5) *Waskilae*. Die Landrolle von 1586 erwähnt bei *Angern* eines Dorfes *Weckkül*, das dem Rötgert Lode gehörte [Landg. 81]. Dies könnte das jetzige Dorf *Waestja* sein; wahrscheinlicher ist indessen die Identität von *Waskylae* mit dem Dorfe *Waschell*, welches die Landrolle von 1586 unter *Kechtel* im Kirchsp. *Rappel* anführt, weil hier meist *Rappel'sche* Güter und Dörfer zusammenstehen. [Zum Dorfe *Waschel* unter *Kechtel* wurden 1586 an 10 Haken Landes gerechnet, Landg. 77.]

6) *Raekaevaer*, wahrscheinlich Dorf *Rackefer* unter *Raiküll* im Kirchsp. *Rappel*. [Allerdings wird, wie das Dorf *Kayfer*, auch *Rackefer* mit seinem Lande zu *Raiküll* gezählt, Landg. 77.]

7) *Salablia*, vielleicht das Dorf *Selligel* unter *Odenkatt* [Landg. 76]. Es erinnert zwar auch an *Sallentack*, dies passt aber nicht unter die *Rappel'schen* Güter. [Eher könnte man schon *Salge* oder *Selje*, auch *Zellie*, das jetzige Gut *Sellie*, welches zwar nach *Jörden* gehört, dessen Bauerschaft mit 15½ Haken aber zu *Rappel* gerechnet wird, unter jenem *Salablia* vermuthen, Landg. 73.] Doch stimmt dies wohl noch mehr zu dem pag. 35 vorkommenden *Selknis*, S. 44 not. 2.

$$
\text{Dominus Rex} \begin{cases} \text{Kiaeppaekulae } ^8) \text{ V.} \\ \text{Natamol } ^9) \text{ VI.} \\ \text{Compvyas X, } ^{10}). \end{cases}
$$

2. In Parochia Kolkis ^{1476}).

Kiulo ^{1477}) X. VI, occisus.

$$
\begin{matrix} \text{Thideric puer} \\ \text{Odvardi} \end{matrix} \begin{cases} \text{Hirae } ^{11}) \text{ XIII.} \\ \text{Karka } ^{12}) \text{ IX.} \\ \text{Terma } ^{13}) \text{ IIII.} \end{cases}
$$

8) *Kiaeppaekulae*, das dritte Dorf *Köbbiküll* befindet sich unter *Kechtel* im Kirchspiel *Rappel*, und ist noch vorhanden wie zur Zeit der Güter-Revision 1586. [Damals enthielt Dorf *Kebbiküll* 10 Gesinde und 10 Haken Landes, Landg. 77, war aber verpfändet und kommt eben so unter dem Namen *Keppeküll* als *Kewekülla* vor, Landg. 81.]

9) *Natamol*, Dorf *Naddemal*, jetzt *Naddalam*, ebenfalls unter *Kechtel* im Kirchsp. *Rappel* [Landg. 77].

10) *Compayas* ist nicht auszumitteln. Herr Staatsr. Prof. Dr. v. Kruse räth auf *Kedenpäh*. Alle diese Dörfer scheinen zu den königl. Domainen gehört zu haben, da sonst wohl ein anderer Besitzer genannt worden wäre.

1476. Hodie *Kosch*, Ehstonice *Kosse*. Das *l* in Parochia *Kolkis* ist wohl nur aus der Undeutlichkeit der Schriftzüge des Originals an Stelle des *s* hervorgegangen, denn unbezweifelt hiess es *Koskis*. [Die Ueberschrift dieser Parochia nebst dem Dorfe *Kiwilo* gehört offenbar erst auf S. 46 über *Pickuta* Nr. 1490.]

1477. Forte idem nomen ac Ungaricum *Guyla*. *Kiulo* ist nichts anders als das Dorf *Kiwilo* unter *Fegefeuer*, welches jetzt noch mit 3 Haken in *Kosch* beigepfarrt ist [Landrolle von 1841 S. 12]. Der Hof, zu St. Johannis in Harrien gehörig, führt im Ehstnischen auch den Namen *Kiwilo*. Von dieser Besitzung hat wohl die Familie Kiewell ihren Namen erhalten, z. B. Thideric de Kiuael bei *Martae Kilae* in Parochia *Joelleth* (Suhm 1550) und der spätere Bischof Johann Kiewell von *Oesel* und der *Wieck* [welcher der dasigen Stifts-Ritterschaft zu *Hapsal* am 15. Decbr. 1524 das Gnaden-Erbrecht verlieh und ihr am Johannistage 1525 das Bündniss wegen Vertheidigung der reinen evangelischen Lehre zu schliessen gestattete, s. Moritz Brandis Collectanea S. 14]. Wer zur Zeit des Liber Census dies *Kiwilo* oder *Fegefeuer* besessen hat und als getödtet (occisus) hat bezeichnet werden sollen, ist nicht mehr zu ermitteln. [Doch wäre wohl möglich, dass das damals durch den Tod des frühern Vasallen erledigte Lehn vom König Waldemar 1240 unter den 80 Haken Landes in *Harrien* dem Bischof Torchill mit verliehen worden sei, jedoch wohl erst nach Abfassung des Liber Census, da sonst der Bischof ohne Zweifel als derzeitiger Besitzer angegeben worden wäre.]

11) Die Besitzungen von Odward's Knappen scheinen fast alle noch ins *Rappel*'sche Kirchspiel zu gehören, denn *Hirae* namentlich ist nach des Hrn. Staatsraths Prof. v. Kruse Meinung das Dorf *Hira* unter *Saage* in jenem Kirchspiel [Landg. 74 Dorf *Hyo*].

12) *Karku*, wahrscheinlich *Körgo* unter *Sicklecht*, ebendaselbst. [Ein solches Dorf fand sich zur Zeit der Schwedenherrschaft nicht unter *Sicklecht*, Landg. 74. Die Mühle *Körke* gehörte zu *Kechtel*, Landg. 77.]

13) *Terma*, Dorf *Törma* unter *Sicklecht*, zusammengesetzt aus *Tor-ma*,

Thideric puer Odvardi {
Palamala ¹) V.
Kocial ²) IIII.
Oiel ³) VIII.
Rakal ¹⁴⁷⁸) VIII.
Koit ¹⁴⁷⁹) X.
Sicaleth ⁴) IX.
Kiarkiuer ⁵) II.
Alafae ¹⁴⁸⁰) XII.
Harandaeuaerae ⁶) II.
}

Tor, Land, ein oft vorkommender Name. Auch in der Landrolle von 1586 ist des Dorfes Dorn unter *Saage* und *Sicklecht* erwähnt [das Dorf zu *Dorn* mit 10 Haken Landes unter *Saage* oder *Dörper* unter *Sicklecht*, Landg. 74]. Diese drei genannten Dörfer liegen dicht bei einander.

1) *Palamala* kann das Dorf *Palla* unter *Kau* im *Kosch*'schen Kirchspiel sein (auf der Mellin'schen Charte steht *Pallamae*, v. Kr.), das die Landrolle von 1586 *Pallal* nennt. [Wahrscheinlich Dorf *Pallama* mit 8 Haken, darin 1586 nur 4 Wohner gewesen sein sollen, unter *Allo* im Kirchsp. *Räppel*, Landg. 74.]

2) *Kocial*, wahrscheinlich das Gut *Kotz*, jetzt *Waldau* genannt, im Kirchsp. *Räppel*, und vermuthlich das *Kozzo* Heinrichs des Letten. [Sonst könnte man auch wegen der geringen Hakenzahl von *Kocial* an das Gesinde *Kookendey* und ein Gesinde *Farens-kot* unter *Sicklecht* denken, Landg. 74, oder wegen des gleich folgenden Dorfs an *Koddil*, aus *Kotti-al* zusammengesetzt.]

3) *Oiel*, Dorf *Oël* unter *Koddil* im Kirchspiel *Rappel* [das Dorf zu *Ougel* unter *Koddil*, Landg. 76].

1478. *Rakal*, sine dubio *Roküll*, Hupel III. 433. [Statt dessen liegt das Dorf zu *Back* auch unter *Koidill*, Landg. 76, viel näher, oder Gross-, und Klein-*Rockel* unter *Sicklecht*, Landg. 74.]

1479. *Koit* sive *Koie*, vermuthlich die Hoflage *Koik* unter *Sellie*, die auch Hupel in den topograph. Nachrichten anführt. [Vielleicht aber ist Dorf *Kaieek* mit 10 Haken unter *Allo* gemeint. Sonst liegt auch *Koist* im *Rappel*'schen Kirchsp. nahe, da noch zu Anfang russischer Regierung *Saage* und *Koist* zusammen 6 Haken ausmachten, 1757 schon 13½ Hak., 1765 gar 16½ Hak. und 1774 wieder, wie zu schwedischer Zeit, 22½ Hak.]

4) *Sickaleth*, das Gut *Sicklecht* im Kirchsp. *Rappel* [Landg. 74. Bienenstamm S. 61 nennt es ehstnisch *Ullesoo* oder *Sikkeldi* und gibt eben so wie Possart S. 220 dafür 17½ Haken an].

5) *Kiarkifer*, vermuthlich die Hoflage *Kerrefer* unter *Pirk*. [Dies ist um so wahrscheinlicher, als sich neben dem Gesinde *Pirk* zu schwedischer Zeit auch das Gesinde *Kirk* oder *Kirkus* mit 2 unbesetzten Haken findet und 2 Gesinde zu *Kerrefer*, Landg. 81.]

1480. Hodie *Allafer*, Hupel III. 433. *Alafae* kann wohl nicht *Allafet* sein, dies folgt unten (Suhm 1492). Vielleicht aber ist *Allo* gemeint, wenn's nicht zu weit entfernt ist. [Unter dem Hofe *Pallal* fand sich zur schwedischen Zeit ein Dorf *Allefer* mit 7 Gesinden und 15 Haken, Landg. 68.]

6) *Harandaeuaerae*, wahrscheinlich Dorf *Arrangwerre* unter *Allo* im Kirchspiel *Rappel*.

Kanutus [1481) {
Palikyl [1482) V.
Waeraeng [7) L.
Wori [8) II.
Othengac [1483) I.
Calablae [9) V.
Natamol [10) V.
Litnanas [11) XIII.
Veri [12) VI.
Haermaeto [1484) X.
Kocoaassen [13) III.
}

1481. Nescio an ille Kanutus, qui fuit Regis Waldemari filius naturalis.

1482. Forte *Paunküll*, Hupel 433. *Palikyl* ist nicht *Paunküll*, dies folgt unten (Suhm 1494), sondern nach der Meinung des Hrn. Staatsraths v. Kruse das Dorf *Pallokülla* bei *Odenkat*. [Unter dem Hof zu *Odenkatke* fand sich zur Schweden-Zeit allerdings ein Dorf *Pallal*, Landg. 76, das Dorf zu *Pallenküll* in zwei Stücken Landes gelegen, aber unter dem Hof zu *Hehle* im Kirchspiel *Jörden*, wobei des Landes zu *Wende Pall* und 1½ Haken im Kirchspiel *Rappel* erwähnt wird, Landg. 71.]

7) *Waeraeng*, ungewiss [vielleicht das Dorf *Worikan* mit 5 Haken unter dem Hof zu *Hehle*, Landg. 71].

8) *Wori*, nach Hrn. Prof. St.R. v. Kruse Dorf *Ore* unter *Odenkat* [welches zur Schweden-Zeit *Fokre* genannt worden, Landg. 76].

1483. *Othengac* sive *Othengat*, jetzt *Odenkat*, Hof und Dorf im Kirchsp. *Rappel* [ehstnisch *Ohhekatko*, zur Schweden-Zeit *Odenkatke*, Landg. 76.]

9) *Calablae*, wahrscheinlich Dorf *Kailbo* unter *Kechtel* nahe bei *Odenkat* und dem folgenden Dorfe *Naddalam* [dem entspricht das Dorf *Kallepe* unter *Kechtel*, welches nach der Revision von 1567 zu 13 Haken angeschlagen worden, Landg. 77 Anm.].

10) *Natamol* ist schon oben pag. 84 vorgekommen als Dorf *Naddelam* unter *Kechtel*, daher es entweder zwei Dörfer dieses Namens gegeben haben muss, oder das eine Dorf unter zwei verschiedene Besitzer getheilt gewesen ist. [Zur Schwedenzeit hatte Dorf *Naddemal* früher 12 Haken, 1586 aber nur 10 Haken gehalten, Landg. ebendas.]

11) *Litnanas* lässt sich nicht sicher bestimmen, vielleicht Dorf *Lihhoweski* unter *Wahhakant*. [Vielleicht aber ist auch das in einer Urkunde von 1410 genannte Dorf *Lyddendal* oder *Lidendahl* darunter gemeint, Landg. II. S. IV u. V.]

12) *Veri*, wahrscheinlich Dorf *Werike* unter *Kai* im Kirchsp. *Jörden*. Die Landrolle von 1586 nennt es *Wyreke*. [Richtiger möchte aber wohl das Dorf *Veer* darunter zu verstehen sein, welches neben dem Dorfe *Kehempe* unter *Hehl* angeführt wird, Landg. I. S. 71 und II. S. IV u. V.]

1484. Forte *Harm*, novum, et antiquum. Hupel III. 432 u. 433. [Natürlicher scheint es, unter *Haermaeto* das Dorf *Hermet* zu verstehen, welches jetzt eines der Kaiserl. Appanage-Güter im *Rappel*'schen Kirchspiel ist, Landg. 75.]

13) *Kocoaassen*, vielleicht Dorf *Kokota* unter *Lellefen* im Kirchsp. *Rappel*. [Dem Wortlaut scheint das Dorf *Koykas* mit 2 Gesinden unter *Sick-*

		Purilo [1] VI.
		Selknis [2] III.
		Casaeu [3] X.
Kanutas	{	Mekius 1485) III.
		Sarmus [4] V.
		Asaeleus 1486) XIII.
		Oal 1487) V.
		Mataros [5] III.

lecht, Landg. 74, nicht zu entsprechen. Doch kann auch wohl Kossos, Kossas oder Kossase im Kosch'schen Kirchspiel unter Kau darunter gemeint sein, Landg. 67.]

1) *Purilo*, das Gut *Purgel*, ehstnisch *Purrila* im Kirchspiel *Jörden*.
[Es gehörte vor Zeiten dem Brigitten-Kloster bei Reval und soll damals 39 Haken und 1586 noch 20 Haken gehalten haben, Landg. 25;
jetzt beträgt es mit *Röa* nur 7 Haken, v. Bienenstamm S. 59 und
Possart S. 216. Doch sind beim Consistorio 10 Haken verzeichnet.]

2) *Selknis*, wahrscheinlich das Gut *Selli*. Der Hof gehört nach *Jörden*,
das ganze Gebiet nach *Rappel*. Die Güter *Purgel* und *Selli* liegen
ganz nahe beisammen, daher hier wohl kein Irrthum eintreten kann.
[Da Dorf und Mühle *Zellie* auch unter dem Namen *Selge* vorkommen,
Landg. 73 Anm., so können sie wohl unter *Selknis* verstanden werden.]

3) *Casacu*, wahrscheinlich die Hoflage *Kossasto* unter *Kau*, deren Hupel in den topogr. Nachrichten und die alten Landrollen von 1765 u.
1775 erwähnen. Es könnte freilich auch das Dorf *Kosseküll* unter dem
gleich folgenden Gute *Meks* sein. [Mit vielleicht mehr Recht könnte
man das Dorf *Kasiko* oder *Kassika* unter *Cournal*, Landg. 49, verweisen; da hier indessen fast nur Dörfer und Güter im *Jörden*'schen
Kirchspiel genannt sind, so darf man wohl auch an das dahin gehörige
Gesinde *Kuseken* unter *Attel* erinnern, Landg. 71.]

1485. Forte *Maeks*, Hupel S. 433 richtig. [Ueber den Hof zu
Meks mit der Mühle *Mekes* zur Schweden-Zeit und das Dorf *Rafel*, ehstnisch *Rawila*, wie jetzt das ganze Gut heisst, s. Landg. 65 u. 66. Nach
v. Bienenstamm S. 58 zählt dieses Gut 27 Hak., desgl. Possart S. 217.]

4) *Sarmus*, vielleicht das Gut *Saremois* im Kirchspiel *Jörden*, einherrig
mit *Herküll*. [Zur Zeit der Schweden-Herrschaft noch wird *Sarmus*
für *Saremois* als ein besonderes Gut aufgeführt mit *Layus*, Landg. 72
Anm., und beträgt es noch jetzt wie damals 3½ Haken. v. Bienenstamm S. 59 und Possart S. 218.]

1486. Forte *Lewwa*, Hupel S. 432. Memorabile est hic *Asae*;
cogitationem enim de Asis et Othino exoritae, quorum sedes, antequam in
Scandinaviam veniebant, erat secundum meam hypothesin in Ehstonia
Livonia et Curlandia. *Asaeleus* kann auch das Dorf *Allants* unter Neu-
Harm sein. Nehmen wir mit Suhm *Lewwa* an, so hat *Asae* wohl keine
andere Bedeutung als das ehstnische *Asse* = Ort. [Dann aber wird *leus*
nur als das Dorf *Layus*, in der Landrolle von 1765 auch *Lejus* genannt,
anzusehen sein, dessen eben bei *Saremois* gedacht worden.]

1487. Forte *Toal*, Hupel III. 433. Hier ist Suhm im Irrthum;
denn *Toal* folgt unter pag. 87. Es ist vielmehr *Oul* entweder das Dorf
Ola unter *Machters* oder das gleiches Namens unter *Muldel*. Beide Höfe
gehören zu *Jörden*, Dorf *Ola* unter *Maydell* aber zum *Rappel*'schen
Kirchspiel. [Dies letztere ist in Landg. 70 als das Dorf zu *Holl* mit 6
Gesinden bezeichnet, während unter *Machters* das Dorf zu *Hatto* genannt ist.]

5) *Mataros*, wahrscheinlich das Gut *Machters*, ehstnisch *Mahtra* im

Henricus de Helde	Sataial [6])	V.
	Serriuerae [7])	II.
	Aunapo [8])	II.
	Herkial [9])	X.
	Juriz [10])	VII.
Hildde - Warth	Kasawand [11])	VIII.
	Kariskae [12])	V.
	Salandaris [13])	VIII.

Kirchsp. *Jörden.* Dies angenommen ist *Oal* dann das zu *Machters* gehörige Dorf *Hallo* oder *Ola*. [Zur Zeit der Güter - Revision 1586 betrug *Machters* 24 Haken, zu Ende der schwedischen Regierung waren es noch 10½ Haken und jetzt sind es nur 6½ Haken. v. Bienenstamm S. 60 und Possart S. 215.]

6) *Sataial,* Dorf *Saddola* unter *Jerlep* im Kirchsp. *Jörden* [*Sattyalck,* Dorf im Kirchsp. *Jörden,* betrug 1613 an 14 Haken, 1615 und später immer nur 6 Haken und war lange verpfändet, Landg. 23].

7) *Serriverae,* wahrscheinlich Dorf *Gross-* oder *Klein-Särge* unter *Habbat,* das *werre* ist ein sehr gewöhnliches Anhängsel, und das Dorf konnte *Särgewerre* heissen. [Dasselbe finden wir zu schwedischer Zeit unter dem Hof zu *Thoal* verzeichnet als das Dorf zu *Grodtserges* und das Dorf *Kleinserges,* Landg. 68.]

8) *Aunapo,* offenbar von *Ounapu,* Apfelbaum, ist nicht auszumitteln, obwohl der Name öfter vorkommt [z. B. das Dorf *Ouna* unter *Ruill,* Landg. 85 Anm.].

9) *Herkial,* das Gut *Herküll* im Kirchsp. *Jörden.* [Der Hof zu *Herckell* mit dem Dorf zu *Herckel* 12 Haken, Landg. 72. Zu Anfang russischer Regierung hielt es mit *Saremois* zusammen nur 3½ Haken; in der Landrolle von 1765 aber wird angegeben, dass *Herküll* in der letzten Zeit der Schweden-Regierung nur 4½ Haken, *Saremois* und *Lejus* aber 15 Hak. gehalten haben und 1757 zusammen 7 Hak., 1765 aber schon 8½ Hak.; bei der neuen Revision von 1774 ist dagegen *Herküll* wieder zu 4½ Hak. und *Saremois* zu 3½ Hak. angegeben, wie es auch ferner geblieben, s. v. Bienenstamm S. 59 und Possart S. 215.]

10) *Juriz,* das Dorf und Gut *Jörden* bei dasiger Kirche. Dies ist auffallend, da *Jörden* schon eine Parochie für sich bildete, lässt sich aber vielleicht dadurch erklären, dass die zerstreuten Besitzungen eines Herrn im Census zusammengestellt worden. [Sonst möchte man glauben, dass die einzelnen Besitzungen in der Original-Handschrift unter und neben einander geschrieben bei der ersten Abschrift nicht richtig unter die betreffende Ueberschrift der Parochie, zu der sie gehören, zusammengestellt worden, da Langebek ihre Lage in den verschiedenen Kirchspielen Ehstlands gar nicht kannte.]

11) *Kasawand,* wahrscheinlich Dorf *Kaswando* unter *Kai* im Kirchsp. *Jörden,* welches die Landr. von 1586 *Kasawan* nennt. [Dorf *Kassawan* unter *Kuimetz - Hof,* Landg. 20.]

12) *Kariskae,* wahrscheinlich Dorf *Kerriste* unter *Pirk* im Kirchsp. *Jörden.* [Ohne Zweifel das Dorf *Karitz* unter *Kuimetz - Hof,* Ldg. 20.]

13) *Salandaris,* höchst wahrscheinlich das Dorf *Sallentak* unter *Kai,* welches gleich folgt. [Das Dorf *Salentaken* unter *Kuimetz - Hof,* Landg. 20.]

Basilius { Kain [1488]) XI.
Tonnas [1]) VII.
Quiuames [2]) X.

Rauangaes [3]) IIII. Henricus de Rin.

Wopal [4]) V.

Leiusi [5]) II. Tannas [1489]) VI.

Pickuta [1490]) IX. Dominus Heilardus [1491]).

1488. *Kain* sive *Kaiu*, forte *Kau*. Hupel III, 433. Die Lesart *Kaiu* ist die richtigere. So heisst noch jetzt das Landrathsgut *Kai* im Kirchsp. *Jörden*. *Kau* folgt unten auf pag. 86. Dass *Kai* hier gemeint sei, leidet keinen Zweifel. Zubehörungen dieses Guts gehen vorher und folgen nach, gleich auch das andere Landrathsgut *Kuimetz*, wovon *Kai* nach der Landrolle von 1586 nur ein Dorf bildete [das Dorf *Kay* unter *Kuimetz-Hof*, Landg. 20].

1) *Tonnas*, wahrscheinlich das Dorf *Toomja* unter *Kai* [das Dorf *Thomas* unter *Kuimetz* zur Schweden-Zeit, Landg. 20.]

2) *Quiuames*, das andere Landrathsgut *Kuimetz* im Kirchsp. *Jörden*. [Hof und Dorf *Kuimetz*, Landg. 20. Vielleicht aber sind hierunter auch die bei *Kotz*, Landg. 75, erwähnten 2 Dörfer zu *Kujames* mit 24¼ Haken verstanden.]

3) *Rauangas*, schwer auszumitteln. Es kann das Dorf *Raumetz* unter *Maidel*, aber auch *Rawa* unter *Kau* sein, ersteres im Kirchsp. *Jörden*, letzteres im Kirchsp. *Kosch* [muthmasslich war es ein früheres Gesinde unter *Kai* oder *Kuimetz*].

4) *Wopal*, vermuthlich Dorf *Woiperre* unter *Habbat*; doch könnte es auch Dorf *Waoperre* unter *Kuimetz* sein, welches die Landr. v. 1586 *Wowell* nennt. [*Wopal* war ohne Zweifel zu schwedischer Zeit das Dorf zu *Wowell*, das daneben genannte Dorf *Wagenper* aber das heutige *Waoperre* unter *Kuimetz*, Landg. 20.]

5) *Leiusi*, Dorf *Leius* unter *Herküll* im Kirchsp. *Jörden* [s. oben *Asaeleus* nota 1486, daher möchte hier auch nur ein *Kai*- oder *Kuimetz*, sches Gesinde *Leiusi* vorauszusetzen sein, da es mitten unter dasigen Dörfern aufgezählt wird].

1489. *Tannas* sive *Tanuas*, vielleicht *Tamsas* Dorf *Tamse* unter *Kuimetz* im Kirchsp. *Jörden* [s. das Dorf *Tammes* und die Mühle gleiches Namens unter *Kui- metz'-Hof*, Landg. 20].

1490. Forte *Pitkwa* apud Hupel III, 433. *Pitkwa* unter *Allafer* heisst im Verzeichniss von 1627 *Pitkuta* [Landg. 20, 55 u. 69 *Pitke*, *Pitkoa* oder *Pitkwa*, ein Dorf mit 10¼ Haken]. Unter dem Gute *Maeks* gibt es auch ein Gesinde *Pikkuta*.

1491. De eo vide hic p. 90, 91, 98 u. 103, ubi vocatur *Eilardus*, p. 106 *Eylardus* et p. 91, ubi vocatur avarissimus. In diplomate Nyköping 1282 vocatur Dominus *Eylardus* quondam Capitaneus Revaliensis [*Eilard von Hoberg* 1279 bei G. v. Brevern: die Oberbeamten in Ehstland während der dänischen und Ordenszeit in v. Bunge's Archiv für Geschichte Liv-, Ehst- u. Curlands III, 322: Von Hoberc er eilart machte sich auf die vart, Er was zu reuele houbet man (Ditleb von Alnpeke, Reimchronik V. 8321—8323). Er eilart wart da tot geslagen (am 5. März 1279 bei Ascheraden), ibid. 8483. Napiersky über das Schloss und die Comthurei Dünaburg im Inland 1838 Nr. 7 Sp. 90. Wenn daher *Erhard* i. J. 1281 bei Suhm X, S. 285 eine Person mit jenem *Eilhart von Ho-*

Rotol ⁶) VI. ⎫
Kaipiaverae ⁷) VI. ⎬ Dominus Otto.
Alauerae ¹⁴⁹²) XII. ⎭

Coriacmae ⁸) VI. ⎫
Rasmerae ⁹) X. ⎬ Henricus de Jochae.
Hohen ¹⁰) VIII. ⎭

Paltauerae ¹⁴⁹³) VI. ⎫
Lendae lemet ¹¹) IIII. ⎬ Hartinan.
Aehilde lempae ¹²) III. ⎭

---

berc gewesen sein soll, so ist ohne Zweifel die Jahreszahl falsch oder *Erhard* war ein späterer Capitaneus oder Hauptmann in Reval, s. G. v. Brevern: Zusätze zu der Notiz über die Oberbeamten in Ehstland im Archiv V, 328.

6) *Rotol*, wahrscheinlich *Rocol* oder *Roküll*, dicht bei *Allafer* [s. Dorf *Reckel, Rookyll, Rouküll*, Landg. 66].

7) *Kaipiaverae*, Dorf *Kaiwerre* unter dem gleichfolgenden Gute *Allafer*. Die Landrolle von 1586 nennt es *Kayfer* [Dorf *Kayfer* mit 3 Gesinden und 6 Haken, Landg. 68].

1492. Hoc praedium est sine dubio potius *Allafer*, quam supra n. 1480 adlatum *Alafae*. Gewiss ist unter *Alauerae* nur dieses *Allafer* zu verstehen, welches ehstnisch auch jetzt noch *Allawerre* heisst. [Das Dorf *Allefer* 1586 mit 7 Gesinden und 13 Haken zu dem früheren Hofe *Pallal* gehörig, kommt 1694 als ein Gut von 28 Haken mit 8 Dörfern vor, Landg. 68.]

8) *Coriacmae* ist nicht auszumitteln. [Doch könnte es das 1586 zu *Neuenhoff* gehörige Dorf *Kaeremecke* mit der Mühle gewesen sein, wenn nicht das damals zu *Pallal* gehörige Dorf *Weresmecke*, 100 Jahre später *Morrasmäggi* genannt, näher läge, Landg. 68.]

9) *Rasmerae*, vielleicht *Rasiuerae*, in einer andern Abschrift *Rasimerae*, ist wohl das Dorf *Rassiwerre* unter *Allafer*. Die Landrolle von 1586 nennt es *Rastifer*, das Verzeichniss von 1627 *Rasiuer*. [Das Dorf *Rastifer* hielt 1586 an 9 Haken mit 5 Gesinden. In der Resolution der Revisions-Commission vom 13. Mai 1696 ward statt dessen *Rayfer* mit 3 Haken und *Rackfer* mit 5 Haken angeführt, Landg. 68.]

10) *Hohen* ist nicht zu finden. [Doch könnte, wenn ein Dorf auf einer Höhe oder auf einem Berge damit bezeichnet werden sollen, das Dorf *Maeküll* mit 4 Gesinden und 8 Haken unter *Pallal* darunter verstanden sein, Landg. 68.]

1493. *Paltauerae* forte *Palfer* apud Hupel III. 433 [mag wohl das Dorf *Pallofer* und *Serde* mit 8 besitzlichen Gesinden unter *Pallal*, Landg. 68, gewesen sein. Das Gut *Pallfer*, ehstnisch *Palwerre*, beträgt mit der Hoflage *Sommerhof* nebst dem Dorfe *Sommer* unter *Maeks*, während es zu Anfang des vorig. Jahrh. nach Krieg und Pest nur 10 Haken hielt, Landg. 66, jetzt 24½ Haken, s. v. Bienenstamm S. 58, Possart S. 217].

11) *Lendaclemet*, Dorf *Lenderma* unter vorgenanntem Gute *Pallfer*. Die Landrolle von 1586 nennt unter *Maeks* die Dörfer *Pallifer* und *Ländermegke*. [Allerdings heisst es in Landg. 66: Noch ein Gesinde *Adisell*, noch ein Dorf *Pallifer*, das Dorf *Lendermegke* und 5 streu Gesinde in der Wildnissen.]

12) *Aehildelempae* [heisst in W. Arndt's Abschrift *Achildelempae*], viel-

48

Semaer [1]) VI.
Laucotaux [2]) II. } Hilddevarth.

Pankyl [1494]) V.
Silmus [3]) V.
Harco [4]) III. } Fritric de Stathae [6]).
Mustaen [5]) V.

Henricus } Sicalöth [7]) IX.
} Wahumperae [8]) IIII.
et filii Surti [9]) III.

---

leicht Krug und Hoflage *Ahhisilla* unter *Maeks*, vgl Hupel's topogr. Nachrichten III. 433, v. Bienenstamm S. 58. [Wohl mag die Hoflage *Ahisill* von dem oberwähnten Gesinde *Adisel* seinen Namen herleiten, doch scheint *Aehildelempae* eher mit den eben dort unter *Maeks* gelegenen 2 Gesinden *Alipar* übereinzustimmen, Landg. 66', oder es war das spätere Gut *Ahyla* bei *Neuenhoff* und *Arrowall*, Landg. 65].

1) *Semaer*, das oben schon erwähnte Dorf und kleine Gut *Sommer* oder *Sommerhof*, ehstnisch *Somaro*, einherrig mit *Maeks* und *Palfer*.

2) *Laucotaux*, vielleicht Dorf *Lauge* unter *Haehl* in Kirchsp. *Jörden*, s. Landr. von 1586 [Landg. 71]. *Laucotaux* ist ächt ehstnisch, denn *Laukataggusse* heisst hinter dem Sumpf gelegen. *Laukad* sind Tümpfel als Ueberrest verwachsener Seen.

1494. Est potius *Paunküll*, quam supra n. 1482 adlatum *Palikyl*. Allerdings ist hier nur *Paunküll* zu suchen, da lauter *Paunküll*'sche Zubehörungen hiernach folgen [s. Hof, Mühle u. Dorf *Paunküll* zur Schwedenzeit, Landg. 66].

3) *Silmus*, Dorf *Silmo* unter *Paunküll*. Die Landrolle von 1586 schreibt die Namen noch *Paunküll* und *Silmus* [das Dorf *Silms*, Landg. 66].

4) *Harco*, Dorf *Hardo* unter *Paunküll*. Die Buchstaben *c* und *t* verwechseln sich oft in alten Codd. Es könnte auch *Harto* heissen [das Dorf *Harde*, Landg. 66].

5) *Mustaen*, Dorf *Musto* unter *Paunküll*. Es gibt auch ein *Mustifer* unter *Kai* oder *Kuimetz*, dessen die Landrolle von 1586 erwähnt — ob Dorf oder Hoflage, ist mir unbekannt. [In der Nygut-Wacke findet sich das Dorf *Musto* mit 3 Haken von 1563—1599, Landg, 89. Dagegen 2 Gesinde *Mustefer* unter *Kuimetz-Hof*, Landg. 20].

6) [Soll wohl heissen *Fridric de Stade*, vielleicht ein Nachkomme jenes *Jacobus de Urbe*, der als Zeuge der von Bischof *Albert* im Jahre 1224 über die Theilung der ehstnischen Lande zu Riga ausgestellten 3 Urkunden vorkommt. Sylva doc. LXVI, a. b.' c.]

7) *Sicalöth*, wahrscheinlich das oben P. 85 not. 4 erwähnte *Sicklecht*, vielleicht war es zwischen *Thidericus* und *Henricus* getheilt. [Sonst könnte man an die Mühle zu *Sick* unter *Maeks* denken, Landg. 66; auch gab es zur Schwedenzeit unter *Nappel* ein Gesinde *Sickensarwe* und ein Dorf *Seckul*, Landg. 20.]

8) *Wahumperae*, vermuthlich Dorf *Waoperre* unter *Kuimetz*, s. oben *Wopal* S. 46 Anm. 4. [Zur Schwedenzeit das Dorf *Wagenper*, Ldg. 20.]

9) *Surti*, vielleicht Dorf *Siuge* unter *Habbat* [v. Bienenstamm S. 58

3. In Parochia Juriz [1495]).

Dominus Rex { Höraetha [10]) IX.
Helmet [11]) VII.

Nicolaus danus
de arus [12]). { Kachis [13]) IIII.
Aeilaes [14]) I.
Ropae [15]) IIII.

Habbat, ehstnisch *Habbaja*, mit dem Dorfe *Suik* 12½ Hak. im *Kosch*-schen Kirchspiel; das Gesinde *Silla Sue* und das Dorf *Syke* unter dem Gute *Maydell* im *Jörden*'schen Kirchsp., Landg. 70, aber könnten eben auch aus *Surti* hervorgegangen sein].

· 1495. Est forte *Jörden*, Esthonice *Jurro*, ubi est praedium *Karritz*. [Unter *Maidel* bei *Jörden* findet sich wohl ein Dorf *Kadis* zur Schwedenzeit, Ldg. 70, nicht aber *Karritz*, das dagegen in der Landr. von 1586 unter *Kuimetz* genannt wird, als das Dorf *Karitz*, Ldg. 20.] *Juriz* heisst aber ehstn. nicht *Jurro*, sondern *Juro*. Bei diesem *Juro* oder *Jörden*, das doch zu dänischer Zeit eine eigene Parochie bildete, ist es besonders merkwürdig, dass das Gut *Jörden* (S. 45 Anm. 10) zur Parochia *Koskis* gerechnet wird, die überhaupt gar grosse Stücke der benachbarten Kirchspiele *Jörden* und *Rappel* umfasst haben muss [wenn nicht beim Ordnen des Verzeichnisses der Ortschaften gleich ursprünglich oder bei dessen Abschrift Unordnungen vorgefallen sind], denn die Grenzen dieser Kirchspiele laufen nach vorstehender Reihenfolge so unter einander, dass es schwer ist, sie in's Klare zu bringen. Oder sollte vielleicht *Juriz* anfänglich nur ein Filial von *Koskis* gewesen sein? Der Census erwähnt davon nichts. Uebrigens mögen auch weit von einander entlegene Besitzungen nur als einherrig zusammengestellt worden sein, und ist vielleicht daher die Verwirrung entstanden.

10) *Höraetha*, das Gut *Hördel*, ehstnisch *Hörreda* [Landg. 71].

11) *Helmet*. Die Landrolle von 1586 nennt das Dorf *Helmet* neben dem Dorfe *Jörden* unter *Maidel*. Es ist wahrscheinlich das Dorf *Helda*, wie es jetzt genannt wird, daselbst. [Das Dorf zu *Helmet* mit den 3 Halbhäknern und der Mühle, Landg. 70.]

12) Hierunter ist wahrscheinlich ein Däne *Nicolaus* aus *Aarhus* zu verstehen.

13) *Kachis* ist schwer zu bestimmen [wenn es nicht *Kathis* ursprünglich geheissen hat]. Die Landrolle von 1586 hat unter *Haehl* ein Gesinde *Kyas*. Hr. Prof. v. Kruse hält es für *Kossast* unter *Kau*. [Es liegt jedoch das Dorf zu *Kadis* neben *Jörden*, *Helmet* und *Suyke* offenbar viel näher, Landg. 70.]

14) *Ailaes* ist vielleicht der ursprüngliche ehstnische Name für *Haehl* [*Hehle*, Landg. 71, das ehstnisch jetzt *Ingliste* heisst]. Es kann aber auch das Dorf *Aela* unter *Alt-Harm* sein. [Zur Schwedenzeit item das Dorf *Ogel* mit 5 Haken und eine Mühle mit 2 Haken vom dem Hof zu *Harm* im *Kosch*'schen Kirchspiel, Landg. 69. Da hier indessen von dem *Jörden*'schen Kirchspiel gehandelt wird, so scheint *Haehl* viel entsprechender oder *Ahila*, das neben *Attel* erwähnt wird, Landg. 71. Anm.]

15) *Ropae* ist nicht zu finden. [Unter *Kalpy* oder *Kelp* im *Hagger*-schen Kirchsp., Landg. 80, wird ein Gesinde *Rop* genannt und das Gesinde in der Heyde bei *Rop*.]

Bertold Campanei { Ranelik [1]) XVIII et Uauae [2]) I.

Jan de Hamel { Maethcus [3]) VIII. Cosius [4]) IX. } expulsus Henricus de Athenthorp.

Henric de Libaec { Hermae [5]) XXV. } Herman Alaud remotus.

Bertoldus de Swavae { Koy [1496]) XIX. Palas [6]) I. Remmeuo [7]) V. Saul [8]) V. } Friedericus remotus.

---

1) *Ranelik* ist nicht auszumitteln, könnte das Dorf *Rael* unter *Raiküll* im Kirchspiel *Rappel* sein, doch ungewiss. [Wäre es *Rauelik* geschrieben, könnte man an das Dorf *Rawel* mit 11 Haken unter *Nurmis* denken, Landg. 89, oder an das Dorf *Rafel*, ehstnisch *Rawila*, unter *Maeks*, Landg. 66, oder an das Gesinde *Rauoselke*, unter *Paunküll*, ebendas.]

2) *Uauae*, nicht zu bestimmen. Prof. v. Kruse hält es für *Habbat*, doch ist dies wegen des einen Hakens zweifelhaft. [Vielleicht *Udawe*, woran das zu schwedischer Regierungszeit vorkommende Gesinde *Udewa* unter *Oden-Kattke* erinnert, Landg. 76, wenn nicht das Dorf *Wahhe* unter *Wahakant* gemeint ist, Landg. 78 **).]

3) *Maethcus*. Der Name mag *Maetagguse* geheissen haben, existirt in jener Gegend jetzt aber nicht, obgleich er sonst oft vorkommt. [Es wäre denn das Dorf zu *Meyentack* unter *Thoal*, Ldg. 68.] Dagegen gibt es in dem Kirchsp. *Haggers* ein Gut *Maeküll* und ebendort ein Dorf *Maeküll* unter *Suttlem* [Dorf *Meheküll* 5 Haken, Landg. 82], auch ein Dorf *Meeküll* unter *Palfer* im Kirchsp. *Kosch*. [Dorf *Maeküll* mit 4 Gesinden und 8 Haken unter Hof *Pallal*, Landg. 68. *Menge-Kurten* aber unter *Odenkattke*, Landg. 76, entspricht noch mehr dem Wortlaut.]

4) *Cosius*, vielleicht das Dorf *Kasse* unter *Pirk*. Prof. v. Kruse hält es für *Kusiko* unter *Harm*. [Nicht weniger nahe liegt aber das Dorf zu *Kosskull* mit der Mühle und Herbergstätte bei der Kirche gleiches Namens unter *Maeks* und *Nurmis*, Landg. 66. Mit Unrecht eifert daher Hupel I. 353 gegen die Bezeichnung dieser Kirche, als der *Koskull-* statt der *Kosch*'schen, in Arndt's livl. Chronik II. 253.]

5) *Hermae*, wahrscheinlich *Neu-Harm*, ehstnisch *Harmi*, im Kirchspiel *Kosch*. [Um 1586 betrug der Hof *Harm* über 77 Haken Landes, Landg. 69.]

1496. Forte *Kay* apud Hupel III. 431. *Koy* ist wohl nicht *Kay*, denn das kam schon oben unter *Kain* oder *Kaiu*, s. not. 1488, vor. Es ist vielmehr das dort erwähnte Gut *Kau* im Kirchsp. *Kosch*, denn gleich darauf folgt ein *Kau*'sches Dorf [s. Hof und Dorf *Kow*, Landg. 67].

6) *Palas*, Dorf *Palla* unter *Kau*, Kirchsp. *Kosch* [das Dorf zu *Pallal* unter *Kow*, ebend.]

7) *Remmeuo*, nicht zu finden. [*Remmilep* bei *Sallentack* im *Haggers*-schen Kirchsp., zum Hofe *Suttlem* gehörig, klingt indess einigermassen darnach, Landg. 82.]

8) *Saul* führt auch jetzt den Namen *Soul*, Dorf u. Krug unter *Neuenhoff*.

Henricus Grabae	{	Wircol [1497]) III.
		Kiriawold [9]) XV.
Pag. 87.		
		Atanascae [10]) XVII.
		Kiriollae maec [11]) VI.
Dominus Rex	{	Karol [12]) XIV.
		Tapawolkae [13]) II.
		Kurkenoy [14]) IIII.
		Kacal [15]) XII.

1497. Nescio an *Herkyll*, Hupel ibid. *Herküll* ist schon bei *Herkial* oben S. 45 Anm. 9 vorgekommen. Die Landrolle von 1586 erwähnt indessen neben *Wyreke* oder *Werike* unter *Kai* noch ein Gesinde *Wariel*, s. oben S. 43 Anm. 12. [Das könnte es sein, falls *Wireol* für *Wircol* zu lesen wäre. Ohne Zweifel ist unter *Wircol* aber *Vrokyll* oder *Wiroküll* bei dem Dorfe *Sadyalck* im *Jörden*'schen Kirchspiel zu verstehen, Landg. 23.]

9) *Kiriawold'*, wahrscheinlich Dorf *Kirriwol* unter *Habbat* im Kirchsp. *Kosch*. [Zur Schwedenzeit finden sich nur unter *Neuenhoff* die halben Häkner zu *Küri*, Landg. 65.]

10) *Atanascae* könnte das Gut *Attel* sein, nur ist die Abweichung gar stark. Hr. Prof. v. K r u s e hält es für das Dorf *Alantsi* bei *Harm*. [Vielleicht hiess dies ursprünglich *Alanascae*.]

11) *Kiriollae maec*, wahrscheinlich die Hoflage *Kirrimüggi* unter *Neuenhoff*; in der Landrolle von 1586 *Kieremecke* genannt. [Vielleicht von *Küri alla mäggi*; *Küri*, am Fuss des Berges, sowie das Gebiet von *Küri* oben nota 9 *Kürla wald*.]

12) *Karol*. Die Landrolle von 1586 zählt das Dorf *Koronal* zu *Neuenhoff* [Landg. 65]. Dies wird es wohl sein und gehört es, wie ganz *Neuenhoff*, jetzt zum *Kosch*'schen Kirchspiel.

13) *Tapawolkae* ist nicht auszumitteln. [Unter *Kegel* findet sich zur Schwedenzeit zwar ein Gesinde *Tappe* mit 2 Haken, Landg. 37, auch unter *Riesenberg* im *Nissi*-Kirchsp. das Dorf *Tannapera*, auch *Tapper*, mit 2 Haken, und *Tappesall* mit 5 Haken, Landg. 87. Hr. Prof. v. K r u s e aber glaubt in *Tapawolkae* das Gut *Habbat* im *Kosch*'schen Kirchspiel zu erkennen.]

14) *Kurkenoy* kann entweder das Dorf *Kurtna* unter *Tois* sein, oder das nicht weit davon entfernte Gut *Kurtna*, beide im *Haggers*'schen Kirchsp. Nach Prof. v. K r u s e aber ist es das Dorf *Kurrena* unter *Orrenhoff*. [Eben so gut aber könnte auch wohl die Hofstätte *Kurs* unter *Maeks* und *Nurmis*, Landg. 65, oder das Dorf *Kurküll* bei *Arroküll*, Landg. 54, darunter gemeint sein, an das Dorf *Kurckus* unter *Wichterpall*, Landg. 95, nicht zu gedenken.]

15) *Kacal*, vielleicht Dorf *Kukke* unter *Knimets*, oder *Rakka* unter *Kedempäh*, beides ungewiss. Nach Prof. v. K r u s e ist es *Kannafer* dicht bei *Kurrena*. [Dem Wortlaut entsprechender scheint das Dorf *Katka*, auch *Halcka* geschrieben bei *Hattoküll*, Landg. 94; doch ist dies zu entlegen, daher man auch an die Freie zu *Kallo* und das Gesinde zu *Kucke-Pelligk* unter *Neuenhoff*, Landg. 65, denken kann, und wenn man *Katal* für *Kacal* liest, am füglichsten gewiss an die Mühle und das Dorf *Kattel* unter *Toal*, Landg. 67.]

Dominus Rex $\left\{\begin{array}{l}\text{Oikae }^{1498}) \text{ V.} \\ \text{Waetheuerae }^1) \text{ IIII.} \\ \text{Tohal }^2) \text{ V.}\end{array}\right\}$ Leo de Reno $^{1499}).

II. In Uomentakae Kilegund et

4. Parochia Keykel ^{1500}).

Dominus Iwarus ^{1501}). $\left\{\begin{array}{l}\text{Tennaesilmae }^{1502}) \text{ III.} \\ \text{Peskulae }^3) \text{ XX.} \\ \text{Jalkemaetae }^4) \text{ XI.} \\ \text{Ranwalae }^5) \text{ XI.} \\ \text{Kircotaen }^6) \text{ VI.}\end{array}\right\}$

Remoti
Waeszaelin, Rimbolt ^{1503}),
Herman Foot, Lycgyaer,
Lybroc, Ernest et Jon
Röth VI.

1498. Nescio an *Koick* apud **Hupel** III. 431. *Oikae* ist allerdings sehr wahrscheinlich das Dorf und die Hoflage *Koick* oder *Koige* unter *Selli*. [Sonst findet sich auch ein Dorf *Oyka* mit 1 Haken und 1 Einfüssling zur Schwedenzeit unter *Kreutzhoff*, Landg. 98. Man muss aber wohl das Dorf zu *Otoll* oder Gesinde zu *Kök* unter *Toal* darunter suchen, Ldg. 68.]

1) *Waetheuerae* ist nicht auszumitteln und nach Prof. v. **Kruse** vielleicht Dorf *Woibifer* unter *Orrenhoff*. [Das Dorf zu *Waydefer* unter *Toal* aber liegt unstreitig näher, Landg. 67.]

2) *Tohal* ist das Gut mit der Kapelle *Toal* im Kirchsp. *Kosch*, ehstnisch *Tuhhala*, daher auch an *Oal*, wie **Suhm** not. 1487 gemeint, dabei nicht zu denken ist [Landg. 67]. Auch in der Parochia *Juriz* liegen demnach Güter und Dörfer des Kirchspiels *Kosch*, zum Theil auch des Kirchspiels *Haggers*, daher denn die Bestimmung der ursprünglichen Kirchspiels-Grenzen ungemein erschwert ist.

1499. Occurrit iterum pag. 88 et *Richard* gener *Leonis* pag. 93.

1500. Hodie *Kegel*, Esthonice *Keila*. **Hupel** III. 444. [Kirchspiel *Kegel* mit 33 Gütern, v. **Bienenstamm** S. 65, **Possart** S. 223—227, wo auch die noch beigepfarrten 2 Güter mit aufgezählt sind.]

1501. Vide supra pag. 83 nota 1461.

1502. Hodie *Tennasilm*. **Hupel** III. 445. Dorf *Tännasilm* unter *Friedrichshoff*.

3) *Peskulae*, Dorf *Peäskülla* unter *Jälgimäggi*. [*Päsküll*, Dorf und Mühle mit $5\frac{1}{4}$ Haken, Landg. 29 u. 35.]

4) *Jalkemaetae*, das Gut *Jalgimäggi* selbst. [Vielleicht *Jalkemaecae*, Dorf *Jalgemeggi* oder *Jalkemeke* in *Harko Lähn*, zur Schwedenzeit, Landg. 39, 40, 88.]

5) *Ranwalae*, das Gut *Strandhof*, ehstnisch *Rannawald* oder *Rannamois*. [Möglich, doch liegt *Rauwalae, Rauola, Rahola* hier ungleich näher, Landg. 39, 45, 90—92.]

6) *Kircotaen*, Dorf *Kirkota* unter *Wannamois*. [Zur Schwedenzeit die Hofstätte *Kirkentay* unter *Sack*, Landg. 91.]

1503. Sine dubio nomen proprium viri, qui possessor erat praedii *Waeszaelin* et cui simile nomen in cantilenis nostris vernaculis *Kaempeviser*. Ob *Waeszaelin* ein Praedium sei [obwohl 1566 und 1586 ein Dorf *Watzsale* von 12 Haken, 1 Einfüssling und drei Freibauern unter *Fegefeuer*, Landg. 57, später *Wosel* genannt, allerdings vorkommt, und auch in der Nähe von *Harck* und *Kottiper* ein Dorf *Watzel* oder *Watzial*,

		Leuetae [7]) IIII.		Expulsi
		Huxnum [8]) VII.		Jan Steckfisk
Odwardus	{	Tulalae [1504]) XII.	}	Herbert
		Laiduscae [9]) XVIII.		Thomas frater ejus
		Rauwal [10]) IIII.		Henric Carbomae [1505]).

Pag. 88.

		Ekius [1506]) XII.
Lambert	{	Akiolae [11]) V.
		Tarvameki [12]) II.

---

das seiner Lage nach wohl hieher gehören könnte, Landg. 27 u. 28], das ist sehr problematisch, da die Hakenzahl fehlt. Mir scheint es ein nomen proprium viri und *Waeszaelin* (*Wesselin*) mit *Rimbolt* u. s. w. unter die *Remotos* zu gehören. [Ueber König *Waldemar's II.* Kaplan *Wescelo* oder *Wesselinus*, welcher 1219 Bischof von Ehstland wurde, s. Heinrich den Letten S. 232, 245 u. 296 der neuen Ausgabe.]

7) Cf. nota 1486. *Leuetae*, vermuthlich das Dorf *Lehhet* im Kirchspiel *Nissi* [*Leheta* oder *Lähhätt*, Landg. 90].

8) *Huxnum*, Gut und Dorf *Uxnorm*. [*Uxnorm* zählte 1570 nahe an 20 Haken, 1617 aber kaum mehr die Hälfte, Landg. 30, 91, 92, jetzt hat es nur noch 5 Haken, v. Bienenstamm S. 67 u. Possart S. 227.]

1504. *Tulalae*, forte *Thula* apud Hupel III, 444. [*Tula* hält jetzt 6¼ Haken nach v. Bienenstamm S. 66 u. Possart S. 227, obwohl es zur Schwedenzeit, namentlich um 1620, gegen 14 Haken enthalten, davon freilich nur 2½ Haken vollständig besetzt waren, Landg. 46.]

9) *Laiduscae*, wahrscheinlich das Gut *Luitz*, ehstnisch *Laitse*, im Kirchsp. *Nissi*. [Zur Schwedenzeit i. J. 1620 rechnete man 3 Haken Hofsland in *Leitz* und 15½ Hak. im Dorf gleiches Namens, worunter 14 Haken freilich unbesetzt waren.] Man könnte hier an das *Ladysse* Heinrich's des Letten S. 226 der Ausg. von Hansen denken, wenn dies nicht wahrscheinlicher Schloss *Lode* wäre [wie man wohl aus der Nähe des benachbarten Dorfes *Culdale*, das an *Goldenbeck* erinnert, hat schliessen wollen, wiewohl das Dorf *Layden* oder *Laiden*, Landg. 41 u. 42, später *Leitz* oder *Leetz*, und das nicht weit entlegene *Gylden-Dorf* im *St. Matthias*-Kirchspiel der nahen See wegen, über welche die Rigischen im J. 1218 aus Ehstland mit den hier gemachten Gefangenen und aller Beute heimkehrten, darunter leichter verstanden werden kann].

10) *Rauwal*, wahrscheinlich das Dorf und Gut *Rahhola*. Die Landrolle von 1586 nennt es *Rawala* oder *Rawola*. [Wenn das *Ranwalae* oder *Rauwalae* des *Iwarus* muthmasslich das Dorf *Ravola* unter dem Hof zu *Fohre* mit 5 Haken war, Landg. 30 u. 91, so ist hier wohl nur an das Dorf *Rawel* mit 4 Haken unter dem Hof *Nurmis* zu denken, Landg. 89.]

1506. Nescio an *Jöggis*. Hupel III, 445. *Ekius* ist ohne Zweifel das Gut *Jöggis*. [*Jeggis*, Dorf im *Kegel*'schen Kirchsp., Landg. 13, 14 u. 93.]

1505. Vide supra p. 83, ubi vocatur *Henricus Carbom*.

11) *Akiolae*. Die Landrolle von 1586 hat bei *Wichterpal* im Kirchspiel *St. Matthias* ein Dorf *Ackelap*; das könnte es sein. [Doch möchte besser noch *Akylla* oder *Eukyll* Dorf hier zutreffen, Landg. 47 u. 48.]

12) *Tarwameki*, vielleicht das Gesinde *Tarrama* unter *Fall*. Die Landrolle von 1586 hat unter *Riesenberg* im Kirchsp. *Nissi* ein Dorf *Tar-*

Lambert	{	Vldalep [1]) II.
et	{	Haeimestkylae [2]) III.
Lambert	{	Carvanal [3]) III.
Kiampernos [4])		ibidem III.
Wibaern	{	Laemestaekilae [5]) V.
	{	Raesaemaekae [6]) II.
Taemma frater ejus	{	Keikael 150[7]) X.
Leo . .		Rughael [7]) XV. emptos de Heilardo.

remeg; dies könnte es sein, wenn es nicht zu weit entfernt läge. [Näher liegt hier allerdings das Dorf _Tarrismeggi_ unter _Kreutzhof_ mit 1 Haken, Landg. 97 a. E.]

1) _Vldalep_, Dorf _Unnaleppe_ unter _Ocht._ [In der _Jägel_- oder _Jöggis_-Wacke unter _Kegel-Lähn_ findet sich zur Zeit der Schwedenherrschaft noch das Dorf _Vllelep_, Landg. 12 u. 14.]

2) _Haeimestkylae_ ist nicht auszumitteln. [Doch ist vielleicht Dorf _Eimarsmecki_, _Eimerssmecki_ oder _Emmersmecki_ unweit _Fähna_ darunter zu verstehen, Landg. 36.]

3) _Carvanal_, Dorf _Karnakülla_ unter _Fähna_ nach der Landr. von 1586. Es ist mit dem Dorfe _Kiakülla_ in die Hoflage _Peterhof_ mit eingezogen worden. [Allerdings könnte Dorf _Orawel_ mit $8\frac{1}{4}$ Haken oder _Karnaküll_ mit 13 Haken darunter, sowie Dorf _Kirküll_ mit 17 Haken unter _Kiaküll_ in _Fähna_ gemeint sein, wenn nicht die Hakenzahl gegen die zur Schwedenzeit zu gering schiene, Landg. 93.]

4) _Kiampernos_ ist wahrscheinlich der Familienname eines anderen _Lambert_, der in _Carvanal_ gleichfalls III Haken besessen hat.

5) _Laemestaekilae_, Dorf _Lehmja-külla_ unter _Huer._ Auch die Landrolle von 1586 nennt ein Dorf _Lemmiaküll_ im Kirchsp. _Kegel_, ohne das Gebiet anzugeben. [Das Dorf _Lemeküll_ oder _Lemkylla_ im Gebiete _Kegel_ hielt zur Schwedenzeit 4 Haken, Landg. 46.]

6) _Raesaemaekae_, vielleicht das Gesinde _Rüsma_ unter _Forby_; _Esmäggi_ kann es nicht sein, das folgt erst später unten. [Ohne Zweifel aber ist daraus _Rôhomecki_, eine Krugstätte mit 2 Haken, später _Rötmecki_ genannt, neben dem Dorf _Lemeküll_, hervorgegangen, Landg. 46.]

1507. Forte, _Kegel_ apud Hupel III, 444. [Zur Zeit der Ordensherrschaft bildete _Kegel_ ein grosses, dem Orden gehöriges Gebiet, das noch im J. 1620 über 248 Haken umfasste, Landg. 41. Zu Ende der Schwedenherrschaft hielt es noch über 50 Haken, zu Anfang russischer Regierung aber nur noch 18 Haken und jetzt beinahe 22 Haken. v. Bienenstamm S. 68 u. Possart S. 225.]

7) _Rughael_, wahrscheinlich _Ruill_ im Kirchsp. _Haggers._ [Zur Schwedenzeit bildete auch _Ruil_ oder _Ryghel-Gardh_ einen grossen Complex von Gütern, über 182 Haken umfassend, doch waren sie schon 1620 vielfach zerstückelt in verschiedenen Händen. Gegen das Ende des 17. Jahrh. wurde das abgetheilte Gut _Ruil_ um 1678 noch mit $1\frac{1}{4}$ Pferd, 1694 aber nur noch mit $\frac{3}{4}$ Pferd verrossdienstet, den Rossdienst zu 1 Pferd

Tuui Collae [1508]) Laidus [1509]) XIV.

Magister
Burguardus [8])
{
Waret sutö [9]) V.
Normius [10]) III.
Machielae [11]) V.
}

---

für 15 Haken gerechnet. Zu Anfang der russischen Regierung wird *Ruil* nur noch zu 6⅓ Haken angegeben, um die Mitte des 18. Jahrh. betrug es indessen wieder 13⅓ Haken und später wie jetzt noch 17⅓ Haken, v. Bienenstamm S. 62 und Possart S. 214.]

1508. Nomen proprium viri, qui possidebat *Laidus*. [Th. Hiärn's Ehst-, Lyf- u. Lettländische Geschichte S. 101 und J. G. Arndt's Liefländische Chronik Thl. I. S. 179 *) erwähnen schon im J. 1221 der Gebrüder Dietrich und Johann *Duven*, *Tuue*, oder *Taube* aus Paderborn, welche König Waldemar nach Ehstland begleitet und sich hier niedergelassen haben. Die verschiedenen Beinamen der *Tuue Cols*, *Collae*, *Leös*, *Palnis*, *Palnissun* etc., im Liber Census mochten die verschiedenen Zweige der Familie vielleicht nach ihren früheren Besitzungen im Auslande unterscheiden. Doch war auch *Thue* oder *Tue*, *Tuue* als Vorname nicht ungewöhnlich und noch im 17. Jahrh. ein *Tuve Bremen* bekannt.]

1509. Occurrit iterum pag. 95. Dies beruht auf einem Irrthum, denn *Laidus* kommt da nicht mehr vor [doch wohl in der Anmerkung zu den Königl. Domainen im *St. Jürgens*-Kirchspiel not. 1572], erinnert aber allerdings an das *Laiduscae* auf der vorhergehenden Seite Anm. 9, und ist vermuthlich dasselbe *Laits*, vielleicht getheilt zwischen *Tuui Collae* und *Odwardus*. [Dies scheint der verschiedenen Schreibart wegen wohl nicht annehmbar und möchte, wenn *Laiduscae* das alte *Ladysse* Heinrich's des Letten und das jetzige *Leetz* unweit *Baltischport* gewesen, *Laidus* allerdings das heutige *Laitz* im *Nissi*'schen Kirchspiel bedeuten, zumal hier 10 andere Ortschaften jenes Kirchspiels folgen.]

8) [Ohne Zweifel war dieser Magister *Burguardus* der neunte Meister des deutschen Ordens in Livland, von dem Alnpeke's Livl. Reimchronik, in das Hochdeutsche übersetzt von E. Meyer, Reval 1848, S. 160 V. 5679, sagt: Meister *Burkhart*, das ist wahr, war vier und ein halbes Jahr in Livland Meister gewesen, wie ich fürwahr gelesen, und wenig mehr: man klagte ihn gar sehr, — er war ein Degen auserkoren, von Hornhausen war er geboren, und hat Herr Pastor Kallmeyer in seinem Versuch einer Chronologie der Meister deutschen Ordens in Livland während des 13. Jahrh. S. 422 — 432 der Mittheilungen aus der livl. Gesch. III, 3 dargethan, dass dieser Meister *Burchard* bald nach dem Anfange des Jahres 1257 sein Amt angetreten hat, und in der Schlacht an der Durbe am 13. Juli 1260 wider die Schamaiten und Semgallen gefallen ist. Ist dies richtig, so darf man daraus auf die Abfassung des Liber Census in dieser Zeit schliessen.]

9) *Waret sutö*, Dorf *Warrese* unter *Nurms*, das gleich folgt. [Um 1585 war dies Dorf *Warras* mit 6 Haken dem Rath zu Reval verpfändet, Landg. 89.]

10) *Normius*, das Gut *Nurms* im Kirchsp. *Nissi*. [Auch das Dorf *Nurmis* mit 5 Haken hatte der Rath in Reval zum Unterpfand, Ldg. 89.]

11) *Machielae*, vielleicht richtiger *Mathielae*, Dorf *Maddila* unter *Riesenberg* ebendaselbst. Die Landr. von 1586 nennt es *Matti*, s. oben S. 39 Anm. 9.

Magister Burguardus. $\left\{ \begin{array}{l} \text{Nissae }^1) \text{ II.} \\ \text{Wahantas }^2) \text{ III.} \end{array} \right.$

Pag. 89.

$\left. \begin{array}{l} \text{Thideric} \\ \text{de Ekrist }^{1510}) \end{array} \right\}$ Yrias $^3)$ VI. $\left\{ \begin{array}{l} \text{Remotus} \\ \text{Engaelard }^{1511}) \text{ miles.} \end{array} \right.$

$\left. \begin{array}{l} \text{Mattil} \\ \text{Risbit }^4) \end{array} \right\}$ Egentakaes $^5)$ V. $\left\{ \begin{array}{l} \text{Remotus} \\ \text{Henric Morsael et} \\ \text{Herman Wisae.} \end{array} \right.$

Item $\left\{ \begin{array}{l} \text{Uilumaeki }^6) \text{ V.} \\ \text{Wahanina }^7) \text{ IIII.} \\ \text{Uiraekilae }^8) \text{ III.} \end{array} \right.$

---

1) *Nissae*, *Nissi* selbst [wo später das Pastorat dieses Namens zu Anfang des 16. Jahrh. gegründet ward, s. oben not. 1460].

2) *Wahantaa*, die Landr. von 1586 nennt unter *Riesenberg* das Dorf *Wahaman* [Landg. 87]. Wahrscheinlich ist es dies.

1510. Nescio an idem, qui occurrit pag. 101 et vocatur ibi *Thideric de Equaest.*

3) *Yrias*, wahrscheinlich Dorf *Irgaste* unter *Neu-Riesenberg* im Kirchsp. *Nissi*. [Zur Schwedenzeit findet sich *Yrjawe* mit 1 Haken unter *Nurms*, Landg. 89.]

1511. Cf. pag. 101, ubi vocatur dominus *Engelardus.* [Wenn dies nicht bloss ein Taufname, so wäre es ein Beweis, dass die noch in Ehstland blühende Familie *von Engelhard* schon um die Mitte des 13. Jahrh. hier ansässig war.]

4) [Auch die Familie *Risbit* oder *Risebiter* kommt in Ehstland noch zu Ende des 16. Jahrh. öfter vor, s. Landg. 124.]

5) *Egentakaes*, wahrscheinlich Dorf *Hietaggusse*, d. i. hinter dem heil. Hain, unter dem Gute *Schwartzen*. [Dieses Gut, nach seinem Besitzer *Hans Schwartz* um 1582 so benannt, ist entstanden aus dem Dorfe *Kirfer* oder *Kirkfer* nebst *Igen-* oder *Ayentacka*, Ldg. 83 u. 86 Anm.]

6) *Uilumaeki* hat vermuthlich *Willomäggi* geheissen; ist nicht auszumitteln. [Doch erinnert daran *Willowalla* unter *Wichterpall*, Ldg. 94, auch das *Wielcke*-Gesinde unter *Riesenberg*, Landg. 87.]

7) *Wahanina* könnte Dorf *Wahema* unter *Laitz* sein [das um 1566 mit 1½ Haken in Anschlag gebracht ward, Landg. 88]. Das Gut *Wichterpall* im *St. Matthias*-Kirchspiel hat zwar ein Dorf [*Wannike* oder *Wenneke* mit 1 Haken, Landg. 94 u. 95], Namens *Wannik*, dies passt jedoch nicht zu den Gütern des *Nissi*'schen Kirchspiels.

8) *Uiraekilae*, wahrscheinlich Dorf *Wirrokülla* unter *Alt-Riesenberg* im Kirchsp. *Nissi*. [*Wirekyll*, Dorf, war 1615 mit 2 Haken verpfändet und hielt 1620 überhaupt 4 Hak., jedoch zur Hälfte unbesetzt, Ldg. 23. Es wird aber 1586 als zum Hofe *Riesenberg* gehörig auch ein Dorf *Wirrofer* mit 5 Haken angeführt, Landg. 87.]

Dominus Elf[9])	Tapaiarhu [10]) II.		Remoti
	Harkua [1512]) V.		Thideric de Sturae
	Mustuth [11]) III.		Hellinger Lang
	Arhukylae [1513]) V.		Jon Crusae.

Monachi de Dynamynnae [1514]) Maegaer [12]) IIII.

9) S. oben *Haelf* not. 1464, und unten *Helf Gutae* not. 1544.

10) *Tapaiarhu* hat wahrscheinlich *Tabbaarro* geheissen und ist vermuthlich das Dorf *Tabbasallo* unter *Strandhoff*. Der Name könnte daher entstanden sein, dass *arro* in *sallo* überging, als der Wald aufhörte. *Arro* ist ein Wald auf trockenem Boden, *salk*, Genit. *sallo*, ein kleiner Waldstrich. Jetzt ist von beiden fast nichts mehr übrig. Das Dorf liegt am Klint, dessen unterer Saum bewaldet ist. Hier folgen noch einige *Kegel*'sche Besitzungen in der Nähe von Reval im Besitz des Dnus. *Elf*. [Was hindert aber in *Tapaiarhu* das Dorf *Tapper* mit 2 Haken unter *Riesenberg* im Kirchsp. *Nissi* zu erkennen, wohin die vorhergehenden Besitzungen gehörten, Landg. 87. Hat es aber mit der Etymologie von *Tabbasallo* seine Richtigkeit, so findet sich ebendas. Anm. auch ein Dorf *Tappesall* zur Schwedenzeit mit 5 Hak.]

1512. Hodie *Harck* apud Hupel III. 445. [Das um 1620 der Krone gehörige *Harcko*, Hofs-Lähn, umfasste damals über 210 Haken Landes, von denen der Königl. schwedische Kriegskommissair *Ad. Schraffer* allein 147 Haken inne hatte, Landg. 26 u. 27. Im Jahr 1694 leistete der Mannrichter *B. J. Uxküll* für *Harike* 1½ Pferd Rossdienst, 1720 aber besass die Landräthin *Budberg* das mit *Strandhoff* zusammen nur noch 15½ Hak. enthaltende Gut *Hark*, bei der Revision von 1757 hielt *Strandhoff* schon 7½ Hak. und *Hark* 19½ Hak., 1765 aber 22½ Hak., dagegen 1774 nur noch 22 Haken, wobei es geblieben ist. v. Bienenstamm S. 66 und Possart S. 224.]

11) *Mustuth*, vielleicht *Mustwet* von *Mustjoe*, d. i. Schwarzbach, niederdeutsch *Swartenbeke* bei *Reval*, wo noch einige Hütten übrig sind. [Uebrigens wird zur Schwedenzeit auch neben *Nurms* des Dorfs *Musto* oder *Musta* und auch des Dorfs *Harka* erwähnt, Landg. 89.]

1513. Nescio an *Karjaküll* apud Hupel ibid. *Arhukylae* könnte freilich *Karjaküll* sein, wahrscheinlicher jedoch ist es *Harkokülla* unter dem vorgenannten Gute *Hark*. [Dies hat allerdings etwas für sich, indessen kann man füglich auch an *Arrokyll* mit 5 Haken unter *Luitz* in der *Leidis*-Wacke denken, Landg. 88, oder an *Arrokyll* oder *Arroküll* unter *Kreutzhoff*, Landg. 97 u. 98.]

1514. Occurrunt iterum pag. 95. *Dunemunde* erat monasterium [*Dunae ostium*] et etiam castrum. Hodie est fortalitium, duobus milliaribus a Riga fluvium in ripa meridionali et olim ad ripam oppositam et septentrionalem, ubi hodie ecclesia est. Hupel I, 218. III, 591. Monasterium erat Ordinis Cisterciensis et vocabatur mons Sti. Nicolai, institutumque fuit ab Alberto primo Archiepiscopo Rigensi ao. 1201, v. Gruber i Chron. Livoniae p. 22 [ed. Hansen p. 76]. Bona monasterii hic nominata occurrunt etiam in diplomatibus Dan. annorum 1257, 1266, 1281, 1282, 1283, 1288. Ut castrum jam nominatur anno 1305 apud Dusburgum p. 358, ubi vocatur Danemunde, forte per errorem typographicum. Apud Saxonem I, 1 p. 12 et I, 2 p. 22 occurrit urbs *Duna* seculo III et IVto et Rex ibidem. Credo, hanc urbem fuisse novam Asgard.

12) *Maegaer*, Dorf *Märaküll* unter *Padis* im Kirchsp. *Matthias*. [Dorf *Mehren* oder *Gross*- und *Klein-Meyern* bei *Padis*-Kloster, Landg. 96 u. 97, vielleicht aber auch Dorf *Märrekülla*, ebendas. 98.]

Monachi de **Dynamynnae.**	Pathes [1515]) XIIII. Callumanae [1]) V. Melanculae [2]) IIII. Hyraenkulae [3]) II.

Jacob Skyttae. In Pöus [4]) X.

Thideric de Cokaenhus [1516]).	Wosilki [5]) XII.	Remotus Herbart Halfpapae [1517]).

Dominus Rex	Aitol [6]) VIII. Kyminaestkylae [1518]) III.

1515. Est indubie *Padis*, ubi postea anno 1281 monasterium Cisterciensis ordinis fundatum fuit. Cum *Padis* hodie pertinet ad parochiam
Sti. *Matthiae*, inde concludo, hanc parochiam tempore Waldemari pertinuisse ad parochiam *Kegel*, praesertim cum parochia *Matthiae* nullibi occurrit in hoc catastro. Ohne Zweifel ist unter *Pathes* das nachmalige
Kloster *Padis* gemeint. [Schon im J. 1254 soll ein Abt *Conrad* des
Cistercienser Klosters zu Dünamünde die Ländereien um *Padis* gekauft
und daselbst eine Capelle erbaut haben, welche von einigen dahin gesandten Mönchen bedient wurde. Um 1281 aber ward hier ein Kloster aufgeführt und eingeweiht, das unter einem Prior der unmittelbaren Oberauf-
sicht des Klosters Dünamünde unterlag, bis 1317 König *Erich Mendwed*
das Kloster von Stein umbaute und erweiterte, indem er es mit noch mehr
Ländereien auch in der Nähe von *Sayentacken* oder *St. Johannis, Rappel*
und *Merjama* begabte, zugleich es zu einer Abtei erhob, darauf 1332
dasselbe noch mit Wall und Mauern umgeben und äusserlich mehr befestigt,
auch der Gerichtsbarkeit des Bischofs von Reval untergeben ward, s. das
Kloster *Padis* in Ehstland im Inland 1840 Nr. 21 vom verst. Inspect. S i e b e r t.]

1) *Callumanae*, Dorf *Kallomets* im Gebiete *Padis*, Landrolle von 1586.
[Bei *Küllesall* wird das Dorf *Kallometz* mit 7 Haken, Landg. 93, und
unter *Kreutzhoff*, Landg. 97, *Kallonetz* mit 7 Bauern angeführt.]

2) *Melanculae*, vielleicht Dorf Gross- oder Klein-*Metzlauk* unter *Padis*
[*Padis-Metzlouken* unter *Kreutzhoff*, Landg. 97].

3) *Hyraenkylae*, vielleicht Dorf *Arroküll* unter *Padis*. [Um 1565 wird
Arroküll mit 8 Haken angegeben, Landg. 97.]

4) *Pöus* könnte vielleicht das Gut *Pölküll* im Kirchsp. *Matthias* sein,
nur weicht der Name sehr ab. [Darum dürfte man, wenn nicht Dorf
Pöho gemeint ist, Landg. 36, wohl eher an das nähere Gesinde *Pussewelle* nebst *Willike* mit 1 Haken und 1 Freibauern denken, Ldg. 98.]

1516. *Cokenhusen*, oppidum olim, nunc destructum in Livonia et
circulo Venedico. H u p e l I, 237. III, 179. *Thideric de Cokaenhus* occurrit iterum hic pag. 97.

5) *Wosilki*, vielleicht *Wassalem*, früher einherrig mit *Padis*. [Der Wortlaut widerspricht und erinnert mehr an das schon genannte *Willike*
unter *Kreutzhoff*, Landg. 98.]

1517. Occurrit iterum pag. 97.

6) *Aitol*, vielleicht Dorf *Aita* unter *Walling* im Kirchsp. *Kegel*. [Sollte
nicht *Atto*, Dorf, 1565 mit 11 Haken, *Hattakyla* oder *Hattoküll* näher
liegen, Landg. 94.]

1518. Nescio an *Kemnaest*, apud Hupel III, 446. Gewiss ist
Kyminaestkylae das Dorf *Kemnast*, zu *Kreutzhoff* gehörig, im Kirchsp.

Dominus Tuco [1519].	Hemaeri [7]) V, Mairusa [1520]) III. Nakael [8]) XVIII. Heukael [9]) XX. Lehol [1521]) VII. Lemethos [10]) XX, Hiurenkylae [1522]) X.	Remoti Simon. Marwar. Albrict. Johannes,

Kreutz und *St. Matthias*, früher in *Kegel*. [Zur Schwedenzeit wird schon Dorf *Kommest* mit 9 Haken, auch *Kommast* oder *Kämmast* als zum Kirchsp. *Kreutz* gehörig bezeichnet, Landg. 93 u. 94.]

1519. Forte *Tuko Apelqart*, qui occurrit in diplomate *Waldemari II.* anno 1230 in Orig. Guelf. T. IV. Praef. p. 89.

7) *Hemaeri*, vielleicht das Gut *Habbinem* im Kirchsp. *St. Matthias*, das ehstnisch *Emmari* genannt wird. Es kann aber auch das Gesinde *Emmari* unter *Hark* sein, zumal jetzt wieder *Kegel*'sche Besitzungen folgen. [Ueber Dorf *Hapnem* oder *Emmern* zur Schwedenzeit s. Landg. 95. Sonst kann man auch an das Dorf *Ammer* unter *Hark* oder *Eimarsmeggi* denken, Landg. 35 u. 36.]

1520. Forte *Morras* apud Hupel III, 444. [*Mairusa* erinnert wohl an *Maier*, Dorf unter *Padis*, Landg. 97, doch ist es allerdings nicht unmöglich, dass darunter ursprünglich das Dorf *Moratz*, *Morass* oder *Moreste* unter *Hark* verstanden worden, Landg. 37, oder vielleicht das spätere *Merremoise* unweit *Fall*, Landg. 44 u. 45.]

8) *Nakael*, Dorf *Nahkjalla* unter *Kegel*. Die Landrolle von 1586 hat unter *Fähna* ein Dorf *Nakael* [Dorf *Nackel* mit 4 Hak. unter *Feine*, Landg. 93].

9) *Heukael*, Dorf *Uekülla* oder *Maekülla* unter *Ocht*. [Richtiger wohl *Eukyll*, Dorf, oder *Aekylla*, Landg. 47 u. 48.]

1521. Hodie *Lihhola*, Hupel III, 444. [*Lehola* mit 4½ Haken zu Anfang russischer Regierung, Landg. 90, später 12¼ Haken, v. Bienenstamm S. 66 und Possart S. 225.]

10) *Lemethos* könnte das Gut *Rosenhagen*, ehstnisch *Lehmja*, sein im Kirchsp. *Jürgens*. Das in der Landrolle von 1586 als im *Kegel*'schen belegene *Lehmjakülla* aber gehört wohl eher hieher, da *Huerekylla* oder Dorf *Huer*, wozu es gehört, hier gleich folgt. [Um 1602 hielt das ohne Zweifel hier gemeinte Dorf *Lemmial* oder *Lemkyll* 10 Haken und das zugehörige Dorf *Alliqua* 12 Haken, Landg. 35.]

1522. Forte *Huer*, Hupel III, 444. [In Hrn. Pastor Knüpffer's Abschrift steht *Huirenkylae*, welches dem jetzigen Namen mehr entspricht. Um 1569 hielt das Dorf *Hyre* 11 Haken, und die zugehörige Mühle dieses Namens 3 Haken, Landg. 31, jetzt finden sich unter *Huer* nur 10¼ Haken nach v. Bienenstamm S. 67 und Possart S. 224.]

Concessos clementi estoni [1]).

Herbart et	Kienkylae [2])	XII.
II fratres sui.	Serneuerae [3]).	X.
	Liqua [4])	VII.
	Wasal [5])	V.

Gerarth de Anger Guidan [6]) X.

Eilardus [7])   —   X. absque Domino Rege [1523]).

Herman Osilianus Carias [8]) V. Hermani sunt IIII. absque Rege. Alexander remotus. Conradus, Efrardus, Martinus, Jacob frater ejus.

---

1) [Es ist hier zweifelhaft, ob diese Worte sich noch auf *Hiurenkylae* oder auf die *Uncos* des Dorfes *Kienkylae* beziehen; eben so zweifelhaft, ob dabei an den Papst *Clemens IV.*, der um die Zeit der Abfassung des Liber Census vom Febr. 1265 bis Ende Novbr. 1268 regierte, zu denken sei, wobei der Schluss dann *ehstoniae* oder *estonis* heissen müsste, da dann von einer Darbringung in Ehstland oder der Ehstländer von Land und Leuten an den Papst die Rede gewesen, von der sonst freilich geschichtlich nichts auf unsere Zeit gekommen ist.]

2) *Kienkylae*, das eingegangene Dorf *Kiakülla* unter *Fähna*, welches nebst *Karnakülla* zur Hoflage *Peterhoff* gezogen worden. [Vielleicht ist darunter das Dorf *Kirkull* mit 17 Haken zur Schwedenzeit zu verstehen, Landg. 93.]

3) *Serneuerae*, wahrscheinlich Dorf *Sörwe* unter *Hark* [Landg. 39, doch könnte man auch an das Dorf *Soffware* oder *Sowar* unter *Kreutzhoff* denken, Landg. 98].

4) *Liqua*, Dorf *Liikwa* unter *Fähna* [Dorf *Alliqua* oder *Liqua* mit 13 Haken, auch *Lieckwa* geschrieben, Landg. 36 u. 93].

5) *Wasal*, Dorf *Watsla* unter *Hark* [*Watzel* oder *Watzala*, Landg. 27 u. 28]. Es könnte aber auch Dorf *Waila* unter *Fähna* sein, nach der Landrolle von 1586, doch ist Ersteres wahrscheinlicher. [*Waila* unter *Fähna* betrug nur 3 Haken, Landg. 93.]

6) *Guidan*, ungewiss [muthmasslich *Gylden*, Dorf und Gylden-Wacke nebst der Mühle bei *Fall*, Landg. 47 u. 48].

7) s. oben not. 1491 *Eylardus* vel *Heilardus*.

1523. Nescio, quid haec verba sibi velint, nisi forte significent, *Eilardum* et *Hermannum* possedisse quamdam horum praediorum partem et Regem alteram. [Es kann aber auch heissen, dass *Eilard* die 10 Haken in *Guidan* oder *Gylden* und *Hermann* aus *Oesel* die 5 Haken in *Carias* oder *Karjaküll* ohne Investitur vom Könige und nicht als königliches Lehn, sondern als Eigen besessen haben.]

8) *Carias*: *Karjaküll*, dicht bei *Fall*, was die Vermuthung bei Suhm not. 1513 zu *Arhukylae* widerlegt. [Ueber *Karjakyll*, *Karjakülla* oder *Karrokülla* zur Schwedenzeit s. Landg. 47.]

Thitmar garcon $\Big\{$ Humebo [9]) III. et Jacob VII.
gratli $\quad\Big\}$ Engael [10]) X.

Pag. 91.

Siuarth Haellae $\Big\{$ Vvalaelinkae [1524]) VII. $\quad\Big\}$ Emptos de Henrico
faegaer $\quad\Big\{$ Sochentakaes [1525]) III. $\quad\Big\}$ Comite de Suor-
$\qquad\qquad\qquad\qquad\qquad\qquad\qquad\qquad\qquad$ thoghae [1526]).

Auarissimus Eilardus [11]) $\quad\Big\{$ Asmiekae [1528]).
et Dominus Tuu Palnissun [1527]) $\Big\{$ Asaebaek [1529]) XX.

---

9) *Humebo*, wahrscheinlich im Liber Census ein Schreibefehler für *Hu-melo*, ist das jetzige Gut *Hummala*. [Es scheint kaum nöthig hier einen Schreibefehler vorauszusetzen, da dieses Gut nach dem Ehstni-schen früher *Humblakülla* hiess und so auch noch in der Landrolle von 1766 u. 1775 vorkommt.]

10) *Engael*, Dorf *Änglokülla* unter *Kumna*. [Zur Schwedenzeit *Angelby* oder *Engel*-Dorf genannt, Landg. 42.]

1524. Forte *Walling*, apud Hupel III. 445. [s. *Walling* neben *Wich-terpall*, Landg. 95, ehstnisch *Wallingusse* mit gegen 19 Haken. v. Bie-nenstamm S. 66 und Possart S. 227.]

1525. Nescio, an *Sack*, ibidem. Das könnte es sein, wenn *Sochen-takaes*, das früher gewiss *Sootaggusse* geheissen hat, in den Namen des heutigen Gutes *Sack* übergegangen wäre, welches aber ehstnisch *Sakko* heisst; denn ein Dorf Namens *Sochentaggo* gibt es im *Kegel*'schen Kirch-spiel nicht. [Die Landg. XVIII aber führen *Sontacken* (und *Sarnakorb* unter *Kosch*) auf.]

1526. *Schwartau* est fluvius in *Wagria*; ignotum autem mihi est, an comes quidam habuerit nomen ab hoc flumine. Dubius sum an famo-sissimus ille comes *Henricus de Schwerin* unquam habuerit nomen comi-tis de *Suorthogae*.

11) S. oben Nota 1491.

1527. Occurrit iterum p. 102. In diplomate Reginae *Margarethae* mentio fit *Woghaen Palnisun*, qui forte erat frater hujus *Tuconis*. [Da im Texte *Tuu*, nicht *Tuco* steht, so könnte wohl an *Tuue* mit dem Bei-namen *Palne* in der gleich folgenden Parochia *Jeeleth* oder *Palnis*, wie er vorkommt, gedacht werden, cf. nota 1508. *Woghan Palnissun* war Capitaneus in Reval um 1266, s. v. Brevern, Oberbeamte Ehstlands etc. in v. Bunge's Archiv III. 322. Zusätze IV, 325.]

1528 et 1529. Haec nomina confirmant commorationem *Asarum* in *Esthonia*, cf. not. 1486 et 1514. Wenn Suhm's Vermuthung in Betreff der *Asen* historischen Grund hat, so wären obige Ortsnamen dafür ein wichtiger Beleg. Denn *Asmiekae* könnte *Aaso-mäggi*, *Asenberg* und *Asae-baek* mit deutscher Anhangssylbe *Asenbach* heissen, jenes ist unstreitig das heutige Gut *Esmäggi* nebst Dorf *Aäsmakülla*, *Asaebaeck* aber wahr-scheinlich das Dorf *Aaso* unter *Uxnorm* [*Aessemeggi*, *Aesmeeke*, *Essemeki* oder *Eisemeggi*, Landg. 1, 45 u. 46, 91 und *Uxnorm* 92].

7

III. Repel Kylaegund [1530]).

5. In Parochia Jeelleth [1531]).

Hirwae [1]) VII.
Nigattae [1532]) VII.
Koskil [2]) IIII.
Pirsoe [3]) VIII.
Alber [4]) V.

1530. Lege *Repel Kylaegund,* cujus nomen adhuc superest in Parochia *Rapel.* In his verbis et sequentibus: Parochia *Jeelleth* conjicio,
Kylaegund antiquioribus temporibus significasse provinciam et tunc non-
nullas parochias sub se habuisse, nunc autem certe significat tantum parochiam. Dass *Repel Kylaegund* von *Rappel* abzuleiten sei, ist mehr als
zweifelhaft [s. Neus, Revals sämmtliche Namen S. 16 bis 20]; vielmehr
möchte *Repel* von *Revel,* dänisch *Revle,* schwedisch *Raffel, Riff,* abzuleiten und darnach der ganze Begriff von der *Kylaegund Reuelae* (P. 82
not. 1438 et Anm. 1) zu bezeichnen sein, zu dem vor Zeiten auch ein
Theil von Wierland gehört haben muss. Denn sonst lässt sich nicht begreifen, wie es ein *Repel Kylaegund* auch in *Wironia* geben konnte; und
in welcher Verbindung sollten die Kirchspiele *St. Katharinen* und *Haljall* mit dem entfernten *Rappel* stehen, das damals nicht einmal eine
Parochia bildete, sondern nur ein unbedeutendes Dorf war von 8 Haken
in der Parochia *Haccritz* (P. 84 S. 38 Anm. 7). Uebrigens bedeutete *Kylaegund* offenbar keine Provinz, wie wohl *Harrien* und *Wierland* genannt
werden, sondern nur einen District derselben, der oft auch mehrere Parochien umfassen mochte (s. die allgem. Weltgeschichte Bd. XXXII, S. 528).
Jetzt hat das Wort *Kihhelkond* allerdings nur die Bedeutung einer Parochia oder eines Kirchspiels. [Ueber das Dorf *Reppel* oder *Räbla,* zur
Schwedenzeit 15—19 Haken umfassend, s. Landg. 49 u. 50.]

1531. Hodie *Jegelecht,* esthonice *Jöelehtme,* deutsch *Jeglecht.*

1) *Hirwae,* Dorf *Hirwen,* ehstnisch *Hirro,* zu *Nehat* gehörig, unweit
des *Dunten*'schen Kruges [Neus a. a. O. S. 22. *Hirben,* Armengut
der Stadt Reval, Landg. 7].

1532. Forte *Nehat,* apud Hupel III, 421. *Nigattae* allerdings nur
das eben genannte Stadtgut *Nehat* [mit dem Dorfe gleiches Namens, Landg.
6, 51 u. 52].

2) *Koskil,* das Gütchen *Kosch,* nahe bei *Reval,* diesseits der Ruine des
Brigitten-Klosters. [Vielleicht auch das Dorf *Kosse* unter *Saghe* mit
3 Hak. zur Schwedenzeit, und einem Holm vor dem Gesinde, Ldg. 51.]

3) *Pirsoe,* wahrscheinlich Dörfchen *Prösu,* dicht bei *Nehat,* wenn nicht
etwa das Dorf *Pirso* unter *Hannijöggi* im *St. Johannis*-Kirchspiel darunter zu verstehen ist. [Zur Schwedenzeit das Dorf zu *Pirsch* mit 8
Gesinden und 3 Einfüsslingen, Landg. 55.]

4) *Alber,* ein Dorf *Alloperre* im *Jegelecht*'schen. [Vielleicht das Dorf
Ailis (Aili-perre) unter *Kostifer* mit 7 Hak. zur Schwedenzeit, Ldg. 26.]

$$\text{Dominus Tuui Palnis}^{5)} \begin{cases} \text{Lillaeuerae}^{1533)} \text{ IIII. et Lichard}^{6)} \text{ V.} \\ \text{Pasies}^{7)} \text{ VI.} \\ \text{Kallaeuaerö}^{8)} \text{ XV.} \\ \text{Waerael}^{9)} \text{ XII. et Lichard}^{10)} \text{ V.} \\ \text{Parenbychi X.}^{1534)} \text{ et Conradus juvenis VII.}^{1535)} \end{cases} \begin{array}{l} \text{Remotus} \\ \text{Jon Morae.} \\ \text{Albert de} \\ \text{Osilia.} \end{array}$$

---

5) [Wie oben not. 1508 u. 1527 an *Tuue* oder *Taube* könnte hier auch an einen Ahn der Freiherren *von der Pahlen* gedacht werden.]

1533. *Lillaeuerac*, forte *Lellefer*, apud H u p e l III, 438, womit S u h m auf das im Kirchspiel *Rappel* belegene Gut *Lellefer* zielt, unweit *Wahhakant* und *Jerwakant*, die jetzt einherrig sind. Dies ist aber schon oben S. 40 Anm. 1 vorgekommen, liegt auch hier viel zu weit ab. Ein anderes *Lellefer* im Kirchsp. *Jegelecht* ist aber nicht bekannt, und vielleicht schon vor Alters eingegangen oder der Name verändert. [Daher wird man versucht, an das unweit *Kosch* gelegene, zu *Nehat* gehörige Gesinde *Lellepe* zu denken. das auch *Lellepe perre* heissen müsste. Herr Pastor A h r e n s S. 132 leitet die ehstnische Endung vom Guts- u. Dorfsnamen *were* vom finnischen *werha* oder *werho* Schutzort, Wohnung, ab, wie *pere* vom finnischen *perhet*, Gesinde.]

6) *Lichard* ist wahrscheinlich der Name eines zweiten Besitzers von *Lillaeuerae*, der darin 5 Haken inne hatte. Doch gibt es auch unter *Nehat* einen Ort *Lükkat* [und ein Gesinde gleiches Namens unter *Laakt*], das darunter vielleicht gemeint sein könnte.

7) *Pasies*, Dorf *Pasick*, jetzt eine Hoflage unter dem Gute *Jaggowal* [s. die Domkirchen-Bauern im Dorfe *Pasikes* oder *Pasich*, von 10¼ Haken zur Schwedenzeit, Landg. 50],

8) *Kallaeuaerö*, Dorf *Kallawerre* unter *Mart*, wo es noch zwei Dörfer dieses Namens gibt, *Ma*- und *Rootsi-Kallawerre*, das Schweden-*Kallafer* als Stranddorf dem Land-*Kallafer* entgegengesetzt, welches hier wahrscheinlich gemeint ist. [Zur Schwedenzeit ist es das Dorf zu *Ehstenstische Kalber* mit 17 Haken, Landg. 51.]

9) *Waerael*, Dorf *Wäarla* unter *Mart* [zur Schwedenzeit Dorf *Wariell* mit 17 Haken ebendas.].

10) Dass *Lichard* hier zum zweiten Male mit 4 Haken vorkommt, bestätigt die oben Anm. 6 ausgesprochene Meinung, dass dieser Name einen zweiten Besitzer von einem Theil des in Rede stehenden Dorfes bezeichne.

1534. Forte *Parenbeke*. L a n g e n b e k i u s. *Parenbychi* [oder *Parenbeke*, wovon wahrscheinlich die spätere wohlberühmte Familie *Farensbach* ihren Namen hatte] ist muthmaasslich in dem Dorfe *Parrasmäggi* unter *Kostifer* zu suchen. [Zur Schwedenzeit betrug *Parrasmeggi* noch 13¼ Haken u. 6 Freikerle, Landg. 26. Sonst könnte man auch an *Paria waerekylla* mit 2 Haken etc. unter *Lakt* denken, Landg. 48.]

1535. Occurrit iterum Pag. 92 et 93.

Reppel [1536]) VIII. Conradus non a Rege [1537]).

Dos ecclesie [1538]).

| Dominus Saxo [1539]) | { | Jeeleth [1540]) XIIII. Jukal [1541]) VIII. Silmel [1]) V. | } | Expulsi Gerard et frater ejus Winric. |

1536. Hodie *Rappel*, apud Hüpel III, 438. *Reppel* kann nicht *Rappel* sein, das liegt zu weit, s. not. 1530. Wahrscheinlich aber ist es das jetzige zwischen *Jaggowal* und *Ülgas* getheilte Dorf *Rebbala*. [Zur Schwedenzeit um 1565 wird das Dorf *Reppel* noch zu *Jaggowal* gerechnet mit 19 Haken und 4 Einfüsslingen, Landg. 49. Vergl. Neus a. a. O. 17.

1537. Haec verba videntur significare, *Conradum* hoc praedium tenuisse absque licentia et contra voluntatem Regis. Quem sensum forte etiam habent verba superius adlata p. 90 nota 1523 absque Domino Rege; talia enim res facile accidere potuit in regione tam remota a Dania. [Wahrscheinlich sollen die Worte nur den Allodialbesitz im Gegensatz des königl. Lehns andeuten.]

1538. Occurrit iterum pag. 99 et 106. Per hanc ecclesiam intelligitur ecclesia cathedralis Revaliensis [i. e. Templum Salvatoris et Mariae seu *Jesu Christi* et *Mariae* virginis, die bischöfliche Hauptkirche auf dem Dom zu Reval, s. H. R. Paucker: Ehstlands Geistlichkeit S. 53. Man muss aber annehmen, dass die zu dieser Kirche gehörigen nachfolgenden Besitzlichkeiten zu denen gehören, welche bekanntlich schon vom König *Waldemar* 1240 dem Bischof *Torchil* zu seinem und des Domcapitels der *Reval*'schen Kirche Unterhalt mit 80 Haken in *Harrien* verliehen worden, und von dem Bischofe wahrscheinlich weiter zu Lehn dem Herrn *Saxo* als Vasallen der Kirche verliehen sind].

1539. Occurrit iterum sub nomine *Saxi* p. 94, 96, 100 et 105. In diplomatibus 1250 et 1257 nominatur dominus *Saxo* miles, Capitaneus Regis Daniae et Judex in Revalia, forte una eademque persona cum hic nominata [cf. die Oberbeamten in Ehstland etc. von Brevern in v. Bunge's Archiv III, S. 352]. *Saxo*, filius *Petri*, qui vixit anno 1250, erat forte eadem persona.

1540. Hodie *Jeglecht*. Habet tantum 9 uncos. Hüpel III, 421. [Um 1586 gehörte das Dorf *Jegelecht* mit 9 Gesinden und 4 Einfüsslingen zum Gute *Hannigeck*, Landg. I, 55 und erst nach dem Tode des Generalmajors *Jacob Stael* von Holstein im J. 1679 ward *Jegelecht* mit ein paar Inseln als selbstständiges Gut von *Hannijöggi* abgesondert, Landg. II, S. VI. Zur Zeit der Hakenrevision im J. 1757 hielt *Jegelecht* nur 6¼ H, 1765 schon 8½ H. und 1774 wieder 9 Haken, wie früher und noch jetzt, s. v. Bienenstamm S. 55 u. Possart S. 207.]

1541. Nescio, an *Jaccowal*, ibidem. *Jukal* kann nicht *Jaggowal* sein, welches unter S. 66 Anm. 2 folgt, sondern es ist wahrscheinlich das Dorf *Jonkülla*, das zu *Jaggowal* gehört, unweit *Jegelecht*. [Zur Schwedenzeit 1586 hielt das Dorf *Joal* über 7 Haken, um 1591 waren es nur 5, aber 1620 wieder 3½ besetzte und eben so viel unbesetzte Haken, Landg. 50.]

1) *Silmel*, Dorf *Silms* unter *Pergel*, das gleich folgt, im Kirchspiel *St. Johannis*.

Dominus Saxo	Periel [2]) X.	Fretric.
	Haeunopo [3]) III.	Liduif.
	Maleiafer [4]) VII.	Henric.

Conradus juvenis [5])	Kogael [6]) X. ibi est molendinum.	
	Socal [7]) X.	Expulsi
	Hauaueerae [8]) VIII.	Ölricus.
	Uvanghaelae [9]) VIII.	Liduif.
	Kostaeuerae [1542]) VI.	Lambert, cujus erat molendinum.

2) *Periel*, das jetzige Dorf *Perjel*, ehstn. *Perrila*. [Zur Schwedenzeit betrug das Dorf *Pargel* 9 Haken, zu Anfang der russischen Regierung aber mit *Rettel* zusammen nur noch 11½ Haken, um 1757 schon 18½ Haken und 1765 wieder 30½ Haken, wie noch jetzt, obwohl v. Bienenstamm S. 56 einen Haken weniger angibt, s. Possart S. 209.]

3) *Haeunopo*, hat wohl *Ounapu*, Apfelbaum, geheissen. [Das Gesinde *Oylaperre* beim *Nömme*'schen Dorfe unter *Fegfeuer* erinnert entfernt daran, Landg. 58.]

4) *Maleiafer*, wahrscheinlich das Dorf *Mallefer* unter *Pickfer*, dessen die Landrolle von 1586 gedenkt, im Kirchspiel *St. Johannis*. [Das Dorf zu *Malefer* unter dem Hof zu *Pittfer*, s. Landg. 69.]

5) Dieser *Conrad* der Junge ist schon auf der vorigen Seite als besitzlich angeführt, s. not. 1535 u. 1537.

6) *Kogael*, die Landrolle von 1586 hat auch *Kogel*, ohne nähere Ortsbestimmung, wahrscheinlich das Dorf *Koila* unter *Jaggowal*, wobei die *Joa*'sche Mühle beim Wasserfall des *Jaggowal*'schen Bachs eine halbe Werst hinter dem *Kook*'schen, an der grossen Strasse unweit *Jegelecht* gelegenen Kruge das oben erwähnte *Molendinum* gewesen sein wird. [Zur Schwedenzeit wird der Domkirchbauer auch im Dorfe *Koyhel* oder *Koiel* mit 10 Haken erwähnt und der Mühle zum Fall mit 2 Haken im J. 1527 und 4 Haken im J. 1560, aber 1575 nur mit 1 Haken, Landg. 50, 52 u. 57.]

7) *Socal*, wahrscheinlich *Sotala*, das grosse Dorf *Sodla* unter *Hannijöggi* im Kirchspiel *St. Johannis* [d. i. das Dorf zu *Soddel* mit 5 Gesinden, Landg. 55].

8) *Hauaueerae*, Dorf *Awerre* unter *Hannijöggi* [d. i. das Dorf zu *Haber* mit 6 Gesinden, ebendas.].

9) *Uvanghaelae*, Dorf *Wainjalla* unter *Kostifer*, welches gleich folgt in not. 1542. [Dorf *Wandila* zu 10½ Haken, später *Wainjalg* mit 9 Haken, Landg. 26.]

1542. Forte *Kostfer*, apud Hupel III, 421. [*Kostifer*, welches vor Alters dem Brigittenkloster gehört, soll noch 1586 an 30 Haken gehalten haben, das Dorf *Kostfer* aber betrug 1698 nur 4 Haken und 1730 war das Gut *Kostifer* auf 13½ Haken reducirt, zählte jedoch 1757 schon 16 Haken und 1765 an 22½ Haken, 1774 aber 24 Haken, wie noch gegenwärtig, s. v. Bienenstamm S. 54 und Possart S. 207.]

Robert Slutter 1543).	Rutae [1]) VIII. Jakawoldal [2]) XVII. Saintakae [3]) VIII.	
	et Tuki Wrang [4]) XXV. et Gerard Skyttae [5]) X.	non a Rege sed de Helf Gutae 1544).
Dominus Tuki Wrang	Kaeris [6]) VI. et Arnald II.	Expulsi heredes Domini Villelmi.

1543. Occurrit iterum pag. 101. Man könnte dabei an den *Rupertus de Sluck* denken, der früher die Dörfer *Obwald, Ruts (Rutae, Ruddo)* und *Sammitkertel* besessen, welche König *Erich* Anfangs Septbr. 1249 dem Bischof *Torchil* für die Domkirche und deren Capitel verliehen, s. die Urkunde bei Hiärn S. 126 und Gadebusch I, S. 250.

1) *Rutae*, die Landr. von 1586 nennt ein Dorf *Ruddo*, dies ist wahrscheinlich das jetzige Dorf *Rukülla* unter *Jaggowall* und zugleich das alte *Rutae*. [Das Dorf *Ruddo* oder *Ruda* zunächst dem Wasserfall *Joall* hielt 1560 nur 4 Haken und 3 Einfüssling-Land, 1565 aber 6½ Haken, 1573 sogar 7½ Hak. mit 1 Einfüssling u. 2 Lostreibern, 1591 nur 4½ Haken und 1617 wieder 6 Haken, Landg. 49 u. 50.]

2) *Jakowoldal*, das Gut *Jaggowal* [früher *Jackewal* oder *Jackewalt*, ehstnisch *Jaggala wald*, s. Landg. I, 49. II, Urkunde XVII].

3.) *Saintakae* ist *St. Johannis* in Harrien, welches damals noch keine Parochie bildete. Es führte in früheren Urkunden stets den Namen *Sayentaken*. Es muss aber, das lehrt die Hakenzahl, vor Zeiten weit mehr als das jetzige Pastoratsland umfasst haben, vielleicht auch einen Theil von *Hallinap* oder von *Rasik-Campen*, das nahe angrenzt [s. das Kirchspiel *St. Johannis* zu *Sayentaken*, Landg. 53].

4) *Tuki Wrang* [vielleicht *Wrangell*?], der unter *Kaeris* auf der folgenden Seite wieder vorkommt, hat ohne Zweifel XXV Haken von *Saintakae* mit inne gehabt.

5) *Gerard Skyttae* ist ein zweiter Mitbesitzer von *Saintakae*, wovon er 10 Haken besass. [Auch zur Schwedenzeit zu Ende des 16. Jahrh. war in dieser Gegend ein *Gehrt, Gerdt* oder *Giärt Skytt, Schütten* oder *Schütze* besitzlich, Landg. 10, 50, 53.]

1544. Haec verba videntur significare, *Gerardum Skytte* possessionem suam non tenuisse a Rege, sed a quodam *Helf Gutae*, qui forte tenuit eam a Rege; praedium *Gerardi Skyttae* fuit ergo de numero eorum, qui *Afterlehn* vocantur. Wahrscheinlich hing diese Sache so zusammen: *Saintakae* hatte 3 Besitzer, *Robert Slutter*, *Tuki Wrang* und *Gerard Skyttae*, die ihre Besitzungen nicht vom Könige zu Lehn, sondern von einem *Helf Gutae* zu After-Lehn erhalten hatten. *Helf Gutae* (s. oben not. 1464 u. 1537) konnte aber auch *Saintakae* als Eigenthum besessen und es dreien guten Männern zu Lehn vertheilt haben.

6) *Kaeris*, wahrscheinlich Dorf *Kärso* unter *Jaggowal* im Antheil von *St. Johannis*. [Zur Schwedenzeit Dorf *Kairas* mit 8½ Hak. Landg. 50.] In der oben Nr. 1543 erwähnten Urkunde König *Erich's* von 1249 heisst dieses Dorf *Karias*, welches nebst *Chokere, Pesack* und *Wamal* als quondam Lutgardo attinentes bezeichnet wird.] Wahrscheinlich

Kallis [7]) Senkau III. et Jon Soakaeman [1546]) III. Fritrik et Vjnrik.

Pag. 83.

| Johannes lator piscium [1546]) | { | Pikaeuaekae [8]) VIII. Vbbianes [9]) IX. Vrwas [10]) V. | { | Expulsus Henricus Odbrictae cum duobus dextrariis [1547]). |

| Arnald Litlae [1548]) non a rege | { | Sambas [11]) X. Halenhabus [12]) VIII. |

---

besass *Tuki Wrang* davon VI und *Arnald* II Haken. Vielleicht war dieser *Arnald* derselbe, welcher unter not. 1548 mit dem Beinamen *Litlae* vorkommt.

1545. Occurrit iterum p. 97.

7) *Kallis*, Dorf *Kalles* unter *Penningby* im Kirchsp. *St. Johannis*, gleich getheilt zwischen *Senkau* und *Jon Scakaeman* für jeden zu III Hak. *Fritric* und *Winric* sind vermuthlich die vertriebenen Erben *Wilhelms*. [Zur Schwedenzeit *Kallis*-Dorf mit 1½ Haken, Landg. 55]

1546. Lator piscium significat forte hic redemtorem capturae piscium [d. i. einen Pachter des Fischfangs im *Jaggowal*'schen Bache].

8) *Pikaeuaerae*, das Gut *Pickfer* [früher *Pittfer* oder *Pittkefer*, Landg. 69] im Kirchsp. *St. Johannis*. Ehstnisch *Pikkawerre*.

9) *Vbbianes*, Dorf *Ubbina* unter *Pickfer* [zur Schwedenzeit das Dorf zu *Ubenek*, Landg. 69].

10) *Vrwas*, Dorf *Urwaste* unter *Pickfer* [das Dorf *Orfus* zur Schwedenzeit, ebendas.].

1547. Dextrarii sunt equi majores et cataphracti. Equi positi sunt hie pro equitibus, qui eos regebant. Dextrarii equi sunt etiam ii, qui Danice appellabantur *Hors*, vide G e r k e n Cod. Diplom. III, 87 et 283.

1548. Occurrit iterum pag. 98 et 106. Nomine *Litle* multi nobiles olim in Dania gaudebant; sed non propter id credo, eos fuisse ex una eademque gente. [Wie *Litle, Lütge, Lütke*, kommt auch das hochdeutsche *Klein* häufig als Zuname vor.]

11) *Sambas*, Dorf *Sambo* unter *Hallinap* im Kirchspiel *St. Johannis*. [Um 1586 sollen die Dörfer *Samb* und *Hallinap* benebst dem Holm *Wrangö* 38 Haken ausgemacht haben; nach dem nordischen Kriege und der Pest bildete *Hallinap* bloss 6⅔ Haken, 1757 waren es nur 10 Haken, 1765 aber 14¼ Hak., 1774 dagegen 15¼ Hak. und später 15¼ Haken. v. B i e n e n s t a m m S. 56 und P o s s a r t S. 209. Seit dem Jahre 1848 aber sind die Inseln Gross- und Klein-*Wrangelsholm*, ehstnisch *Prangli- ja Ankse-Saar*, von *Hallinap* völlig getrennt und einem andern Besitzer überlassen.]

12) *Halenhabus*, der Hof *Hallinap*, ehstnisch *Haljawa* [vgl. Anm. 11].

	Kiumbala.[1]) V.
Winald	Pariol [2]) III.
non a rege	Keamol [3]) III.
	Hanaegus [4]) III. et Conradus juvenis [5]) III.

Huith Cognatus Lamberti	Köhoy [6]) XV. qui et in Pirsö [7]) V. habuit.

Ketherae [8]) V. Henricus Stenhackaer [1549])
et Lambertus V. uterque sine rege.

----

1) *Kiumbala*, wahrscheinlich Dorf *Kimakülla* unter *Pergel* im Kirchsp. *St. Johannis*. [Zur Schwedenzeit wird das Dorf *Kiemal* mit 5 Haken zu *Penningby* im *St. Johannis*-Kirchspiel gerechnet, Landg 55.]

2) *Pariol*, Dorf *Parrila* unter *Campen*, nicht zu verwechseln mit dem nahe gelegenen Gute *Pergel*, welches auf Seite 65 Anm. 2 schon vorgekommen ist. [1586 wird das Dorf *Parill* mit 9 Haken und 6 Gesinden angegeben, Landg. 62.]

3) *Keamol* ist vielleicht das Dorf oder Gesinde *Kemba* in der Gegend, das mir indessen nicht genau bekannt ist. [Zur Schwedenzeit gehörte das Dorf *Kemel* mit 5 Haken zu der *Pitkow*-Wacke, Landg. 55.]

4) *Hanaegus*, das Gut *Hannijöggi* [ehstnisch *Hannia* oder *Hänntjoemois*, d. i. das Gut am Gänsebach, zur Schwedenzeit *Hannigeck*, Landg. 55] im Kirchsp. *St. Johannis*. Zur Zeit der Dänen war es zwischen zwei Besitzern getheilt.

5) Es ist derselbe, der schon oben Pag. 91 Not. 1535 und 92 Anm. 5 vorgekommen ist.

6) *Köhoy*, wahrscheinlich Dorf *Kiwwioja* unter *Pickfer* im Kirchsp. *St. Johannis*. [Zur Schwedenzeit *Kyfion* mit 2 Gesinden unter *Pittfer* im *Kosch*'schen Kirchspiel, Landg. 69.]

7) *Pirsö* ist schon oben Pag. 91 Anm. 3 vorgekommen als Dorf *Pirsoe* unter *Hannijöggi* im Kirchspiel *St. Johannis*. Es war vielleicht getheilt zwischen *Huith* und einem andern ungenannten Besitzer, der VIII Haken davon hatte.

1549. *Stenhackaer* significat forte hic lapicidam. [Ohne Zweifel war es nur ein Zuname der Familie des *Henricus*.]

8) *Ketherae*, das Gut *Kedder* im Kirchsp. *St. Johannis*. [Zur Schwedenzeit *Käddere*, auch *Kedderes* und *Kedder*, Landg. 59.]

Thideric de Kiuael [1550])	Martaekilae [1551]) XII. Sarnae [9]) VI.	Johannes et Walter hos habent de Thiderico, quos ecclesia de jure possidet.
Richard gener Leonis [10])	Saunöy [1552]) VIII. et monachi [1553]) XVII.	

Pag. 84.

Dominus Rex nobis [1554])	Uianra [11]) VII. Jaergaekylae [12]) Heckelal [13]) } XX.	Wilbrand expellit [1555]).

1550. Occurrit iterum pag. 99, 101, 103, 105, 106, 108. In diplomate anni 1257 nominatur *Theodericus de Kiwele;* an idem? *Henricus de Kiwel,* miles de Esthonia habuit ante annum 1296 praedia in Sialandia, nempe Kurþhold et Kalfsbolte. Forte fuit filius hujus *Thiderici.* Ein Verwandter desselben war vermuthlich auch der als getödtet bezeichnete Besitzer von *Kiwilo* oder *Fegfeuer* [s. oben not. 1477, wovon die Familie wahrscheinlich ihren Namen entlehnt hat, falls nicht — was in so früher Zeit weniger glaublich — der Name von jener Familie auf den Ort übertragen worden].

1551. Forte *Maart,* apud Hupel III, 421. [Das Gut *Maart,* welches ursprünglich zum bischöflichen Dom gehört zu haben scheint, hält, nachdem zur Schwedenzeit 52 Haken dazu gerechnet worden, Landg. 51, noch gegenwärtig 23⅔ Land- und 9¼ Strand-Haken nach Bienenstamm S. 54 und Possart S. 207.]

9) *Sarnae,* vielleicht Dorf *Saara* unter *Rum* im Kirchsp. *Jegelecht.* [Ueber das Dorf zu *Saur* unter *Rump* s. Landg. 64.]

10) S. oben Pag. 87 Not. 1499 und Pag. 88, ein Schwiegersohn wahrscheinlich des *Leo de Reno,* Besitzers von *Rughael* oder *Ruill.*

1552. Nescio an *Sauge,* apud Hupel III, 422. *Sauge* muss ein Druckfehler sein, da Hupel a. a. O. das Gut *Saage* nennt; wahrscheinlich ist aber nicht dies, sondern das Dorf *Saunja* unter dem Gute *Rum* gemeint. [S. Landg. II, Vorbemerkung V.]

1553. Forte supra not. 1514, memorati de Dunamynne.

1554. Quibus? An auctoribus hujus catastri, forte monachis, et fortasse in Revalia, quoad Esthoniam. [Sehr möglich, dass diese Besitzungen dem Dominicaner-Kloster *St. Catharinae* der Prediger- oder sog. schwarzen Mönche in *Reval* von dem Könige *Erich Plogpenning* verliehen worden, der dieses Kloster und die schöne Kirche dabei im J. 1248 erbaut und reichlich dotirt haben soll.]

11) *Uianra* ist nicht zu finden [vermuthlich *Wärne* mit einer Mühle und 3 Haken, die der Bischof *Friedrich* noch 1553 als Lehn vergeben hatte, Landg. 61].

12) *Jaergaekylae,* wahrscheinlich *Jerküll* am obern See, der davon den Namen führt, im Kirchsp. *St. Jürgens.* Das Dorf hiess ehemals *Jerweküll,* d. i. Seedorf. So kommt es in alten Urkunden öfter vor. [Dorf *Jerwekyll* oder *Järwekülla* mit 9¼ Haken wurde nebst *Paionpae,* s. Landg. 9, mit dem Gute *Moick* im J. 1652 der Ritter- und Domkirche und dem zugehörigen Domkirchen- und Armenhause oder Hospital von der Königin *Christine* geschenkt.]

13) *Heckelal* ist nicht auszumitteln [vielleicht darf man an das Dorf *Jäsala* auf dem Jägen-Holm denken, unweit *Jerweküll,* Landg. 10].

1555. Forte Rex [*Ericus* vel *Christophorus?*].

6. In Parochia Kusala [1556]),

Dominus Saxi [1])

			Expulsi
Kusala [1557])	XXV.	GodefritRigbob.	LydulfLang.
		Lidulf Litlae [1559]),	Sifrith.
Kithae [1558])	XXX.	Henric Bathe [1560]).	Bertald.
		Henric Albus.	Gerlacus.

Conradus Haefskae [1561]) Uvalkal [1562]) XXXII et IIII. proprios [1563])

1556. Hodie *Kusal*, Esthonice *Kusallo*. Jacet prope *Wirriam* vel *Wirlandiam.* Hupel III, 419. Diese Parochie gehörte wahrscheinlich mit *Jegelecht* zum *Repel-Kylegund* in *Harrien* und schloss sich an *Repel-Kylegund* in *Wironia.*

1.) S. oben *Saxo* Note 1539.

1557. *Kusala* hodie *Kusal*, Dorf *Kusalo* unter *Kida*, eine Werst von der Kirche an der grossen Strasse nach *Narva.*

1558. Hodie *Kyda* vel *Kida.* Habet tantum 23½ uncos. [Ebstnisch *Kio*, s. v. Bienenstamm S. 55; bei Possart S. 186 ist des *Kusal*-schen Kirchspiels zwar erwähnt, doch ist dasselbe in der Angabe der zugehörigen Güter wohl nur durch ein Versehen der Druckerei ganz weggeblieben.] *Kithae* ist der Hof *Kida* mit dem anliegenden Dorfe *Kio.* Hieher versetzt Parrot das alte *Kettis* Heinrich's des Letten, welches bei *St. Simonis* zu suchen, ist und dehnt dieser Ansicht zu Gefallen die Provinz *Jerwen* bis zum finnischen Meerbusen aus. Der Census Daniae beweist deutlich, dass hier schon in frühester Zeit *Harrien* fortläuft.

1559. Occurrit iterum pag. 101, cf. supra nota 1548 ad *Arnold Litlae.*

1560. *Henric Baht*, forte idem, occurrit pag. 98. Duo fuerunt stirpes hujus gentis, vel forte duae diversae familiae, si ex earum armis natalibus judicandum est: una in Jutia meridionali, circa 1316, et altera in Fionia, quae forte ea est, quae hic nominatur, extincta 1608. Vide Lexicon nobilium Daniae T. I, Part. I, Pag. 21.

1561. Occurrit iterum pag. 100.

1562. Hodie *Wallküll*, habet tantum 10¾ uncos [v. Bienenstamm S. 55]. *Uvalkal* ist richtig das Gut *Walküll*, eines der wenigen Strandgüter, die im Census vorkommen; hier liegt freilich der Hof nahe am Strande, das Gebiet mehr landeinwärts. Es war zur Dänenzeit unter mehrere Besitzer vertheilt. [Im J. 1585 war *Wallkyll* zu 43 Haken angeschlagen und verpfändet, und wird der *Wallkyll*-Mühle mit 3 Haken noch besonders erwähnt, so dass die 46 Haken der ganzen Besitzung zur schwedischen noch, wie zur dänischen Regierungszeit vorhanden waren, Landg. 18 n. 19. Zu Anfang der russischen Regierung waren sie aber nach Verkauf einzelner Zubehörungen, wohl durch Krieg, Pest und andere Ereignisse, auf nur 5¼ Haken Landes eingeschmolzen, und jetzt zählt *Walküll* auch nach der Landrolle von 1841 S. 2 nur noch 10¾ Haken.]

1563. Forte homines glebae addictos (eigene Leute); unde conjicio, hic per uncos, etiam ac hodie, certum numerum rusticorum intelligi, qui libertate aliquali saltem gaudebant. Jetzt werden wohl nicht die Haken nach der Seelenzahl berechnet, sondern nach dem Umfang und der Beschaffenheit des Landbesitzes und dem dafür zu leistenden Gehorch (Frohnleistung) der Bauern. Gewöhnlich nimmt man auf einen Haken 12 wöchentliche Arbeitstage mit Anspann an, mit 12 Tonnen Bauerlandes in 3 Lotten.

Henricus rufus V. [1564]) Thitmarus V.

Tuui Leös [2]) { Gabriel [3]) XIIII. Expulsus Thideric nogat [1565]).
{ Rung [4]) V. et Johannes.

Pag. 95.

Monachi de Gutland [1566]) Irmari [5]) VIII.

Ein Halbhäkner leistet 6 Tage mit Anspann wöchentlich und muss wenigstens 6 Tonnen Landes in 3 Lotten, nebst dazu gehörigen Wiesen haben.
Dies trifft aber selten zu. Die Bauern haben gewöhnlich, wenigstens in
Wierland, mehr Aecker und leisten geringeren Gehorch. [Weder davon,
noch überhaupt von leibeigenen Leuten scheint hier die Rede zu sein,
sondern nur von 4 Haken, die Conr. Haeffken zu eigen, während er 32
Haken vom Könige zu Lehn besass.]

   1564. Occurrit iterum pag. 103.

2) S. oben Tuui Cols Pag. 84 S. 38 Anm. 1 und S. 55 Not. 1508. Doch
  könnte dieser Tuue auch ein Sohn sein von Leo de Reno, s. Not. 1499.

3) Gabriel, wahrscheinlich Dorf Kaberla an der Poststrasse unter Kotzum [Kabberla, Landg. II. Vorbem. S. VI].

4) Rung, vermuthlich das Gut Rum, einherrig mit Kotzum im Kirchsp.
Jegelecht [Runghe, Rump, Rum, Landg. I, S. 64 und II, Vorbem.
IV — VI].

   1565. Nescio an Thidericus de Noctae, qui occurrit pag. 99 et 106,
est idem.

   1566. Occurrunt iterum p. 97 et erant forte ex monasterio Roma.
Es folgen hier die Kolk'schen Güter im Besitz der Monachi de Gutland,
wie Suhm vermuthet, aus dem Kloster Roma, während Arndt, livl.
Chronik II. S. 48, und Gadebusch, livl. Jahrbücher I, S. 249, sie für
ein Geschenk des Königs Erich, der sie 1248 dazu gekauft, an das Cistercienser-Kloster Gudwall im Linköping'schen Sprengel erklären. Vielleicht verwechselten sie Gudwall mit Gutland. Denn auf dieser Insel
Gothland, welche zum Linköping'schen Sprengel gehörte, findet sich
allerdings ein Kloster Roma, nicht aber Gudwall; möglich aber ist unter
beiden Bezeichnungen nur dasselbe Kloster Cistercienser-Ordens zu verstehen. [Dies ist nicht mehr zu bezweifeln, seit sich unter den Kloster-
urkunden der Cistercienser Nonnen zu St. Michael in Reval auch eine
Urkunde des Abts Alexander de Rumen til Guthvalie in Gothlandia Cisterciensis ordinis, dioecoesis Lincopencis vom Tage des heil. Benedicts 1431
vorgefunden hat, abgedruckt lateinisch und deutsch im Inlande 1841 Nr. 27
unter der Ueberschrift: das Kloster Guthwallia in Gothland und dessen
Filialkloster Rumen in Ehstland (Rum?)', wofür auch die Meeresbuchten
Papenwiek und Münckewiek in der Nähe der Klostergüter angeführt werden, Sp. 432, vgl. v. Bienenstamm S. 10 u. 11.] Die zugehörigen Dörfer
heissen in den Nachrichten bei Hiärn S. 125 und im Inlande Kale, d. i.
Kahhal, Xalemechi, d. i. Kallameggi, jetzt eine Hoflage, Ugri (Ueri),
d. i. Uri, Culmias (Kullawa), d. i. Kulla oder Kolqa, Sicudal (Sicutol),
d. i. Siggola oder Siggel, Adalica, d. i. Athelic im Kirchsp. St. Catharinen
und Kallis, d. i. Callax, ebendas, s. unten S. 78 Kallax, Wonei, d. i.
Wohnja oder Fonal, ebendort, wenn nicht vielleicht Winnista darunter
zu verstehen wäre, so wie Pernispä das heutige Perrispe. Ausserdem
schenkte König Erich dem Bischof Torchill 1248 auch noch 14 Haken im
Dorfe Kawwel, vermuthlich in Harrien.

5) Irmari, Dorf Hirmel unter Kolk [s. Dorf Hermell unter dem Hof
zum Kolcka, Landg. 62].

Monachi de Gutland {
Sioutol [1]) XXII.
Kaial [2]) XXI.
Kalameki [3]) V.
Kullawa [4]) VIII.
Ueri [5]) XIIII.
In Holki 1567) Pötraeth alio nomine [6]).

IV. Ocrielae 1568) Kylaegund.

7. In Parochia Waskael 1569).

Monachi de Dynaeminnae [7]) {
Pugiotae [8]).
Kangelae [9]).
Jarvius [10]) X. et

---

1) *Sicutol*, Dorf *Siggola* ebendas. [Zur Schwedenzeit Dorf *Sickul*, Landg. 63.]

2) *Kaial*, Dorf und Poststation *Kahhal* daselbst.

3) *Kalameki*, früher Dorf, jetzt Hoflage *Kallamäggi* bei der Station *Kahhal.*

4) *Kullawa*, vielleicht das jetzige Dorf *Kolga-habla*. [Zur Schwedenzeit kommt unter *Kyda* vor im J. 1566 das Dorf zu *Habalach* oder *Haball* mit 5 Gesinden, Landg. 64.]

5) *Ueri* oder *Ucri*, Dorf *Uri* daselbst.

1567. Forte *Kolk.* H u p e l III, 420. Vermuthlich ist *Holki* der Hof *Kolk*, wie auch S u h m annimmt, ehemals ein Klostergut.

6) *Pöthraeth* ist vermutblich eine alte ehstnische Benennung für das sehr waldreiche *Kolk*, da *pöddra* ein Elennthier heisst, das in den dasigen Wäldern vor 600 Jahren wohl noch häufiger vorkam, wie in unsern Tagen, da es ziemlich ausgerottet und schon seltener ist.

1568. Hoc nomen hodie obsoletum est.

1569. Hodie *Waschiel*, sed communiter Jürri Kibbelkond, Germanica parochia St. Georgii, prope Wikiam. Woher S u h m darauf gekommen, das *St. Jürgen*-Kirchspiel in die Nähe der Wieck zu setzen, ist nicht zu begreifen. Es ist das nächste bei der Stadt *Reval* an der Strasse nach *Oberpahlen.* Die Kirche liegt nur 2 Meilen von der Stadt.

7) S. oben Note 1514 u. 1553, wo die Mönche des Cistercienser-Klosters zu *Dünamünde* als Grundbesitzer in Ehstland schon erwähnt worden.

8) *Pugiotae*, Dorf und Krug *Puixto* unter *Arroküll*. [*Puyat* gehörte 1567 mit nahe an 25 Haken zu *Rasik*, Landg. 54. Um 1694 aber gehörte *Pujatta* mit 10½ besetzten und 4 unbesetzten Haken zu *Arroküll*, Landg. 55.]

9) *Kangelae*, Dorf *Kangla* ebendaselbst. [Zur Schwedenzeit hielt Dorf *Kangel* 5, 7, ja 9 Haken, Landg. 54 u. 55.]

10) *Jarvius*, wahrscheinlich Dorf *Jersi*, auch dort. [Vielleicht ist darunter das Dorf *Jerffaesall* mit 15 Haken gemeint, Landg. 54, und *Jerwen* oder *Järsell*, ebendas. 55.]

Monachi de Dynaeminnae	{ Uillölemp [11]) V. proprios { Vvaskael [12]) XXI. et in Curia Domini Regis [1570]) VI.

| Dominus Rex | { Paiumpe [13]) IX.
{ Limbus [14]) IIII.
{ Karowelae [15]) IIII. | { Temporibus fratrum fuerunt CCLXXX, quos Domino Regi reliquerunt [1571]) et in Laidus [1572]) XV et in Haria nongentos cum istis, qui sunt in Hetkyl [1573]). In Wironia reliquerunt CCCC et Alenta- |

---

11) *Uillölemp* lässt sich nicht bestimmen. [Ohne Zweifel Dorf *Vllelep* in der *Jägel*- oder *Jöggis*-Wacke, Landg. 12 u. 14.]

12) *Vvaskael*, Dorf *Waskjal* unter *Johannishof*, das sonst *Waschiel* hiess und der Stadt *Reval* gehört.

1570. Ergo Rex habuit ibi arcem. [Das ist noch nicht als erwiesen anzunehmen, vielmehr ist wahrscheinlich, dass das Schloss zu *Reval*, Curia Domini Regis in *Vvaskael*, 5 Haken besessen hat, während das Cistercienser-Kloster zu *Dünamünde* davon 21 Haken innae hatte, welche später zur Unterhaltung des *St. Johannis*-Hospitals in *Reval* muthmaasslich seit dem Jahre 1279 dienten, s. Landg. II, Vorbemerkung XV.]

13) *Paiumpe*, Dorf *Paiopä* unter *Moik*. [*Payempae* vor Alters zum Domkirchen - Predigtstuhl gehörig mit 6 Haken, Landg. 16, s. oben Pag. 94 Anm. 12 zu *Jergaekylae* oder *Jerwekülla*.]

14) *Limbus*, Dorf *Limmo* unter *Johannishof* oder *Waschiel* [vor Zeiten ein Ordensdorf *Lembde* oder *Lemiell*, Landg. 16].

15) *Karowelae*, wohl ursprünglich *Karrowelli*, d. i. Bärenfeld, wahrscheinlich das heutige Dorf *Karla* unter *Johannishof*.

1571. Ergo fratres ensiferi possidebant saltem partem Esthoniae ante adventum Danorum. [Die Schwertbrüder hatten allerdings vor Ehstlands Eroberung durch die Dänen nur sehr geringen, wenn überhaupt irgend einen festen Besitz hieselbst, doch ist im Census wohl nur die Zeit gemeint, da sie nach König *Waldemar's* Gefangennehmung die dänische Eroberung in Ehstland unter ihren Schutz genommen hatten, und erst nach der Vereinigung mit dem deutschen Orden zufolge des Vertrags von *Stensby* 1238 wieder herausgaben.]

1572. Nomen forte superest in praedio *Laitz* in Parochia *Nisz*, apud Hupel III, 443, cf. not. 1509. [Auffallend ist, dass jenes *Laidus* dem *Tuui Collae*, nicht aber dem Könige gehörte, von dem aber jener es wohl zu Lehn besessen haben mochte; auch sind dort nur XIV, hier aber XV Haken dafür angegeben. *Laiduscae* aber, das alte *Ladysse* oder *Layden* und muthmaasslich heutige *Leetz*, gehörte *Odwardus* und umfasste XVIII Haken, S. 53 Anm. 9. Ueberhaupt stimmt die hier angegebene Hakenzahl der königl. Domainen in Ehstland nicht.]

1573. Nescio, an parochia *Haljal* in *Wironia*, apud Hupel III, 482. Wahrscheinlicher ist dies *Hetkyl* Heinrich's des Letten *Kettis*, *Ketkül* oder *Katküll*, im Liber Census *Kataekylae*, wo auch mehrere königliche Besitzungen vorkommen.

Dominus Rex	Lemethel [1]) XV. Uvartae [2]) XV.	kae [14] CCC, et nunc habet Dominus Rex in Estonia septingentos et XVII.
	Someres [3]) III. Johannes et Guthaescalk [4]) II.	
	Seculis [5]) VII.	

Pag. 98.

Dominus Rex	Kurkeueras [6]) II.
	Lateis [7]) IIII. ubi spius locus ecclesie est et cimiterii.
	Napalae [1575]) XIIII.
	Pakikanal [8]) V.
	Ratho [9]) VI.
	Paceas [10]) VI.

---

1) *Lemethel*, das Gut *Rosenhagen*, ehstnisch *Lehmja* [zur Schwedenzeit *Lemfal* über 17 Haken gross, Landg. 17].

2) *Uvartae* ist nicht auszumitteln [vielleicht das Dorf *Offaerbeck* zur Schwedenzeit, Landg. 14.]

1574. Occurrit infra pag. 99 et 103. Est pars *Wironiae* et continet quatuor parochias: *Jewe, Waiwera, Luggenhusen* et *Maholm*, porrigit se fere usque ad civitatem *Narva.* Hupel 1, 360. III, 461 — 480. [Jetzt gehört *Maholm* nur in kirchlicher Beziehung zu *Allentacken* als Probstei, in polizeilicher und judiciairer Beziehung dagegen zu *Strandwierland.*]

3) *Someres*, Dorf *Sömmeres* unter *Nappel* [zur Schwedenzeit *Sommeren*, Dorf mit eines Schmieds Land, Landg. 20].

4) *Johannes et Gottschalk* hatten wohl 2 Haken zu Lehn vom Könige, vielleicht die Gesinde *Sommeperre* zur Schwedenzeit, Landg. 10 u. 19.

5) *Seculis*, vielleicht Dorf *Sokoera*, ebendaselbst [zur Schwedenzeit Dorf *Seckul*, Landg. 20].

6) *Kurkeuerae*, Dorf *Kurrewerre* unter *Nappel* [aus der Schwedenzeit findet sich da nur ein Gesinde *Kurefer*, Landg. 20].

7) *Lateis*, vielleicht Dorf *Lechts* unter Gross-*Sauss* [mit 9 Hak., Ldg. 30, oder sind es die 2 Gesinde *Lechte* unter *Kuimetz* zur Schwedenzeit, Landg. 20].

1575. Hodie *Nappel*, ubi cum *Pebo* sunt 30½ unci. Hupel III, 428. [v. Bienenstamm S. 53 u. Possart S. 211, Landg. 20.]

8) *Pakikanal*, Dorf *Paikna* unter *Nappel*. [Zur Schwedenzeit das Dorf zu *Reickwal* mit der Mühle vor dem Hofe, Landg. 20.]

9) *Ratho* [das Dorf zu *Rahdo*, ebendas.]. In der Landrolle von 1586 wird ein Document von 1495 angeführt, wodurch das *St. Michaelis*-Kloster sein Recht auf *Nappel* beweist; unter den Appertinentien kommt auch ein Dorf *Rahdo* vor, vielleicht das Dorf *Raad*, das jetzt zu *Kostifer* im Kirchspiel *Jegelecht* gehört.

10) *Paceas* lässt sich nicht bestimmen. [Ein Heuschlag unter *Kurnal* erinnert noch an die *Pakkas*'schen Gesinde, die früher da gestanden.]

$$\text{Dominus Rex} \begin{cases}
\text{Waiolae } ^{11}) \text{ V,} \\
\text{Sauthael } ^{12}) \text{ V.} \\
\text{Moises } ^{13}) \text{ XVI.} \\
\text{Möikae } ^{1576}) \text{ V.} \\
\text{Jacomeckae } ^{14}) \text{ X.} \\
\text{Assuncauae } ^{15}) \text{ III.} \\
\text{Queronoiae } ^{16}) \text{ X.} \\
\text{Hononurmae } ^{17}) \text{ V.} \\
\text{Uvaetho } ^{18}) \text{ XIII.} \\
\text{Lakethae } ^{1577}) \text{ XXIII.} \\
\text{Vsikylae } ^{19}) \text{ XVI.}
\end{cases}$$

---

11) *Waiolae*, Dorf *Waela* unter *Kurnal*. Die Landr. von 1586 führt es unter diesem Gute mit dem Namen *Wayel* an [Landg. 49].

12) *Sauthael*, Krug und Gesinde *Saul* an der Oberpahlen'schen Strasse, s. Nachträge zu Hupel's topograph. Nachrichten. Es könnte indessen, wenn S für C verschrieben worden, auch der Hof *Kautel* gemeint sein.

13) *Moises*, Dorf *Moisaküll* unter *Kurnal* [*Moisseküll*, Landg. 49].

1576. Hodie *Möick*, Hupel III, 417 et 419. Dadurch widerspricht sich Subm (n. 1434) hinsichtlich seiner früheren Erklärung von der Provinz *Möge* oder *Mocha*, die wohl schwerlich von dem kleinen Gute *Möike* den Namen haben konnte. [*Moyke*, vor Alters der Domkirche gehörig, Landg. 16, wurde ihr 1652 zum Hospitalgut geschenkt.]

14) *Jacomeckae*, Dorf *Jagomae* unter *Rosenhagen*, nach der Landr. von 1586 *Jackemecke* [*Jackomeggi*, Dorf, vor Alters auch der Domkirche gehörig, Landg. 14, s. oben S. 69 Ahm. 12 und S. 73 Anm. 13.]

15) *Assuncauae*, Dorf *Assak* unter *Johannishof*. In den Urkunden des St. Johannis-Hospitals von 1399 u. 1419 ward es *Assenkau* genannt.

16) *Queronoia*, wahrscheinlich das Gut *Kurnal* [der Hof *Kornall*, Ldg. 48].

17) *Hononurmae*, das *Johannis-Hospital-Document* Nr. 6 nennt ein Dorf *Höppenorm*, die Landr. von 1586 unter *Gross-Sauss* ein Gesinde *Horogoye*, eines von diesen mag es gewesen sein und ursprünglich *Onorm* geheissen haben. Jetzt existirt es nicht mehr. [Das Gesinde *Horrogorge* unter *Sawis*-Hof, Landg. 30.]

18) *Uvaetho*, vielleicht Dorf und Gut *Wait*, ehstnisch *Waida* [s. *Waytt*-Wacke, Mühle und Dorf, Landg. 10 u. 11.]

1577. Forte *Laackt*, Hupel III, 428, ehstnisch *Laggedi*. [Der Hof *Lahket* hielt zur Schwedenzeit über 32 Haken, Landg. 48, jetzt nur die Hälfte, v. Bienenstamm S. 52 und Possart S. 211.]

19) *Vsikylae*, Dorf *Uekylla* unter *Maart* im Kirchsp. *Jegelecht*, nicht sehr weit davon entlegen. [*Usküll*, Landg. 15, oder *Vskülle* unter Hof *Lahket*, Landg. 48.]

Infirmi [1578]) — Patrickae [1]) V.

Hildaelempae [1579]) { Saga [1580]) XII. ubi fuit [2]) ecclesia et cimi-
                                                        terium adhuc est.
                      { Kaersae [3]) II.

V. In Repel Kylaegund [1581]). In Uironia [4]).

7. In Parochia Toruestaeuaerae [1582]).

Dominus Saxi [5]) Othaenpan [6]) L. Expulsus Gerardus.

1578. Praedium *Patrickae* pertinuit forte ad Valetudinarium sive
Hospitale; vel potius in Parochia *Wesenberg*, Esthonice *Rakwerre*. An
Wesenberg ist bei diesen *infirmis* [im *domus fratrum leprosorum de
Rewelia*, wie die älteste Urkunde vom Bischof *Wilhelm* von Modena vom
J. 1237 in v. Bunge's Archiv für die Geschichte Liv-, Esth- u. Curlands
III, 309 sie nennt] durchaus nicht zu denken, da hier nur von den Kran-
ken im Slechenhaus in *Reval* und späteren *Johannis*-Hospital die Rede ist.

1) *Patrickae*, Dorf *Pattick* unter dem Stadt- und Hospitalgut *Kautel*
[s. Landg. II, Vorbem. XV].

1579. Forte *Hiltae*, qui memoratur pag. 98.

1580. Hodie *Sage*, Hupel III, 428. Gut, Dorf und Kapelle *Saage*
im Kirchsp. *Jegelecht*, soll früher zu *St. Jürgens* gehört haben, woran
es grenzt. Schon die Landr. von 1586 rechnet es zu *Jegelecht*, ehstnisch
heisst es *Sahha* [Hof und Dorf zu *Sagh* mit 14 Haken zur Schwedenzeit,
Landg. 51], gehörte früher zu *Laakt* mit 15 Haken, Landg. 52, wird zur
Zeit russischer Regierung aber nur mit 11 Haken angegeben, Landr. von
1841 S. 4, v. Bienenstamm S. 55 u. Possart S. 207].

2) So schreibt W. Arndt, während die andern Abschriften *sunt* lesen
lassen. Eine Sage über die Entstehung dieser *ecclesia* in *Saage* lie-
fert Ed. Pabst's Programm: Meinhard, Livlands Apostel. Reval 1847.
S. 64, desgl. Jul. Paucker's Literatur der Gesch. Liv-, Ehst- u. Curlands.
Dorpat 1848. S. 94 und H. R. Paucker's Ehstlands Geistlichkeit. Reval 1849. S. 120.

3) *Kaersae*. Nach der Landr. von 1586 hatte *Sage* ein Dorf *Kursel*
[*Kursell* mit 4 Haken, Landg. 51]. Es mag damit das heutige Dorf
Kermo unter *Maart* gemeint sein, das nahe bei *Sage* liegt. [Zur
Schwedenzeit finden sich 2 Gesinde zu *Kera* unter *Mahrt*, so wie
die beiden Gesinde zu *Korme* mit 3 Haken zu *Saghe* gehörig, Ldg. 51.]

1581. Nomen forte superest in parochia *Rappel*, quae tamen jacet
in *Harria*. Hupel 437. Dass *Repel Kylaegund* nicht von *Rappel*, sondern von *Revele* herzuleiten sei, habe ich schon oben zu Suhm's Note
1530 angeführt. Hier stösst *Repel Kylaegund* in *Wironia* an den District
gleiches Namens in *Harrien*, wozu die Strand-Kirchspiele nicht bloss *Jegelecht*, sondern auch *Kusal* gehörten.

4) S. oben Not. 1426. Hier ist übrigens die *provincia Revelensis in
Wironia* zu suchen, deren Heinrich der Lette im J. 1219 erwähnt,
die A. Hansen jedoch in Script. rerum Livon. I, 236 Anm. 1 ohne
Grund in Zweifel gestellt hat.

1582. Hodie parochia *Catharinae* in *Wironia*, quae finitima est
Harriae. Hupel III, 485. Vocetur etiam *Trister* [rectius *Tristfer*], quo

Dominus Saxi [5])	Waeghaeccae [7]) V.	Johannes. Henricus.
	Öuhut [8]) XX.	
	Haeppaethae [1583]) XII.	Siuerth - Puster [1584]).

Pag. 97.

Henricus de Lothae Hullia [1585]) L.

in nomine forte *Toruaestaeuaerae* latet. Idem I, 364. Eine noch unzweideutigere Erinnerung an diesen alten Namen der Kirche hat sich in dem Dorfe *Tirrastwerre* unter dem ganz nahe belegenen Gute *Undel* erhalten, s. H. R. Paucker's Ehstlands Geistlichkeit S. 181. Doch ist jenes Dorf seit etwa 80 Jahren geschwunden und statt dessen eine Hoflage entstanden, die noch gegenwärtig *Ristwerre* heisst. Hier ist vielleicht auch Heinrich's des Letten *Tarwaupe* [oder wie Neus a. a. O. S. 39 mit vieler Wahrscheinlichkeit annimmt *Tarwanpae*] zu suchen, welches in der Provinz *Tabellus* lag, wie er sagt, wozu wahrscheinlich das heutige *Strandwierland, Catharinen, Haljall, Wesenberg* und vielleicht noch etwas von *Jacobi* gehörte. In *Toruestaeuaerae* und *Tarwaupae* finden sich Anklänge an *Tor* und *Tar* [wobei wir an G. M. Knüpffer's hist. Versuch erinnern: der Berg des *Thorapilla*, s. Inland 1836 Nr. 22 u. 23, und seines Bruders, A. J. F. Knüpffer, Abh. Nr. 51 das.: über die ehstnische Gottheit *Thorapitha* oder *Tarapita*, s. auch P. v. Buxhöwden über *Tharapütta* und *Thorapilla*, ebendas. 1837 Nr. 10].

5) Wahrscheinlich hat von diesem Herrn *Saxi* das Gut *Saximois* den Namen behalten, s. übrigens Dominus *Saxo* oben pag. 92 not. 1539 und Dominus *Saxi* pag. 94 Anm. 1.

6) *Othaenpan.* Die Landrolle von 1586 hat bei *Fonal* das Dorf *Ottenpa* [Bärenkopf, wie *Odenpaech* genannt, das auch an *Tarwanpae* erinnert, welches nach der Erklärung des Hrn. Hofraths A. Schieffner etwa Stierkopf zu übersetzen, wenn nicht Hirschkopf, da nach Goeseken's Manuductio in linguam oesthonicam *tarwas* ein Hirsch geheissen, der sonst *hirwe* genannt wird, s. Neus a. a. O. S. 22, 25 *) u. 39 **)]. Noch jetzt findet sich ein Dorf *Ohhepal* unter dem Gute *Heinrichshof,* welches früher mit *Fonal* ein gemeinsames Gut bildete. [Da *Othaenpan* 50 Haken umfasst hat, so müssen die Grenzen dieser Besitzungen mehrere später getheilte Güter umfasst haben.]

7) *Waeghaeccae,* vermuthlich Dorf *Wahhakalm* unter *Saximois.* Wenn dieses Dorf auch von *Ohhepal* ziemlich entfernt liegt, so waren doch beide einherrig.

8) *Öuhut* hat sich bis auf unsere Zeit nicht erhalten und lässt sich nicht näher bestimmen.

1583. Forte *Höbbet* ia *Wironia* in parochia *Catharinae*, Hupel III, 486. Gewiss *Höbbet*, ehstnisch *Höbbeda*, das jetzt 17¼ Haken beträgt. [v. Bienenstamm S. 80 und Possart S. 246.]

1584. Sive *Prister*. Langebekius.

1585. Forte *Huljall* in parochia *Catharinae* in *Wironia*, Hupel III, 486, ehstnisch *Hulja mois*, gegenwärtig 23⅜ Haken. [v. Bienenstamm und Possart ebendas.]

Dominus Rex	Jagenael [1]) XX.
Adam filius Regneri	Uvannae [2]) XII.
non à rege	Vitcae [3]) X.

Thideric	Jaruius [4]) XXXII. quos possedit Lybrict Polipae [1586]).
de	Karungca [5]) V.
Kokenhus	Köndos [1587]) XL. quos possedit Herborth Halfpapae[6]).
	Kyllaeuaerae [1588]) V.

Monachi	Kallax [8]) VIII. Emptos de berliard.
de Gutland [7])	Athelic X.

--- / --

1) *Jagenael* lässt sich nicht genau bestimmen, vielleicht lag es unter *Fonal*, wo es eine kleine Stelle unter *Langemae* gibt.

2) *Uvannae*, ebenfalls ungewiss. Das Gut *Köndes* hat eine Hoflage *Onorm*, ehemals ein Dorf. Der Name weicht aber sehr ab.

3) *Vitcae*, gleichfalls nicht gewiss. Doch liegt unter *Köndes* eine alte Bauerstelle *Wetka*; vielleicht ist diese ein Rest von *Vitcae*.

4) *Jaruius*, wahrscheinlich das Dorf *Jerto*, das die Landrolle von 1586 *Jerfes* nennt, unter *Mattapaeh*, nahe bei *Karrunga* gelegen. Hier befindet sich ein verwachsener See, *jerw*, wovon auch der Name des Orts herrühren mag.

1586. *Lydbrict* occurrit iterum hic pag. 99.

5) *Karungca*, Dorf *Karrunga* unter *Lassila*, ein Antheil vom *St. Marien*-Kirchspiel; daher ziemlich entfernt von dem damals einherrigen *Köndes*, das nun folgt.

1587. Hodie *Köndes* in parochia *Catharinae*, Hupel III, 487.

1588. Forte *Kiglefer*, ibid. 486. *Kichlefer* liegt zwischen *Lassila* und *Köndes*. Vielleicht ist unter *Kyllaeuerae* aber die Villa *Kilpeuer* Wironia in parochia *Kele* sita gemeint, welche König *Waldemar IV.* im Jahr 1345 dem Bischof *Olaus* in Reval schenkte, s. v. Bunge's Archiv I, 300.

6) S. oben Note 1517.

7) [Dass nicht bloss die Mönche des Klosters zu *Dünamünde*, wie wir oben gesehen, in der Gegend von *Padis*, wo sie später ein ähnliches Mönchskloster Cistercienser-Ordens gründeten, sondern auch die Mönche des Klosters *Rumen* auf der Insel Gothland, im jetzigen Kirchspiel *Kusal*, s. oben Note 1566, und hier in Wierland Güter besassen, beweist unstreitig das Recht der Geistlichkeit zum Grundbesitz in Ehstland schon in der frühesten Zeit, in Folge dessen später auch das Jungfrauenkloster zu *St. Michaelis* in *Reval* und das Mönchskloster zu *St. Catharinen*, so wie zuletzt auch das *Brigitten*-Kloster zu *Mariendahl* ansehnlichen Güterbesitz hier im Lande erwarben.]

8) *Kallax*, Dorf Gross- u. Klein-*Kallus*, ehstnisch *Kallukse külla*, unter *Fonal*. Die Güter *Russila* und *Fonal* waren früher einherrig, daher auch die Nähe von *Kallus* hier ganz natürlich erscheint.

Jan Scakaman { Svandaus [11]) X.
Kicko [12]) VIII.

Walterus { Salda [1588]) VIII. post bernardum cum relicta ejus.
Utric [1589]) XII. Nakalae [13]) VII.
Tokolep [14]) VII.

Bertald
de Maekius { Mekius [15]) XX.

Pag. 98.

Arnald
Litlae [16]) { Artinas [17]) X.
Undyl [1591]) IX.
Wataekya [1592]) XX.

Waeruer tolk [18]) Paiunalus [19]) XX.

---

11) *Swandaus,* vermuthlich Dorf *Wando* unter *Buxhöwden.*

12) *Kicko,* Dorf *Kikko* unter *Jömper,* nicht sehr weit von *Wando.*

1589. Nescio, an *Sall* in parochia *Simonis Wironiae.* Hupel
III, 495. Dies ist unrichtig, vielmehr kann hier nur das Dorf *Sall* unter
Uddrich gemeint sein, da hier mehr *Uddrich'*sche Dörfer folgen.

1590. Hodie *Uddrich.* Hupel III, 486. Das Gut *Uddrich,* ehstnisch *Uddrike mois,* umfasst heutiges Tages 16½ Haken.

13) *Nacalae,* Dorf *Naggala,* zu *Uddrich* gehörig.

14) *Tocolep,* eben so Dorf *Tokolop* oder *Tokolöp.*

15) *Mekius,* Dorf *Mäoküll* ebendaselbst. [Fast möchte man glauben, dass
von dieser Besitzung die Familie *von Meck* ihren Zunamen angenommen habe.]

16) S. oben pag. 93 not. 1548.

17) *Artinas,* vielleicht Dorf *Arroküll* unter *Jömper.*

1591. Hodie *Undel.* Hupel III, 486. Habet 16⅕ uncos. [Zur Schwe-
denzeit und nach der Landrolle von 1840 S. 40 besass *Undel,* ehstnisch
Undla mois, 23¼ und nach dem Verzeichniss der ehstl. adeligen Credit-
Casse sogar 24 Haken Landes.]

1592. Hodie *Wattküll,* ibid. Habet 23¼¼ uncos [die nach der
Landrolle noch heute dazu gehören].

18) S. oben pag. 84 *Paeter Tolk.*

19) *Paiunalus,* ehemals ein besonderes Gut, in der Landrolle von 1586
Pagonal genannt, ist jetzt eine Hoflage *Pujo-alluse* oder *Perri* unter
Uddrich, dicht bei *St. Catharinen.*

Heitenricus de bickaes-höueth [1593])	{	Eghaentakae [1594]) XXIIII. Henricus baat [1]) expulsus. Coskius [2]) V. Walghamus [3]) II. Waettaeuaer [1595]) VIII.
Hermannus —		Torpius [4]) XX.
Dominus Eilardus [5])	{	Lopae [1596]) VIII. Apur [6]) VI.

1593. Occurrit iterum pag. 103, ubi vocatur *Henricus de Bixhöuet* et pag. 107 *Bernard de Bixhöuet*, forte frater ejus. In diplomate Reginae *Margarethae* de anno 1265 nominatur *Hethenricus de Bechschoneck*, forte per errorem librarii. [In dem nach dem Originale des Revaler Rathsarchivs erfolgten Abdruck dieser Urkunde in v. Bunge's Quellen des Revaler Stadtrechts Bd. II S. 91 heisst er richtig *Heidenricus de Bechschouede* und sein Bruder *Henricus*. Der zugleich genannte *Eggebertus* scheint einem andern Geschlecht angehört zu haben.] Hier folgen nun die Güter des genannten *Buxhöwden*, dessen Name auf das Dorf *Coskius* oder *Kosch* am Bache u. Mühlendamm übergegangen zu sein scheint, wo jetzt das Gut *Buxhöwden* liegt, nach einem spätern Besitzer *von Nieroth* in der Schwedenzeit, jetzt ehstnisch gemeiniglich *Niroti mois* genannt.

1594. Sine dubio *Jöhntak*, quae habet tantum 5½ uncos. Hupel III, 486. Dieses Gut hält jetzt 7½ Haken und heisst ehstnisch *Jöetagga*. Dieser Name, welcher öfter vorkommt, findet sich auch sonst im Liber Census *Egentak* geschrieben. [Wir finden nur pag. 88 *Ekius* für *Jöggis* und das Gesinde *Egentak* bloss in Landg. I, 76 unter *Koddil* erwähnt, denn *Egentakaes* p. 89 ist als *Hietaggusse* unter *Schwartzen*, Landg. I, 83 u. 86, nicht hieher zu rechnen.] Ursprünglich hat das Dorf wohl mit dem finnischen Genitiv *Joentagga* geheissen: hinter dem Bache, im Gegensatze zu *Wöddofer*, das an der andern Seite des Baches liegt.

1) S. oben Note 1560.

2) *Coskius* könnte der Krug *Kaustinido* unter *Buxhöwden* sein. Indessen weist der Name *Kosk* meistens auf einen Mühlendamm mit hartem Grunde unter dem Fall, oder auf einen Wasserfall hin, der bei jenem Kruge gänzlich fehlt. Dagegen liegt die Hofstätte *Buxhöwden* vor einer Wassermühle.

3) *Walghamus*, Dorf *Walgma* unter *Buxhöwden*.

1595. Forte *Wöddofer*, quae habet 5½ uncos, Hupel III, 486. [Gegenwärtig zählt *Wöddofer* nur 1⅓⅔ Haken.]

4) *Torpius*, vielleicht Dorf *Tirbik* unter *Huljell*.

5) *Heilardus*, s. oben not. 1491, auch pag. 90 not. 7 u. pag. 91 not. 11.

1596. Forte *Loop* in parochia *Wesenberg*, quae finitima est *Catharinae*, Hupel III, 481. *Loop* liegt nicht im Kirchsp. *Wesenberg*. Dieser Irrthum gründet sich auf Hupel's topogr. Nachrichten, die er den Landrollen von 1765 u. 1774 entnommen hat, in welche er durch den früher lange einherrigen Besitz der Freiherren v. *Tiesenhausen* zu *Wesenberg*

Fraetricus — Somaetos [1587]) VIII.

Alexander — Jarwaen [7]) X.

Hiltae — Lanchi [8]) VII. non a rege [9]).

9. In parochia Halelae [1598]).

Johannes et {
Johannes { Kaligalae [10]) X.

Pag. 29.

Thidericus { Sellaegael [12]) XLV.
de Kivael [11]) { Gesse [1599]) VI. quos habet Thidric ab eo.

---

und *Loop* eingeschlichen sein mag. Schon zur Zeit des Census der Dänen war *Loop* zwischen *St. Catharinen* und *Haljall* getheilt, hatte jedoch nur einen Besitzer. Diese Theilung aber besteht noch: der Hof und einige Dörfer von *Loop* gehören zum Kirchspiel *Haljall*, mehrere Streugesinde aber liegen im *St. Catharinen*-Kirchspiel.

6) *Apur*, wahrscheinlich das jetzige Gut *Arbafer*, dicht bei *Loop*.

1597. *Somaetos* sive *Somaecos*. L a n g e b e k i u s. Hodie *Somekos*. H u p e l III, 487. L a n g e b e k's Leseart ist offenbar die richtigere; die Buchstaben *t* und *c* sind in alten Handschriften leicht zu verwechseln. Das Dorf *Somokes* oder *Somikus* liegt unter *Arbafer*.

7) *Jarwaen* hat wohl vormals *Järwe* geheissen. Darunter konnte wohl *Jömper* verstanden sein, das viele Seen, *järwen*, hat, doch stimmt deren Lage auf der entgegengesetzten Seite der Kirche nicht dazu. Dagegen liegt unter *Fonal* ein Gesinde *Ojajerwe*; vielleicht ist dies ein Ueberbleibsel von *Jarwaen* und dessen 10 Haken.

8) *Lanchi* sollte wohl *Lanthi* heissen und ist ohne Zweifel das Dorf *Lante* unter *Huljell*. Vor Zeiten gehörte es zu *Undel*, ist aber vor etwa 150 Jahren [da die Wittwe des Rittm. *Berend v. Tiesenhausen* gleichzeitig halb *Undel* und *Huljell* besass, s. Landg. II, 7] mit *Sirgo*, welches damals *Ore* hiess, zu *Huljell* verlegt worden. Wenn auch das *St. Catharinen*-Kirchspiel im Liber Census mangelhaft angegeben ist, so erhellt aus demselben wenigstens so viel, dass es in damaliger Zeit ungefähr dieselben Grenzen gehabt hat, wie noch gegenwärtig.

9) Also *allodium*, vergl. oben Note 1523, 1537 u. 1544.

1598. Hodie *Haljal* in *Wironia*, H u p e l III, 482. *Haljall* Kirchspiel gehörte mit *St. Catharinen* zum *Repel-Kylaegund* in *Wironia*.

10) *Kaligalae*, Dorf *Kalliküll* unter *Kunda*.

11) Derselbe kommt schon oben vor Note 1550.

12) *Sellaegael*, ehstnisch *Selja külla*, Dorf *Selgs*. [Vielleicht das zu den 1249 dem Bischof *Torchill* verliehenen 40 Haken in *Wierland* gehörige Dorf *Salgallae*, s. die Urkunde bei H i ä r n S. 126 und G a d e b u s ch S. 250. Das Gut *Selgs* hat jetzt nur 16½ Haken, s. v. B i e nenstamm S. 78 und Possart S. 244.]

1599. Hodie *Jesse*, quae babet 9 uncos, H u p e l III, 483. [So viel Haken hält das Gut *Jess*, ehstnisch *Esso*, noch jetzt.]

Thidericus
de
Kivael

{
Poclriis [1]) XXVI.
Arkenallae [2]) XXVII.
Alouerae [3]) XIIII.
Kiskeuerae [4]) VIII.
Vbias [5]).
Someruerae [6]) X. dos ecclesiae.
Tormas [7]) LXX.
Lippanal [8]) XXX. Libertus remotus.
Laeuel [9]) VI.
Paeitis [1600]) XVII. quos emit a fratre episcopi
baldwini [1601]) et Jacobus IX. et domi-
nus rex IV.
}

1) *Poclriis* oder *Pocerus*, wohl undeutlich im Manuscript statt *Poterus*. Dorf u. Station *Pöddrus* unter *Jesse*.

2) *Arkenallae*, Gut *Arknal* im Kirchspiel *Wesenberg* mit 12 Haken, s. v. Bienenstamm S. 81 und Possart S. 254.

3) *Alouerae*, Dorf *Allowerre* unter *Neu-Sommerhusen* im Kirchspiel *Wesenberg*.

4) *Kiskeuerae*, Dorf *Kissofer* unter *Peuth*, nahe bei *Haljall*.

5) *Vbias*, Dorf *Ubja* unter *Uchten* im Kirchsp. *Wesenberg*, zwar entfernt von *Peuth*, doch, als demselben Besitzer gehörig, hier auch mit zu erwähnen.

9) *Someruerae*, ohne Zweifel das alte *Somerhusen*, das noch jetzt ehstnisch *Sommero mois* genannt wird. [Fraglich ist aber, ob dieses Gut als *dos ecclesiae* der bischöllichen Hauptkirche zu *Reval* oder etwa der damals wohl schon erbauten Kirche des zum Schloss *Wesenberg* gehörigen Hakelwerks gehören und zugerechnet werden mochte, welches letztere indess mehr Wahrscheinlichkeit für sich hat.]

7) *Tormas* ist das grosse Dorf *Torma*, das jetzt zum Gute *Wesenberg* gehört.

8) *Lippanal*, Dorf *Lepna* neben *Torma* ebendaselbst. Der *Libertus remotus* war ohne Zweifel ein Freigelassener, der sich die Verwaltung oder gar den Besitz des Dorfs angemasst hatte und nun verjagt worden.

9) *Laeuel*, Dorf *Lewola* unter *Karritz*, welches in neueren Zeiten von *Wesenberg* abgetheilt worden ist.

1600. Forte *Pöddes* vel *Peddis* in parochia *Maholm*. Hupel III, 475. *Paeitis* ist nicht *Pöddis*, das liegt zu weit entfernt, sondern *Peuth*, wovon der Hof zu *Wesenberg*, das Gebiet aber grösstentheils zu *Halljall* gehört. Noch heisst die Mühle dort *Päide wesk*, während der Hof nach dem mehrhundertjährigen Besitz der Freiherren *Clodt von Jürgensburg*, ehstnisch *Kloti mois*, genannt zu werden pflegt.

1601. Forte ille, qui erat Episcopus Semigallensis, sive Selonensis juxta diploma anni 1234 et de quo mentio fit in Arndt's Liefl. Chron.

Dominus Eilardus [10]	Paegkaelae [11] XXXI.	[In Wironia] [12] C et IX.
	Uvarangalae [1602] XXXII.	et in alentakae XL et in
		haria XXVII.
	Kandalae [1603] XXIIII. cum Carola [1604] et Viola [1605].	
	Katal [13] XVIII.	
	Lopae [14] IIII.	

Albert	Tatarais [1606] XXVI. Reimarus X. ibidem non a rege [15].
	Ulkaenpet [1607] XII.

Tom. I. pag. 216, anno 1225, quo primum in Livoniam venit et anno 1230 pag. 217, quo anno Curoniam ad fidem convertit, qua re motus Papa eum anno 1232 fecit Episcopum Semigalliae et Curoniae, pag. 217. Fuit gente Italus. *Nicolaus* erat frater ejus, vide hic pag. 101.

10) *Eilard*, auch *Heilard*, s. oben Note 1491, auch pag. 90, 91 u. 98 Anm. 5.

11) *Paegkaelae*, Dorf *Pehküll* unter dem gleich folgenden *Wrangelshof*.

12) [Die eingeklammerten Worte sind hinzugefügt, um die Summe der Haken des Grundbesitzes von *Eilard* in *Wierland* näher anzudeuten.]

1602. Hodie *Wrangel*, Hupel III, 483. Habet 16$\frac{1}{4}$ uncos. [Diese Hakenzahl ist zur Zeit der Schwedenherrschaft und der russischen Regierung, belehre der Landrolle von 1840, dieselbe geblieben.] Dieses *Vvarangalae*, das jetzige *Wrangelshof*, ehstnisch *Warrango*, zeigt, dass das Gut nicht seinen Namen von der Familie *v. Wrangell* überkommen haben kann. Vielleicht ist das Gegentheil der Fall gewesen. [S. Moritz Baron Wrangell über seine Sammlungen zur livl. Adelsgeschichte Anm. 25 b, a S. 62 und dagegen die Einleitung zu des Landrath *Wrangel's* Chronik von Ehstland S. XII. Auch in *Jerwen* gibt es ein Gut *Warrang*, und haben wir oben S. 66 Anm. 4 die Besitzungen von *Tuki Wrang* in *Harrien* kennen gelernt, die mit den Inseln *Wrangö* oder *Wrangelsholm* in naher Verbindung gestanden haben mögen.]

1603. Hodie *Kandel*, ibid. Habet tantum 11 uncos. [So viel Haken hat *Kandel*, ehstn. *Kandle*, auch jetzt nur, während es zur Schwedenzeit deren 20$\frac{1}{4}$ gezählt hat. [Landr. von 1840 S. 38.]

1604. Hodie *Carrol*, ibid. [welches Gut noch jetzt, wie schon zur Zeit der Schwedenherrschaft, 8$\frac{1}{2}$ Haken umfasst].

1605. Hodie *Viol*, ibid. [Zu *Viol*, ehstn. *Wihhola*, gehörten seit der Schwedenzeit bis jetzt stets 18 Haken.]

13) *Katal*, Dorf *Kattala* unter *Addinal*, nahe bei *Wrangelshof*.

14) *Lopae*, der *Haljall'sche* Antheil von *Loop*, s. oben Note 1596.

15) Der Zusatz *non a rege* deutet ohne Zweifel auf Allodialbesitz, s. oben not. 1523, 1537 und 1544, auch pag. 98 Anm. 9.

1606. Hodie *Tatters*, habet tantum 12$\frac{2}{3}$ uncos. Hupel l. c. [Jetzt hält das Gut *Tatters*, ehstn. *Tatrusse*, nur noch halb so viel Haken.]

1607. Sive *Lilkaenpet*, Langebekius. Auch hier ist Langehek's Leseart die richtigere, und lässt sich der Name noch in der Hoflage *Lihholep* unter dem Gute *Peuth* wieder erkennen.

Cristiarnus [1608] — Honolius [1] XII.

Thidericus
de Nortae $\Big\{$ Itereuerae [1609] VI. non a rege [2].

Lydbrict [3] — Kassiuerae [4] VII. non a rege [2].

Pag. 100.

Uilsae [5] XX.

Patenal [6] XVIII. non a rege [2].

Metapae [7] V.

Haudis [8] XXV. non a rege [2].

Waeibigaerwa [9] XV. et Arnaldus parws [10] XV. non a
rege [2].

1608. Occurrit iterum pag. 102 et 103. Forte *Cristiarn de Holsatae (Holsatia)* pag. 106.

1) *Honolius*, vielleicht *Ohhoküll* unter *Altenhof*.

1609. *Itereuerae* forte *Itfer*, quae habet $9\frac{1}{5}$ uncos. Hupel l. c.
Ehstnisch heisst *Itfer Iddawerre* [oder *Loodna* nach den frühern Besitzern
von Lode, s. v. Bienenstamm S. 78 und Possart S. 243].

2) S. Seite 83 Anm. 15.

3) Derselbe wird schon oben Note 1586 genannt als früherer Besitzer von
Jaruius, jetzt *Järto* unter *Mettapae*.

4) *Kassiuerae*, wahrscheinlich Dorf *Rassiwerre* unter *Kawast* und das
K nur ein Schreib- oder Druckfehler.

5) *Uilsae*, ohne Zweifel das Gut *Weltz*, ehstn. *Weltsi mois*, mit jetzt
nur noch 4 Haken [v. Bienenstamm S. 78 und Possart S. 245].

6) *Patenal*, Dorf *Paatna* unter *Peuth* im *Wesenberg*'schen Antheil.

7) *Metapae*, Gut *Mettapae* mit $10\frac{1}{2}$ Haken, wovon $6\frac{1}{4}$ Haken nach *Wesenberg* und $4\frac{1}{4}$ Haken nach *St. Catharinen* gehören, und darunter
namentlich das Dorf *Jerto*, s. oben S. 78 Anm. 4.

8) *Haudis*, Dorf *Auküll*, jetzt ganz zu *Kichlefer* gehörig, früher und
noch 1586 getheilt zwischen *Kichlefer* und *Sauss (Theiles)*. Der
Name *Haudis* findet sich ausser der erwähnten Landrolle auch noch
in mehreren alten Urkunden über dieses Dorf. [Zur Schwedenzeit
wird aber auch eines Dorfs *Hauder* im *Tristfer*'schen Kirchspiele
zu *St. Catharinen* mit 18 Haken gedacht, die 1586 noch zu *Wesenberg* gehörten, später aber dem Gute *Peuth* zugelegt wurden, s. von
Bunge's Archiv für Geschichte Bd. IV S. 315 Anm. 27.]

9) *Waeibigaerwa*, Dorf *Wottiper* unter *Kattentack*, das gleich folgt.

10) Ohne Zweifel ist unter *Arnaldus parvus* nur der schon früher wieder-
holt vorgekommene *Arnald Litlae* oder *Klein* gemeint, s. oben pag.
93 not. 1548 und pag. 98 Anm. 15.

Katkantagus [1610]) VI.

Höckae [11]) XXVIII.

Taeukeuerae [12]) IX.

Katenshapae [1611]) IIII.

Hama [13]) XII.

Dominus Saxo [14]) Kermae [15]) VI.

Conrad höfskae [16]) Andikewaerae [1612]) XXVI.

Johannes Cocus Maidalae [17]) XVIII.

Herman Spring Halela [1613]) XIIII. ecclesie [1614]).

Ligaelae [18]) XII. non a rege.

Capis [1615]) XXVII. cum unaes et mellaes [19]).

Hiltae [20]) XXIIII.

1610. Hodie *Kattentack*, quae habet 30½ uncos. Hupel l. c. [nach der Landr. von 1840 zählt *Kattentack*, ehstnisch nach mehrhundertjährigem Besitz der Familie von *Hastfer* in der Regel *Haaspere mois* genannt, jetzt 35½ Haken Landes].

11) *Höckae*, ist nicht auszumitteln [wenn nicht etwa der vor einem Jahrhundert von *Jesse* nach *Korjoth* verkaufte halbe Haken *Koock* die Stelle andeutet, wo früher jene Besitzung gelegen].

12) *Taeukeuerae*, Dorf *Toikwerre* unter *Kattentack*, jetzt Hoflage.

1611. Hodie *Kattisabba*, quae habet 7 uncos. Hupel l. c. Darunter ist *Altenhof* verstanden, das in alten Urkunden immer unter dem Namen *Kattisabba* vorkommt [s. auch die Landrollen von 1765 S. 19 und 1774 S. 40].

13) *Hama*, Dorf *Amma* unter *Wattküll* [mit 10½ Haken], *Haljall'*schen Antheils. Der Hof gehört zu *St. Catharinen*, s. oben Note. 1592.

14) S. oben pag. 92 not. 1539, auch pag. 94 Anm. 1 und pag. 96 Anm. 5.

15) *Kermae*, Dorf *Kermo* unter *Kattentack*, jetzt Hoflage schon seit 1808.

16) S. *Conradus Haefskae* oben pag. 94 not. 1561.

1612. Forte *Annigfer*, quae habet tantum 7¼ uncos. Hupel l. c.

17) *Maidalae*, vielleicht Dorf *Mahheda* unter *Itfer*, gleich bei der Kirche zu *Haljall*.

1613. *Halela*. Hodie *Haljal*. Dorf *Haljall* auf der anderen Seite der Kirche, der es zur dänischen Zeit gehörte, während es jetzt unter den Gütern *Woljell* und *Peuth* getheilt ist.

1614. Haec verba non significant 14 ecclesias, sed XIV (uncos praedii *Halelae*) et ecclesie vult dicere: *Halelam* ecclesiae possessionem esse.

18) *Ligaelae*, Dorf *Ligus* unter *Kattentack*, dahin verkauft von *Woljell*, wobei es in der Landr. von 1586 *Ligill* heisst.

1615. *Capis*. Hodie *Kaaps*. Habet 16⅞ uncos. Hupel III, 483. *Kawast*, früher *Kaaps*, ehstnisch *Kawasto* genannt, zählt noch jetzt die schon 1765 in der Landrolle angezeigten 16⅞ Haken.

19) *Unaes* et *Mellaes* sind in jener Gegend nicht mehr zu finden.

20) *Hiltae*, vielleicht Dorf *Haldja* unter *Saggad*. Doch ist dies zweifelhaft, da dieses Dorf am Strande liegt, der ganze Strand in *Repel*

Kottewaerae [1]) VI.
Salimal [1616]) XIIII.

VI. In Maum Kylaegund.

10. In parochia Maum [1617]).

Thidericus { Bias [3]) XXV. Emptos de Nicolao, fratre epi-
de Kivael [2]) } scopi baldwini [4]).

Thideric { Arissilae [6]) XII. Expulsus Dominus Engelardus [7]).
de equaest. [5]) { Sonaldae [8]) XV.

Kylaegund, d. h. im *St. Catharinen-* und *Haljall'schen Kirchspiel*,
aber in dem dänischen Cataster so wenig aufgenommen worden ist,
als der Strand im *Kusal'schen Kirchspiel* [ausser *Walküll* not. 1562]
und dem grössten Theil von *Allentacken*.

1) *Kottewaerae*, Dorf *Koddowerre* unter *Metsikus*.

1616. Sive *Salunal*, Langenbekius. Auch hier ist Langebek's Leseart die richtigere, doch mag es eigentlich *Salaual* geheissen
haben, indem das Dorf unter *Saggad* noch jetzt *Sallowal* heisst. Hiemit
endigt das Gebiet des Kirchspiels *Haljall* im Liber Census, das zur Zeit
dessen Abfassung noch den grössten Theil des erst später entstandenen
Kirchspiels *Wesenberg* mit umfasste.

1617. Hodie *Maholm*, Esthonice *Mahho* et *Niggola*. Nur ein Theil des
ehstnisch nach der *Nicolai*-Kirche daselbst benannten *Maholm'schen Kirchspiels*, an einem grossen Meerbusen gelegen, führt den Namen *Mahho-
rand* oder *Mahho-Strand*.

2) *Diedrich von Kivel* begegnete uns schon oben not. 1550 und pag. 99
Anm. 11.

3) *Bias* erinnert an das Gut *Pühs*, ehstnisch *Piassi*, im *Luggenhusen-
Kirchspiel*, dessen Güter erst weiter unten folgen. Doch ist in der
Gegend von *Maholm* kein anderes Gut dieses Namens zu finden.

4) Hier wird der Bruder des Bischofs *Balduin* von Semgallen *Nicolaus*
genannt, s. oben pag. 99 not. 1501.

5) S. oben *Thideric de Eskrit* not. 1510.

6) *Arissilae*, wahrscheinlich Dorf *Arrese* unter *Addinal* im *Wesenberg-
schen Antheil*, noch in der Landrolle von 1586 *Arysill* genannt, und
wäre hier auch das alte *Bias* zu suchen, denn *Addinal* ist zwischen
Maholm, *Wesenberg* und *Haljall* seit Alters getheilt gewesen.

7) Bei *Engelardus* [s. oben pag. 89 not. 1511] ist an einen Stammvater
der Familie *von Engelhardt* nicht zu denken. Diese ist späteren Ur-
sprungs. Hier ist es wahrscheinlich nur ein Taufname, wie schon
oben *Engelardus miles*.

8) *Sonaldae*, Dorf *Soal* unter *Tolcks* im Kirchspiel *Wesenberg*.

Thideric   { Tolkas [1618]) XX.
de equaest.   { Mauris [9]) VI.

Kokael [1619]) XL[ta].

Vnox [10]) IX.

~~Albert~~   { Kwalae [11]) XXVI. post Gislaebrict interfectum, non
de   {   a rege, et thetwardus V. non a rege.
Kokael   { Akedolae [12]) VI.
              { Uvaskaethae [1620]) VIII.

Lidulf [1621]) — Octinus [13]) XII. non a rege.

1618. Nescio, an *Tolsburg*, in parochia *Haljal*, quae habet 16½ uncos. Hupel l. c. Nicht *Tolsburg*, sondern das Gut *Tolcks* im Kirchsp. *Wesenberg*. Die Familie *Tolks* od. *Tolk*, s. oben pag. 84 u. 98, hat dem Orte also wohl nicht den Namen gegeben, sondern ihn vielleicht von demselben empfangen.

9) *Mauris*, vielleicht Dorf *Marrina* unter *Addinal*, im *Haljall'schen* Antheil, in der Landr. von 1586 *Marienurm* genannt. Doch kann es auch Dorf *Murro* unter *Uchten* sein, denn diese Dörfer liegen zu beiden Seiten von *Tolks*.

1619. Forte *Kook*, quae habet 17½ uncos. Hupel III, 475. [Jetzt hält das Gut nur noch 11 Haken.] Wahrscheinlich führte von *Kokael* auch der gleich folgende *Albert de Kokael* seinen Namen, wie damals häufig der Fall war. Nachher ist bei den ehstnischen Benennungen der Güter umgekehrt oft der Name der Besitzer gebraucht worden.

10) *Unox*, Gut *Unnuks* am *Paddas'schen* Bache, nicht weit von *Maholm*.

11) *Kwalae*. Die Landrolle von 1586 nennt unter *Tolks* ein Dorf *Koal*, welches ehemals wahrscheinlich *Kohhala* geheissen, wie das Gut *Tolks* ehstnisch noch jetzt genannt wird [nach dem Bache gleiches Namens, in russischen Chroniken Kерoла genannt, s. v. Busse: Kriegszüge der Nowgoroder in Ehstland in den Jahren 1267 u. 1268, in den Mittheil. der Gesellschaft für Geschichte u. Alterthumskunde der Ostseegouvernements Bd. IV S. 219 **) u. 237 *)]. *Tolks* hatte früher noch ein Dorf *Kuowälja*, jetzt zu *Neu-Sommerhusen* gehörig, im Antheil von *St. Jacobi*. Erstere Annahme scheint jedoch die richtigere.

12) *Akedolae* ist schwer zu bestimmen. Es kann Dorf *Ojakülla* unter *Kunda* sein. Dies ist ziemlich entfernt; noch weiter liegt *Aoküll* unter *Hackhof* im Kirchsp. *Luggenhusen*. Beide Dorfsnamen weichen auch von der ursprünglichen Form sehr ab. [Aehnlicher fast klingt das auch zur Schwedenzeit zu *Hackhof* gehörige *Oyckalla*, Dorf mit 6 Haken, das 1615 der Krone gehörte, s. Landg. II, 50.]

1620. *Uvaskaethae*. Forte *Waschel*, habet 17 uncos, Hupel III, 476 [womit Knüpffer übereinstimmt, auch ist die Hakenzahl von *Waschel*, ehstnisch *Wasta*, noch jetzt dieselbe].

1621. Vide supra pag. 94 not. 1559 *Lidulf Litlae*.

13) *Octinus*, wahrscheinlich das Gut *Uchten*. Der Hof und mehrere Dörfer gehören zum Kirchspiel *Wesenberg*, ein kleiner Theil des Gebiets zu *Maholm*.

Nicles
Stenpikker [1] } Vemais [2] XII. Emptos de thiderico swert [1622].

Robertus Sluter { Rakela [1623] XII.
Korpywomais [3] IIII.

Pag. 102.

Dominus
tuui Palnis [4] } Milola [1624] XVI. Albernus frater Godefrit
expulsus.

Maeinardus [1625] — Cappala [1626] XXIII. Simon expulsus.

Johannes [5] — Ardala [6] VIII. non a rege. Widid expulsus.

Gerard Klingae — Semis [1627] XXVIII. contra regem [1628].

Dominus Rex { Waradas [7] XLV.
Padagas [1629] XL.
Raudanal [8] XX.

1) S. oben 1549 *Henricus Stenhacker*.
2) *Vemais*, wahrscheinlich Dorf *Wöhmo* unter *Uchten*, in der Landr.
von 1586 *Vehemes* oder *Wehemes* genannt.
  1622. Occurrit iterum pag. 107.
  1623. Nescio, an *Rachküll* in parochia *Simonis*. Habet 8½ uncos.
Hupel III, 494. *Rakela* kann hier nicht *Rachküll* im Kirchsp. *St. Simonis* sein, da das ganze Kirchspiel *St. Jacobi* dazwischen liegt. Dagegen
ist es wahrscheinlich das Dorf *Rahküll* unter *Wayküll* im Kirchsp. *Wesenberg*. Auch die Landr. von 1586 gedenkt einer Mühle *Rachel* unter
Poll, die hier gemeint sein könnte, und im Kirchsp. *Maholm* einer Mühle
Rachewel; doch ist die erstere Annahme wahrscheinlicher.
  3) *Korpywomais*, wahrscheinlich Dorf *Koorma* unter *Oerthen*, 1586 in
der Landr. *Korwambs* genannt.
  4) Vergl. oben pag. 88 not. 1508 u. pag. 91 not. 1527 etc.
  1624. Forte *Malla*. Habet 24¾ uncos. Hupel III, 475. Nicht
Malla, welches später unten folgt, sondern Dorf *Müla* unter *Poll*, im
Antheil von *Maholm*, ist hier offenbar unter *Milola* gemeint.
  1625. Occurrit iterum pag. 108.
  1626. Hodie *Kappel*. Habet 6½ uncos. Hupel l. c. [Die Hakenzahl von *Kappel* ist noch jetzt unverändert dieselbe, Landr. von 1840 S. 34.]
  5) S. oben pag. 98 die Besitzer von *Kaligalae* oder *Kalliküll*.
  6) *Ardala* — in der Dörptschen Abschrift *Ardada* — ist wahrscheinlich
Dorf *Arla* unter *Samm*.
  1627. *Semis* — forte *Samm*. Hupel l. c. *Samm* folgt weiter
unten; *Semis* ist vielmehr das Dorf *Semm* unter *Uchten*, am *Semmbach*,
im *Maholm*'schen Antheil. Die Landr. von 1586 nennt das Dorf *Semme*.
  1628. Haec verba significant forte: contra voluntatem regis.
  7) *Warados*, jetzt die Güter *Alt-* und *Neu-Wardes*, ehstnisch *Warrodi*
oder *Warreda*, zusammen noch 19 Haken Landes [Landr. 1840 S. 34].
  1629. Forte *Paddas*. Hupel III, 476. Ohne Zweifel hat Suhm
hierin Recht. [*Paddas* hält noch jetzt mit *Satzo* zusammen nahe an 26
Haken nach der Landr. von 1840.]
  8) *Raudanal*, Dorf *Raudna* unter *Asserien*, welches die Landrolle von
1586 *Raudenal* nennt.

Dominus Willelmus ⎰
  de Keding [1630]) ⎱ Samma [1631]) VI.

Relicta ⎰ Waerkaela [9]) XV. ibidem lucas sanctus [1632])
Hercher ⎱   helruisep violenter [1633]).

Henricus — Satael [10]) V. non a rege.

Cristiarnus [11]) ⎰ Paymol [12]) XII.
          ⎨ Hergaenpae [13]) III.
          ⎱ Randu [14]) XII.

1630. Forte *Dominus Willelmus*, qui occurrit pag. 105 et *Willelmus de Keting* pag. 106 et *de Ketting* pag. 108.

1631. Potius *Samm*, quam antecedens *Semis* not. 1627. Dies ist allerdings das Gut *Samm* [mit jetzt 9 Haken, ehstnisch noch jetzt *Samma* genannt, wie zur Zeit der Dänenherrschaft, Landr. 1840 a. a. O.].

9) *Waerkaela*, Dorf *Wörküll* unter *Paddas* am Strom.

1632. Sine dubio idolis dedicatus. Der *lucus sanctus* ist nicht der Berg des *Thorapitha*, wie ich schon früher bewiesen zu haben glaube im Inlande 1836 Nr. 22 u. 23, wie früher Börger in den Alterthümern Livlands 1778 und, wenn ich nicht irre, auch Merkel anzunehmen geneigt waren. Es ist vielmehr dieser heilige Hain der heidnischen Ehsten unter dem *Paddas*'schen Berge, nach Hupel's topogr. Nachr. III, 479 linnamäggi genannt, zu suchen in dem bewaldeten Thale am Bach, und zwar, nach einer alten Sage, stand der Hain der ehstnischen Gottheiten am linken Ufer des Bachs, wo jetzt gar kein Gebüsch mehr vorhanden ist.

1633. Haec verba obscurissima sunt. Forte *Helruisep* est nomen proprium viri, etsi nunquam, aut unquam antea mihi visum vel auditum. Et hic *Helruisep* a Relicta *Hercher*, ut vidua sine defensione, violenter extorsit ejus possessionem *Waerkaelae*. [Sollte nicht vielmehr Relicta *Hercher* nicht als Wittwe, was wohl genauer mit dem Worte *vidua* bezeichnet worden wäre, da im Liber Census bisher kein Beispiel vom Güterbesitz von Frauen vorgekommen, hier als Gemahlin oder Tochter eines Lehnsbesitzers von *Waerkaelae* anzunehmen sein, die von ihrem zu Felde gezogenen Gatten oder Vater hier allein zurückgelassen worden; dagegen aber *helruisep violenter* nur auf den gewaltsam vernichteten Götzendienst im *lucus sanctus* zu beziehen sein?]

10) *Satael*, vielleicht *Satzo* unter *Paddas*, welches früher zu *Oerthen* gehörte, wo die Landr. von 1586 *Saltz* mit zwei Mühlen namhaft macht, dagegen der Kammerherr v. *Stackelberg* nach der Landr. von 1765 *Satzo* mit 1½ Haken zu seinem frühern Besitz von *Paddas* und *Kiepe* von 24½ Haken hinzugezogen hatte, welche Besitzungen seitdem vereinigt geblieben sind. *Satael* kann aber auch das Dorf *Sawwola* unter *Maidell* im Kirchspiel *Luggenhusen*, und ist dies fast wahrscheinlicher, da *Satzo* noch unten vorkommt. [1586 zur Schwedenzeit findet sich unter *Maydel* ein Dorf *Zabell* und 1689 das Dorf *Sawola*, auch das Land *Sallas*, s. Landg. II, 53.]

11) S. oben pag. 99 not. 1608.

12) *Paymol* ungewiss, vielleicht corrumpirt aus *pae-murd*, Fliesenbruch. Dann könnte darunter das Dorf *Paasküll*, ehstnisch *paas-külla* oder *Fliesendorf*, unter dem Gute *Kunda* gemeint sein.

13) *Hergaenpae*, unter *Kook*, Dorf *Härjapae* [wörtlich Stierkopf, wie wir oben Bären- und Hirschkopf fanden, S. 77 Anm. 6,]

14) *Randu*, wahrscheinlich Dorf *Rannoküll* unter *Asserien*.

Henricus rufus [1634]) — Ydiala [1]) XXV.

Pag. 103.

Dominus Henricus
de bixhöueth [2])
{ Kuscaelae [3]) XII. Expulsus Albertus.
{ Mallula [4]) V.
{ Gundas [1635]) XV.

Ernestus — Rai [5]) XII. cum relictä Willelmi [6]).

Henric de bixhöueth [7]) — Paydola [8]) XXIII.

Arnaldus [9]) — Oeas [10]) XIIII.

Cristiarnus [11]) — Adnaeias [12]) VI.

Johannes [13]) — Nucrae [14]) III.

1634. Vide supra pag. 94 not. 1564.

1) *Ydiala* könnte *Jid-jalla* am Fusse des *lucus sanctus* geheissen und in der Nähe des h. Hains (*Hüs* oder *Jis*) gelegen haben, und ist dann vielleicht das Dorf *Uljast* unter *Paddas* darunter zu verstehen. [Viel wahrscheinlicher aber möchte unter *Ydiala* das grosse Dorf *Idla* unter *Malla* anzunehmen sein.]

2) S. oben pag. 98 not. 1593.

3) *Kuscaelae*, wahrscheinlich Dorf *Kutsala* unter *Malla*, das gleich folgt.

4) *Mallula*, nicht das oben pag. 102 not. 1624 erwähnte *Milola*, offenbar das jetzige Gut *Malla* mit 24½ Haken Landes [v. Bienenstamm S. 76 u. Possart S. 249].

1635. Forte *Kunda*, quae habet 30½ uncos. Hupel III, 476. [Jetzt 34½ Haken mit einem Hafen, s. v. Bienenstamm S. 77 u. Possart S. 248].

5) *Rai* ungewiss, vielleicht die Hoflage *Raesa* unter dem Gute *Maydell* im Kirchsp. *Luggenhusen* [s. auch *Raysiferby* oder Dorf in *Narffua Ladugards-Lähn* Landg. II, 8, wenn darunter nicht *Rausiferby* in *Ny Slotts-Lähn* S. 46 daselbst gemeint ist]. Es kann aber auch irgend ein *Raja*, ehstnisch Grenzort, darunter begriffen sein, welcher Name häufig bei den Ehsten vorkommt.

6) Vielleicht die verlassene Frau oder Tochter des oben pag. 92 erwähnten *Domini Villelmi*, dessen Erben von *Kaeris* vertrieben worden, oder des pag. 102 not. 1630 vorkommenden *Dom. Willelmus*.

7) S. oben pag. 98 not. 1593 und pag. 103 Anm. 2.

8) *Paydola*, muthmaasslich das Gut *Pöddes* [nach späteren Besitzern von *Kalff* oder *Kalb*, ehstn. *Kalwi* genannt].

9) Vielleicht der oben pag. 93 not. 1548 und pag. 98 Anm. 16 genannte *Arnold Litlae*.

10) *Oeas*, vielleicht Dorf *Ojaküll* unter *Kunda*, s. oben *Akedelae* S. 87 Anm. 12.

11) Derselbe kommt schon pag. 99 not. 1608 und S. 89 Anm. 11 vor.

12) *Adnaeias*, wahrscheinlich das Gut *Addinal*, ehstnisch *Andja*, getheilt zwischen den Kirchspielen *Wesenberg*, *Halljall* und *Maholm*. [Es enthält jetzt 19 Haken, s. v. Bienenstamm S. 76 u. Possart S. 248].

13) Kommt schon S. 81 und S. 88 Anm. 5 vor.

14) *Nucrae*, Dorf *Nuggers* unter *Waschel*, in der Landr. von 1586 *Nucke* genannt. Der Liber Census ergibt demnach, dass die Parochia *Maum* zur Dänenzeit ausser dem Kirchspiele *Maholm* auch Theile der Kirchspiele *Wesenberg* und *Luggenhusen* enthalten hat, die als besondere Parochien noch gar nicht genannt werden.

VII. In Kylaegund Alentagh [1636]).

Thideric de Kynel [15])	Satzae [1637]) XX.	concessus domino eilardo [16]).
	Jeruius [1638]) XVI.	
	Pyari [17]) IIII.	
Beuer	Toruascula [18]) III.	

Pag. 104.

Johannes albs [1639]) Ydrigas [19]) III.

―――――――――――――――

1636. Haec verba monstrant, ad *Alentagh* tunc tantum pertinuisse has duas parochias: *Jewe* et *Waiwara*. De *Alentagh* vide supra pag. 95 not. 1574 und pag. 99. Auffallend ist es, dass hier in der Ueberschrift keine Parochie angegeben wird; dass keine in dem weiten Districte existirt hätte, ist kaum zu glauben.

15) Derselbe kommt schon früher mit seinen zahlreichen Besitzungen in Ehstland vor pag. 93 not. 1550 und pag. 101 Anm. 2.

1637. Hodie *Satzo* in parochia *Maholm*. Hupel III, 476. Unde non concludere licet, *Maholm* tunc ad *Alentagh* pertinuisse [cf. pag. 95 not. 1574 et pag. 103 not. 1636], sed *Satzo* ad aliam parochiam. Allerdings ist dieses *Satzae* wohl eher, als das oben S. 89 Anm. 10 erwähnte *Satael* das jetzt mit dem Gute *Paddas* verbundene *Satzó*.

16) Wahrscheinlich derselbe *Eilard* oder *Heilard*, der schon oben pag. 85 not. 1491, S. 60 Anm. 7, S. 61 Anm. 11, S. 80 Anm. 5 und S. 83 Anm. 10 vorkommt.

1638. Forte *Jewe*. Hupel III, 462. *Jerwius* ist schwerlich *Jewe*, wie Suhm meint, denn dies folgt unten, eher *Jöbbi jerwe* oder *Järwe* unter *Türpsal* [im J. 1583 specificirt zu *Jerffuekyll* mit 7 Haken, s. Landgüter II, 35].

17) *Pyari*, wahrscheinlich Dorf *Peri* unter *Perifer* im Kirchsp. *Jewe* [s. Dorf *Pyre* oder *Periby* im J. 1583 mit 10 Haken. Später wird *Pier* im J. 1626 mit 9 Haken, 1651 und noch 1695 mit nur 7 Haken angeführt, 1712 als *Peri*'sche Hoflage unter *Kieckel* genannt, Landg. II, 28 und erst in der Landr. von 1818 kommt es als selbstständiges Gut *Perifer* mit 2½ Haken, ebstm. *Peri*, wieder vor, ist aber 1844 aufs Neue, und zwar nun mit dem Fideicommissgute *Kuckers* vereinigt worden, s. die Herren v. Lode und deren Güter von Julius Paucker Dorpat 1852 S. 131].

18) *Toruascula*, vielleicht das Dorf *Tarrakus*, in schwedischer Zeit zu *Kuckers* gehörig, nun aber getheilt zwischen *Jewe* und *Illuck*. Die Landr. von 1586 nennt ein Dorf *Torwejüki* im *Jewe*'schen Kirschsp., ohne aber das Gut zu nennen, zu dem es gehörte. [Unter dem Gute *Palz* s. *Torwe Jege* oder *Terffue jöbiby* mit 4 Haken, Ldg. II, 27.]

1639. Lege *Alber*. Langebekius. [Sollte hier nicht vielmehr *Albus* zu lesen sein für den Namen *Weisse*?]

19) *Ydrigas*, vielleicht der Krug *Uddriki* mit einigen Gesinden unter *Ruill* an der Grenze des Kirchsp. *Luggenhusen*. Das Dorf *Uddrias*, schwedisch *Vdryby*, liegt nach der andern Seite bei *Lagena*, nicht näher, s. Landg. II, 43.

Ricard 'Kolgael [1]) III.

  Portae [2]) II. et **uillae** [3]) III.

Dominus
{
  Undaegas [4]) V.
  Pododt [5]) VI.
  Kuckarus 1640) VII.
  Reuanal [6]) V.
  Eteus 1641) V.
  Gevi [7]) XX.
}

Rex
{
  Pategas [8]) IIII.
  Poco [9]) XXV.
  Ransauerae 1642) VI.
  Walsaraevaerae [10]) VIII.
}

---

1) *Kolgael*, wahrscheinlich Hof und Dorf *Kallina* im Kirchspiel *Jewe*. [*Kolliall* möchte hier wohl eher dem Dorf *Kolgael* entsprechen nnter *Erras*, s. Landg. II, 49.]

2) *Portae*, vielleicht Dorf *Peite* unter *Peuthof*, ebendaselbst. [Näher liegt wohl Dorf *Purro* unter *Jewe*, Landg. II, 16.]

3) *Uillae* [wenn nicht *Illuck*, ebendas.], vielleicht Dorf *Wallust* unter *Ontika*, das gleich folgt].

4) *Undaegas*, das Gut *Ontika*, ebendaselbst. [*Ontika* hiess zur Schwedenzeit stets *Onka*, s. Landg. II, 23 u. 24, daher jene Annahme zweifelhaft ist. Unter *Chudleigh*, früher *Fockenhof* genannt, befindet sich aber ein Krug *Untika*, der an das alte *Undaegas* erinnert.]

5) *Pododt*, wahrscheinlich Dorf *Pootsik* unter *Jewe*. [Ueber Dorf *Potzek* s. Landg. II, Vorbemerk. S. VIII.]

    1640. *Kuckarus* forte *Kuckers*, quae habet 7½ uncos. Hupel III, 462. Ohne Zweifel *Kuckers*, das auch jetzt nicht mehr Haken zählt [v. Bienenstamm S. 72 und Possart S. 237].

6) *Reuanal*, wahrscheinlich Dorf *Reuinol*, jetzt *Rewwiko* unter dem gleichfolgenden Gute *Etz*. [*Rewine*, Dorf mit 6 Haken, Ldg. II, 14.]

    1641. *Eteus* forte *Etz*, Hupel l. c., richtig Gut *Etz* bei Suhm, ehstnisch *Eddise*, s. Landg. ebendaselbst.]

7) *Gevi*, dies ist offenbar *Jewe*, ehstnisch *Jöwwi* selbst, wo jetzt neben der Kirche der Hof und auch die Poststation *Jewe* liegt. [*Jewe* umfasst jetzt nur 26 Haken, nachdem *Eichenhain* oder *Tammik* mit 11$\frac{23}{24}$ Haken davon abgetheilt worden, Landg. II, 16 u. Vorbemerk. XV; v. Bienenstamm S. 72 u. Possart S. 237.]

8) *Pategas*, wahrscheinlich Dorf *Pate* unter *Kuckers*.

9) *Poco* lässt sich nicht genau bestimmen. Es könnte *Klein-Pungern* sein, dies liegt aber weit entfernt [daher könnte man eher an das Dorf *Pukar* unter *Agginal* denken, Landg. II, 11.]

    1642. *Ransauerae* [richtiger wohl *Rausaverae*] forte *Raustfer*. Hupel III, 463. Ich halte es aber nicht sowohl für den Hof *Raustfer*, als für das Dorf *Rauswerre*, das zwischen diesem Gute und *Jewe* getheilt ist [s. Landg. II, Vorbem. VIII u. IX].

10) *Walsaraevaerae*, vermuthlich Dorf *Wassaewerre* unter *Etz* [*Wasifer* 1583 mit 8 und 1626 mit 5 Haken, Landg. II, 14].

	Kircanaos [11]) VII.
	Ettiauerae [12]) V.
	Kaytamaelae [13]) XXII.
Dominus	Narvia [1643]) VIII.
Rex	Othaccauerae [14]) VI.
	Paccari [1644]) V.
	Akimal [1645]) IX.
	Kaltauus [15]) X.

| Dominus Rex | Memtacus [16]) XI. |
| | Waeudith [17]) IX. |

---

11) *Kircanaos*, wahrscheinlich das Gut *Kurtna*, denn es folgen gleich Zubehörungen dieses Guts.

12) *Ettiauerae*, Dorf *Eddifer*, ehstnisch *Eddiwerre* unter *Kurtna* [s. *Eddeuer* mit 1583 nur ½ Haken, 1626 aber 1½ Haken, Landg. a. a. O.].

13) *Kaytamaele*, Dorf *Kaidma* unter *Kurtna*.

1643. Forte civitas *Narva*. Es ist nicht wahrscheinlich, dass dies die
Stadt Narva bedeute, denn so weit erstreckte sich wohl damals nicht das Be-
sitzthum der Dänen. Ob *Narva* selbst zur Zeit der Abfassung des Census
schon existirte, lässt sich nicht gewiss bestimmen. In Hupel's neuen nord.
Miscellaneen St. I u. II. S. 89 wird zwar — in dem Versuch einer alten
Geographie Livlands von einem Ungenannten — gesagt: „die Schlösser
Narva und *Wesenberg* seien anno 1223 von den dänischen Generalen
Sune und *Wessenberg* angelegt worden", und diese Zeit der Erbauung
gibt auch Hupel selbst an, wenngleich etwas unbestimmt in den topogr.
Nachrichten I, 398. [Vergl. Moritz Brandis Chronik S. 94 not. 2.] Indessen wird in jener Abhandlung hinzugefügt: „die russischen Jahrbücher
setzen jenen Bau in das Jahr 1255 und nennen die Erbauer zween vor-
nehme Schweden *Isun* und *Dittmann*" [vgl. K. H. v. Busse die Burg
Odenpäh etc. in den Mitth. aus der livl. Gesch. VI, 348]. In wie weit
dies geschichtlichen Grund hat, mag dahin gestellt sein. Der Liber Census
gibt hierüber keinen Aufschluss, da in demselben alle Städte fehlen. Die
geringe Hakenzahl bei *Narvia* lässt auch sehr bezweifeln, dass solche
sich auf die Ländereien der Stadt bezogen haben. Vielleicht war darunter nur das Dorf *Namerma* unter *Ahagfer* gemeint, das jetzt folgt.

14) *Othaccauerae*, wahrscheinlich das Gut und Dorf *Ahagfer*, ehstnisch
Ohhakwerre [s. über dessen Besitzer zur Schwedenzeit Landg. II, 12].

1644. Hodie *Paggar*, Hupel III, 462 [s. über *Paggar* und dessen Besitzer zur Zeit der Schwedenherrschaft Landg. II, 24—26].

1645. Hodie *Aggimal*, ibid. [Vergl. *Aggimal* oder *Akimal* zur
Schwedenzeit Landg. II, 11.]

15) *Kaltanus*, wahrscheinlich Dorf *Kutnorm* unter dem kurz vorher angeführten Gute *Paggar*. [Das frühere Gut *Kollota*, später *Fockenhof*, jetzt *Chudleigh* genannt, lässt sich vielleicht eher noch von *Kaltanus* ableiten, s. darüber Landg. II, 20.]

16) *Memtacus*, vielleicht richtiger *Meintacus*, das Gut *Mehntaken*, ehsts.
Maetaggusse [von *Mae tagga*, hinter dem Berge, Landg. II, 22].

17) *Waeudith*, Dorf *Waide* oder *Mehntak*.

11

Dominus
Rex

{
Ragwas [1]) VI.
Rikalae [1646]) V.
Waerkun [2]) XIII.
Odris [1647]) XVIII.
Kawal [3]) XVIII.
Oia [4]) XV.
Damitas [5]) IX.
Hyalet [6]) II.
Cirpae [7]) I.
}

---

1) *Ragwas*, wahrscheinlich Dorf *Radmass*, *Raddewai* oder *Radwa*, früher zu *Etz* gehörig, und erst im vorigen Jahrh. mit 4 Haken nach *Kiekel* verkauft [s. Landg. II, 15 und Vorbem. S. XI, auch Landrolle von 1774 S. 30].

1646. Sive *Kikalae*. Langebekius. Hodie *Kikel*, quae habet 17½ uncos. Hupel l. c. Die Langebek'sche Lesart ist unbestritten die richtige. [Jetzt aber zählt *Kiekel*, ehstn. *Kiikla*, nur noch 7½ Haken, schon nach der Landr. von 1818, nachdem es vor einem Jahrh. noch 13½ Haken und durch das damit vereinigte Dorf *Radwa* seit 1774 sogar 17½ Haken gezählt hatte, s. Landg. II, 18 und Vorbemerk. S. XI.]

2) *Waerkun*, vielleicht Dorf *Wörno* unter *Erridas*, welches gleich folgt [s. *Woryness*, *Wornohy*, *Worrimes*, *Wörns* oder *Werno* unter *Errides*, Landg. II, 13].

1647. Forte *Erredes*. Hupel ibid. Dass Subm hier richtig combinirt, erweist sich daraus, dass die Landr. von 1586 unter *Erredes* ein Dorf *Ottris* nennt, auch Gutsleff in seiner ehstnischen Grammatik das Gut *Erredes*, ehstn. *Erreda*, mit *Odremois* bezeichnet [s. Landg. II, 13].

3) *Kawal*, wahrscheinlich Dorf *Kahhala* unter *Eichenhain*. [In den Landg. II, 14 unter *Etz* findet sich *Kaffla* 1583 u. 1587 mit 30 Haken, 1626 mit nun 6 Haken. So viel Haken besass auch Dorf *Kahala* noch, als Staatsrath v. Schwebs dasselbe um 1770 von *Etz* nach *Jewe* verlegte, und fiel es 1800 bei der Erbtheilung zu *Tammik* oder *Eichenhain*, s. Vorbemerk. IX—XV.]

4) *Oia*, wahrscheinlich Dorf *Ojama* unter *Kuckers*. Dies Dorf gehört zum Kirchspiel *Luggenhusen*. [Vergl. über *Ojume* oder *Ojamo* die Bieten von Lode und deren Güter Nr. 589 und 614, S. 107 u. 111, auch Nr. 36, 38 und 47, S. 129 und 130.]

5) *Damitas* oder *Damicas*, vermuthlich *Tammick* unter *Jewe*, das jetzige *Eichenhain* [s. Landg. II, Vorbem. IX, XI und XV].

6) *Hvalet*, wahrscheinlich Dorf *Wallasto* unter *Ontika*, welches Gut selbst im Ehstnischen den Namen *Wallasto* führt [wenn hier nicht an das Dorf *Wallifer* mit ½ Haken zur Schwedenzeit zu denken ist, s. Landg. II, 8].

7) *Cirpae* ist nicht auszumitteln, vielleicht Dorf *Soppe* unter *Pühs* im *Luggenhusen*'schen Kirchspiel. [In den Landg. II, 54 findet sich unter *Puhs* kein Dorf *Soppe*, wohl aber *Syrs* mit 2 Haken, die aus dem alten *Cirpae* hervorgegangen sein könnten.] Aus allem Vorstehenden erhellt, dass, Subm's Behauptung nof. 1636 ganz entgegen, nicht ein einziger zu *Waiwara* gehöriger Ort im Kyl. *Allintagh* mit aufgenommen worden ist, dieser vielmehr nur auf das Kirchsp. *Jewe* und

Pag. 105.

VIII. In Kylaegund Askaelae [148]).

Harbertus [8]) — Lygenus [9]) XLV.

Dominus Saxo [10]) et { Heraes [12]) XXVIII.
Henric lapicida [11]) {

Dominus { Hvarelae [14]) XXIV.
Saxo [13]) { Maydalae [149]) X.
{ Hermaes [150]) VI.

Dominus { Saula [16]) XIII.
Villelmus [15]) { Kectaelae [17]) VI.

---

einzelne Theile von *Luggenhusen* an der *Jewe*'schen Grenze sich beschränkt. Das auch in der Landr. von 1586 noch fehlende Kirchsp. *Waiwara* nebst *Narva* wurde vielleicht noch zu *Ingermannland* gezählt. [Zur Schwedenzeit wohl eben so wenig als unter der Ordens-Herrschaft, s. Landg. II, 37, auch v. Bunge und Paucker's Archiv VII, 112.]

1648. Videtur esse parochia *Luggenhusen* vel *Luggwene* sine dubio. Auch hier fehlt die Angabe der Parochie. Hier und bei *Jewe* scheint der *Kylaegund* oder District mit der Parochie zusammenzufallen.

8) Schon pag. 90 kommen *Herbart et duo fratres sui* vor.

9) *Lygenus* — *Luggenhusen* selbst und Dorf *Lüggandusse* unter *Pühs.* Auch die Kirche heisst im Ehstnischen *Lüggandusse* und hat wahrscheinlich auch die Familie *Luggenhusen* von solchem Besitz den Namen angenommen.

10) Kommt schon oben S. 64 not. 1539, S. 70 Anm. 1, S. 77 Anm. 5 u. S. 85 Anm. 14 vor.

11) Wahrscheinlich einer und derselbe mit *Henricus Stenhacker* pag. 93 not. 1549.

12) *Heraes,* das Gut *Erras* mit dem Dorfe gleiches Namens [s. über dasselbe und dessen Besitzer zur Schwedenzeit Landg. II, 48—50].

13) S. ihn an den Anm. 10 so eben angezogenen Stellen.

14) *Hvareläe,* wahrscheinlich Dorf und Station *Warjel,* ehstn. *Warja,* unter *Hackhof* [*Warje, Wariol, Wargel,* s. Landg. II, 50 u. 51].

1649. Hodie *Maydel.* Hupel III, 473. Gut und Dorf *Maidel,* ehstn. *Maidla,* von welcher Besitzung, wie oben S. 85 von *Maiddlae* bei *Ittfer,* die Familie v. *Maydell* wahrscheinlich ihren Namen führt. [Ueber dieses Gut und dessen Besitzer s. Ldg. II, 53.]

1650. Hodie *Hirmus,* ibidem [früher Dorf *Hirmotta,* mit 4 Haken unter *Pühs;* zu Ende des 17. Jahrhunderts Hoflage *Hirmus* daselbst, s. Ländg. II, 52 u. 54].

15) S. oben pag. 102 not. 1650 und pag. 103 Anm. 6.

16) *Saula,* wahrscheinlich Dorf *Salla* unter *Maidel* [Landg. II, 53 kommt nur das Land *Sallas* vor, dagegen Ldg. 49 Dorf *Sallas* unter *Erras*].

17) *Kectaelae,* wahrscheinlich das Gut *Kochtel,* jetzt zum Kirchsp. *Jewe* gerechnet, aber an der Grenze von *Luggenhusen* [s. Landg. II, 19].

Ricardus — Purdus [1]) XXVI. quos tenet thideric de Kyuael [2]) iniuste.

Dominus Rex {
Methias [3]) IIII.
Aytis [4]) VIII. Dominus Henricus III. Johannes IV.
Purdis [1651]) VI.   Lydulf et Godaefrit IV.
}

Eilardus
Presbiter [5]) {
Muldillippae [6]) IIII.
Hazae [7]) XIII.
Horumperae [1652]) VIII.
Rodickae [8]) V.
}

---

1) *Purdus*, wahrscheinlich Dorf *Purro* unter *Jewe* [s. Landg. II, 16 u. Vorbemerk. S. VIII, doch möchte wohl *Puckurby* mit 3 Haken hier näher liegen, Landg. II, 52].

2) Dieser findet sich bereits pag. 93 not. 1550, S. 86 Anm. 2 und S. 91 Anm. 15.

3) *Methias* ist nicht auszumitteln [wahrscheinlich war es Dorf *Mehetta* mit 1½ Haken unter *Pühs* im J. 1583, s. Landg. II, 54].

4) *Aytis*, Dorf *Aits*, ehstn. *Aito*, unter *Maydel*, kommt als ein besonderes mit *Maydel* verbundenes *Wrangel*'sches Gut schon in der Landr. von 1765 und auch in Hupel's topogr. Nachr. vor. [*Aitz* war bereits 1586 ein besonderes Gut von 12 Haken, wozu noch das Dorf *Kaukis* am Peipus-See mit 3 Haken Landes gehörte, und gelangte durch Kauf 1616 an *Hans Brakel*, der es 1651 mit dem Gute *Maydel* vereinigte, welches bei einer Erbtheilung 1689 an den Mannrichter *Carl Wrangell* fiel, dessen Tochter 1720 auch das Gut *Neu-Aitz* mit dem Dorfe *Gross-Aitz* von 12 Haken in ihrem Erbbesitz vereinigte und auf den Obristen *Wrangell* die beiden Güter *Aitz* und *Maydel* erblich übertrug, die beide sich noch gegenwärtig im Besitz der Familie *v. Wrangell* befinden, s. Landg. II, 47 u. 53.]

1651. Nescio, an *Purtz*. Hupel III, 472. *Purdis* ist richtig, wie Suhm vermuthet, Hof und Dorf *Purtz*, welches mit *Pühs* vereinigt jetzt *Alt-* u. *Neu-Isenhof* seit mehreren Jahren wieder genannt wird [wie schon zur Schwedenzeit, s. Landg. II, 53 u. 54].

5) [Dass der Priester *Eilard* vier oder gar fünf Güter oder Dörfer im heutigen Sinne besitzen konnte, bestätigt das oben S. 78 Anm. 7 erwähnte, früher unbeschränkte Recht des Güterbesitzes der Geistlichkeit in Ehstland schon zur Dänenzeit.]

6) *Muldillippae* ist nicht auszumitteln. [Es erinnert aber an *Lippowöhma* unter dem Gute *Maydel*, Landg. II, 53.]

7) *Hacae* ist das Gut *Haakhof* [ehstn. *Haa* oder *Aa* mit 22½ Haken, v. Bienenstamm, S. 74, schwed. *Hacka Gardh*, s. Landg. II, 50, Possart, S. 239].

1652. Forte *Woropaer*, quae habet 2 uncos. Hupel III, 473. Dies ist ein mit *Haakhof* verbundenes Gut. [Zur Schwedenzeit, s. Landg. II, 55, war *Warroper* ein selbstständiges Gut von 6 Haken, und erst seit 1687 findet es sich vereinigt mit dem Gute *Paggar* im *Jewe*'schen Kirchspiel. Zu Anfang der russischen Regierung aber zu 1½ Haken reducirt, war es anfangs alleiniger Besitz des Obristl. *v. Delwig* und um die Mitte des vorigen Jahrhunderts eines Hakenrichters *v. Wangersheim*, welcher

Sonorm[1653]) 1. non a rege.

IX. In Laemund Kylaegund[9]).

11. *In parochia Vov*[1654]).

Lydgerus — Vov[10]) XX. emptos de Willelmo de Keting[11]) prius da dos[1655]) ecclésie.

Cristiarn de Holzaetae[12]) { Hoculae[13]) XX.

Dnus. rex — Cupanal[1656]) IX. Bicharth[14]) IX.

---

letztere zugleich Erbbesitzer von *Hackhof* war und auf dessen Nachkommen beide Güter vererbten, von diesen aber erkaufte Graf *Stackelberg*, Besitzer von *Paggar* und *Alt-* und *Neu-Isenhof*, auch *Hirmus*, das Gütchen *Worroper* und vereinigte es mit diesem letzteren Gute, s. Landr. von 1818 S. 24 und von 1840 S. 32.]

8) *Rodickae*, wahrscheinlich Dorf *Rodo* unter *Kochtel*.

1653. Nescio, an *Warenorm*. Hupel l. c. *Sonorm* ist nicht *Warenorm*, wie Suhm meint, das zum Gute *Erras* gehört [s. das Gesinde *Warranurm* zur Schwedenzeit, Landg. II, 49], sondern vielmehr Dorf *Sonorm* unter dem Gute *Hirmus*. [Zur Schwedenzeit, da *Hirmus* selbst nur eine Hoflage von *Pühs* war, findet sich *Sonurm* als ein mit 6 Haken dazu gehöriges Dorf, s. Landg. II, 52 u. 54.] Der hiemit beschlossene Kylaeguud *Ascalae* umfasste demnach fast das ganze Kirchspiel *Luggenhusen*, und nur einen geringen Theil der jetzt zu *Jewe* gehörigen Besitzungen an dessen Grenze. Auch hier ist der eigentliche Strand nicht berührt.

9) Dieser District umfasste zur Dänenzeit die Parochien *St. Jacobi* und *St. Simonis* in Landwierland.

1654. Hodie *parochia Jacobi*. Hupel III, 488. Dieses Kirchspiel *St. Jacobi* führt in der Landrolle von 1586 und dem darauf bezüglichen Titularbüchlein den Namen *Kehl*, auch *Kehhal*, nach dem unweit des Pastorats gelegenen, jetzt zu *Kurküll* gehörigen Dorfe *Kehhal*.

10) *Vov, dos ecclesiae*, das ehemalige Dorf *Wöhho* unter *Kurküll*, jetzt eine Hoflage. Die Bauern des Pastorats *Jacobi* mögen ein Ueberrest dieser *dos ecclesiae* sein, und gründet sich hierauf auch wohl das von *Kurküll* über die Kirche zu *St. Jacobi* ausgeübte Patronatsrecht.

11) S. oben pag. 102 not. 1630.

1655. Lege: *datos* [oder vielleicht *priusdem dos ecclesiae?*].

12) S. oben pag. 99 not. 1608.

13) *Hoculae* ist zweifelhaft. Es kann vielleicht der Wald und das Dorf *Hangus*, zu *Wesenberg* gehörig, im Kirchspiel *St. Jacobi* darunter gemeint sein. [Mehr scheint es jedoch an das heutige Gut *Kullina* in der Nähe des Pastorats zu erinnern.]

1656. Forte *Kupnal*. Hupel III, 489. Ohne Zweifel richtig bei Suhm ist *Kupnal*, ehstn. *Kupna*, mit 3¼ Haken hier gemeint, seit einem Jahrhundert schon ein Nebengut von *Kurküll*.

14) *Bicharth*, wenn nicht richtiger *Richard* oder *Ricardus*, s. oben S. 92 Anm. 1 und S. 96 Anm. 1, ist offenbar ein Mitbesitzer von *Cupanal*, wovon er neben der eben so grossen königlichen Domaine auch IX Haken Landes besass.

Arnald Litlae [1] — Rönthae [1657] X.

Robertus frater Dni. Eilardi [2]	{ Haelae [3] XL. quos tenet thideric [4] iniuste.
Thideric de. Nortae [5]	{ Inie [1658] IX. { Corauerae [6] VIII. { Hvaetel [7] V.
Eilardus [8]	{ Asaemulae [9] XVIII. { Tonnaewaerae [10] II. nescitur a quo: { Kuldenkaua [1659] II.
Ricbod et Lydulf [11]	{ Vitni [12] XXIIII. Concessos Knustmorth [13].

---

1) S. oben pag. 93 not. 1548, S. 79 Anm. 15 und S. 90 Anm. 9.

1657. Forte *Ruill.* Hupel l. c. *Roulhae* ist nicht *Ruill,* wie Suhm glaubt, dies folgt unten, sondern wahrscheinlich das Gesinde *Rodowa* unter *Neu-Sommerhusen* im Kirchspiel *Wesenberg.* [Näher liegt von *Jacobi* das Gut *Rockt,* ehstn. *Rohho,* im *St. Simonis*-Kirchspiel, an den *Ruil*'schen Wald grenzend.]

2) Wahrscheinlich desselben *Eilard,* der schon öfter genannt ist pag. 85 not. 1491, S. 60 Anm. 7, S. 61 Anm. 11, S. 80 Anm. 5, S. 83 Anm. 10 und S. 91 Anm. 16.

3) *Haelae,* wahrscheinlich das schon erwähnte Dorf *Kehhal* unter *Kurküll,* später contrahirt in *Kehl,* s. oben not. 1654.

4) Wahrscheinlich ist darunter wieder *Thideric de Kyuael,* S. 96 Anm. 2, gemeint, nicht der sogleich folgende *Thideric de Nortae.*

5) Dieser kommt schon pag. 99 unter *Ilfer* not. 1609 vor.

1658. Hodie *Innis,* Esthonice *Innio.* Habet 5 uncos. Hupel l. c. Richtig bei Suhm Hof und Dorf *Innis* mit 5 Haken.

6) *Corauerae,* Dorf *Koerafer* unter *Kurküll,* nahe bei *Innis.*

7) *Hvaetel,* Dorf *Weädla* unter Schloss *Borkholm* im jetzigen Kirchsp. *St. Marien,* nahe bei *Koerafer.*

8) S. über diesen *Eilard* oben Anm. 2.

9) *Asaemulae,* Dorf *Assamalla,* gleichfalls unter *Borkholm.*

10) *Tonnaewaerae,* Dorf *Tönnofer,* ebendaselbst nahe bei *Weädla.*

1659. Nescio, an *Kullina.* Hupel l. c. Wohl nicht *Kullina, das* liegt nicht auf dieser Seite, sondern *Kullenga,* ehemals ein Dorf, jetzt eine Hoflage unter *Borkholm,* nahe bei *Assamalla.*

11) Oben kamen *Lydulf Lang* und *Lidulf Litlao* pag. 94 not. 1550 vor, desgleichen *Lidulff* pag. 101 not. 1621, auch *Lydulf* und *Godaefrit* S. 96 Anm. 4.

12) *Vitni,* Hof und Dorf *Finn,* ehstn. *Winni,* noch jetzt, wie zur Schwedenzeit 30 Haken Landes umfassend.

13) Die Dörptsche Abschrift liest *Kunstmorth,* und ist schwer zu sagen, ob die 23 Haken in *Finn* demselben v. *Ricbold* und *Lydulf* zu Lehn, zu Pfand oder nur zur Pacht und Verwaltung abgetreten worden.

Gerard de Milnae	{	Modrigas [1660]) XXX.
Pag. 107.		
Thidric swort [14])	{	Rackeuerae [1661]) VI. a domino elf [15])
Henri du Barel [1662])	{	Katkuntakusae [16]) VIII. Rauculeppi [17]) X. Kandukylae [18]) XIIII.
Bernard de Bixhouaet [19])	{	Raulaeuaerae [20]) XVIII. expulsus Thideric swort [21]). Wakalae [1663]) XXII. non a rege. Jan rufus habet.

1660. Extat *Modrigas* in Langebekii mappa, sed eam non possum invenire apud Hupelum. Es ist aber offenbar nur *Mödders*, ehstn. *Mödriko*, mit 16⅛ Haken jetzt, wie zur Schwedenzeit.

14) S. oben pag. 101 not. 1622.

1661. Hodie *Raggofer*, Esthonice *Raggowerre*, quae habet 12 uncos. Hupel III, 489. Dies ist richtig, doch heisst das Gut *Raggafer* auch ehstnisch *Raggawerre* [während das nahe gelegene Gut *Wesenberg* ehstnisch *Rackwerre* genannt wird].

15) [Wahrscheinlich der oben pag. 83 not. 1464 erwähnte *Haelf*, welcher auch später S. 57 Anm. 7 *Dominus Elf* genannt wird, wenn auch *Helf Gulae* pag. 92 not. 1544 ein anderer gewesen sein mag.]

1662. Langebekius in schedis conjecturat *Brakel*. [Es ist zu dieser Conjectur kein hinreichender Grund vorhanden, da möglicherweise auch schon zur Dänenzeit ein ritterlicher Franzose *Henri de Barel* unter *König Woldemar* dem Sieger nach Ehstland gezogen sein und dort Land und Leute erworben haben kann, wie zur Zeit der Schwedenkönige der Obristlieutenant *Johann de Lablanque* und der so berühmte *Pont de la Gardie*, der späteren *de la Barre's*, *Colongue's* und Anderer zu geschweigen.]

16) *Katkuntakusae* ist *Katkotagga*, jetzt Hofsland unter *Neu-Sommerhusen* und Hoflage unter *Alt-Sommerhusen*, im Antheil von *St. Jacobi*.

17) *Rauculeppi* [wohl *Rautuleppi*], Dorf *Raudlep* unter *Alt-Sommerhusen*, zu *St. Jacobi* gehörig, während die Höfe *Alt-* und *Neu-Sommerhusen* mit einigen Zubehörungen zu *Wesenberg* gerechnet werden.

18) *Kandukylae*, Dorf *Kandkül* unter *Raggafer*.

19) S. oben pag. 98 not. 1593.

20) *Raulaeuaerae* [vielleicht *Rautaeuaerae*], Dorf *Raudwerre* unter *Alt-Sommerhusen*, Antheil von *St. Jacobi*.

21) S. oben pag. 101 not. 1622 und oben Anm. 14.

1663. *Wakalae*. Forte *Waiküll*, quae habet 7⅛ uncos. Hupel III, 489. Dieses Gut *Wayküll* [zur Schwedenzeit 13¼, jetzt 16¾ Haken zählend mit den von *Poll* dazu erworbenen 3¼ Haken, welcher schon die Landr. von 1818 erwähnt] ist getheilt zwischen *St. Jacobi* u. *Wesenberg*.

Bertram blomae	Pöllula [1664]) XXVI.

Dominus Rex	Obias [1]) XX. de quibus thideric de Kyuael [2]) habet X. Kariael [3]) XX. Tydy [4]) X. Pamicus [5]) ll.

Henric de Wispeu	Heccaerokae [6]) XVl. Roilae [1665]) XVl. quos Temmo habuit cum eo. Occisus est [1666]).

1664. Hodie *Poll*, quae habet 25½ uncos. Hupel lll, 489. Das Gut *Poll*, an *Maholm* grenzend, heisst noch jetzt ehstnisch *Pöllula*. [Es hielt zur Schwedenzeit 29½ Haken, und hat jetzt, nach Abtretung von 3½ Haken nach *Wayküll*, zufolge der Landr. von 1840 nur noch 22½ Haken.]

1) *Obias*, Dorf *Obja* unter *Ruill*, eingegangen.

2) Dieser reich begüterte *Thideric de Kyuael* begegnete uns schon pag. 93 not. 1550. S. 86 Anm. 2, S. 91 Anm. 15, S. 96 Anm. 2 und S. 98 Anm. 4.

3) *Kariael*, Dorf *Karrila* unter *Ruil*, eingegangen. Die Landr. von 1586 nennt es *Karill*.

4) *Tydy* [wahrscheinlich *Tudu*], Hof und Dorf *Tuddo*, grenzt mit *Ruill*.

5) *Pamicus*, Druck- oder Schreibefehler für *Tamicus*: Dorf *Tammick* unter *Ruill*.

6) *Heccaerokae* sollte vielleicht *Hettaeracae* heissen und ist vermuthlich *Eddara*, eine jetzt von *Innis*, als abgesondertes Landstück, wie früher von *Rocht* abgetheilte Hoflage, die früher zu *Ruill* oder *Münkenhof*, wozu ein Stück des Waldes noch jetzt gehört, gezählt worden sein mag, ungeachtet es ziemlich entlegen davon ist.

1665. Potius *Ruill*, quam *Röuthae* pag. 106 not. 1657. Allerdings ist dieses *Roilae*, ehstn. *Roela*, das grosse Gut *Ruill* [oder *Rojel* in Wierland, das auch in unseren Chroniken öfter genannt wird, noch jetzt nahe an 43 Haken Landes haltend, wie zur Schwedenzeit]. Sonach ergibt sich, dass die Parochie *Vov*, *Kehl* oder jetzt *St. Jacobi*, zur Zeit der Dänenherrschaft, ausser dem jetzigen Bestand dieses Kirchspiels, auch Zubehörungen von *Wesenberg*, so wie den nördlichen und östlichen Theil des jetzigen *Marien*-Kirchspiels mit umfasste. Das Dorf *Karrunga* unter *Lassila* gehörte zu *St. Catharinen*, s. oben S. 78 Anm. 5. Ein östlicher und südöstlicher Streif von Gütern wurde zum *St. Simonis*-Kirchspiel gezählt, alle übrigen Güter des erst im J. 1346 als Filial von *Simonis* gegründeten Kirchspiels *St. Marien*, zum Unterschied des grossen Kirchspiels *Amplae Mariae*, *Neukirch* oder *Klein-Marien* genannt, wurden zum District *Jerwen* gerechnet, dessen Grenze hier durchlief, daher auch die dahin gehörigen Besitzungen der Dänen in dem bloss auf *Harrien*, *Wierland* u. *Allentacken* beschränkten Liber Census nicht weiter berührt sind. Uebrigens fehlen auch in der Parochia *Vov* die nach dem Peipus-See hin gelegenen Güter *Onorm* und *Tuddolin*, zu welchem letzteren jetzt eine Capelle als Filial von *St. Jacobi* gehört.

1666. Habuit forte cum *Henrico de Wispen*, qui interfectus erat, eo tempore, quo hoc catastrum scribebatur [offenbar aber geht das *occisus est* nur auf *Temmo*, nicht aber auf *H. de Wispen*, wie Suhm annimmt].

Pag. 106.

X. In Lemmun Kylagund[7]).

12. Parochia Kactaekylae [1667]).

Thideric / Silgele [1668]) V.
de   { Hyruelae [9]) XII.
Kyuael [8]). (Auendoys [1669]) X.

7) [Möglicherweise ist dieses *Lemmun* mit dem vorhin genannten *Lae-mund* Kylaegund ein und dasselbe, wie Hr. Pastor Knüpffer bei dessen Erwähnung pag. 106 Anm. 9 vorausgesetzt hat, doch lässt die verschiedene Schreibart und das Beispiel des Kylaegunds *Alentagh* und *Askael* auch hier die Annahme verschiedener Districte mit nur je einer Parochie sehr wohl zu].

1667. Hodie parochia *Simonis*, olim *Katküll* a villa hujus nomi-nis, et ab Esthonica voce *Katk* vel *Katkud*, i. e. stagno. Hupel III, 494. [s. v. Bienenstamm S. 84 und Possart S. 263—267. Auch geo-graphisch-statistische Nachrichten über das Kirchspiel *St. Simonis* im Inlande 1837 Nr. 48 und 49, desgleichen geschichtliche Nachrichten von der *St. Simonis*-Kirche in Ehstland ebendaselbst 1838 Nr. 39 und 40]. Wahrscheinlich hat aber nicht *Kactaekylae*, sondern *Katcaekylae* in der Urschrift gestanden, welches mit Hupel's Ableitung übereinstimmen würde, wie die Kirche und das Kirchspiel denn auch in dem Titularbüchlein von 1586 *Katküll* oder *Ketküll* genannt wird, wahrscheinlich nach dem da-selbst gelegenen, zu *Awandus* gehörigen Dorfe *Katko*. Dagegen erinnert die Kirche *Ketküll*, welches mit *Kaetaekylae* übereinstimmt, wenn in der ersten Sylbe *e* für *c* gestanden haben und nur unrichtig dieses für jenes gelesen oder geschrieben sein sollte, an das Dorf *Kettis Heinrich's* des Letten, s. Script. rer. Liv. I, 252 u. 278 und Arndt's livl. Chron. I, 165 u. 189, das aber in der Provinz *Lappegunda* des Districts *Jerwen* an der Grenze von Wierland lag, und wo nachher von den Dänen eine Kirche erbaut ward. Diese ist daher wohl die älteste oder doch gewiss eine der ersten christlichen Kirchen in Ehstland und wurde sie von König *Wal-demar III.* am 2. Mai 1346, als den Aposteln *Simon* und *Judas* geweiht, der bischöflichen Hauptkirche unserer lieben Frauen auf dem Domberge zu Reval einverleibt, s. H. R. Paucker, Ehstlands Geistlichkeit S. 201, und ihr auch die neuerbaute Kapelle *St. Marien* als Filial zugelegt, S. 195 ebendaselbst.

8) Dessen ist bereits pag. 93 not. 1550, S. 86 Anm. 2, S. 91 Anm. 15, S. 96 Anm. 2, S. 98 Anm. 4, und S. 100 Anm. 2 erwähnt worden.

1668. Nescio, an *Selli*, quae habet 9 uncos. Hupel III, 495. Dies ist richtig das Gut *Sellie* an der Strasse nach Dorpat, mit jetzt nur 5½ Haken, an der äussersten Grenze von Ehstland gegen Livland. [v. Bienenstamm S. 86, Possart S. 262].

9) *Hyruelae* an einem grossen Morast, Dorf *Hirla*, getheilt zwischen den Gütern *Woibifer* und *Poidifer* seit dem 16. Jahrhundert.

1669. Hodie *Awandes*. Habet 26⅔ uncos. Hupel III, 494. Die Land-rolle von 1586 nennt es allerdings *Avendes*, die von 1840 gibt *Awandus* zu 26⅔ Haken an. [v. Bienenstamm S. 84, Possart S. 260].

| Eilardus Albus [1]) | { | Viliacaueri [1670]) VI, non a rege. |
| | | Emomaekae [1671]) X. |

Hermannus fraetaeland	{	Kogelae [1672]) XII, non a rege.
		Tamicas [1673]) VIII.
		Kaersaelae [2]) II.

Villelmus Ketting [3])	{	Salda [1674]) XV.
		Kaegynurmi [4]) XII.
		Katinkylae [5]) III.

---

1) S. oben *Johannes Albus* pag. 104 not. 1639.

1670. Nescio, an *Wennefer*, quae habet 9½ uncos. Hupel III, 495. Dies ist ein Irrthum; *Viliacuerge* ist das Dorf *Willakfer* oder *Willak-werre* unter *Waimastfer* in Livland, etwa 3 Werst von *Koil*, an der Grenze von Ehst- und Livland. Zur Zeit der Schwedenherrschaft war es streitig zwischen den Kirchen zu *Lais* und *St. Simonis*. Die Gemeinde hielt sich zu dieser letztern Kirche, das Consistorium zu Dorpat entschied aber zu Gunsten der Kirche zu *Lais*, wohin das Gebiet seitdem gehört.

1671. Hodie *Emmomeggi*, quae habet 8½ uncos. Hupel l. c. Dies ist richtig Hof und Dorf *Emmomüggi*, mit der noch jetzt gleichen Hakenzahl. [v. Bienenstamm S. 86, Possart S. 260].

1672. Hodie *Koil*. Hupel l. c. Richtig Hof und Dorf *Koil* an an der Livländischen Grenze mit 5 Haken. [v. Bienenstamm S. 85, Possart S. 261].

1673. Hodie *Tammik*, quae habet 11 uncos. Hupel l. c. *Tamikas* ist nicht der Hof *Tammik*, welcher unten folgt, sondern das zu diesem Gute gehörige Dorf Klein-*Tammik*, nahe bei dem gleich folgenden *Kersel*.

2) *Kaersaelae*, das Gut *Kersel* im Kirchspiel *St. Marien*, wovon jedoch ein Dorf Kurtna nach *St. Simonis* gehört. [Mit diesem beträgt *Kersel* 10⅜ Haken s. v. Bienenstamm S. 83, Possart S. 259].

3) S. oben pag. 102 not. 1630, S. 90 Anm. 6 und S. 95 Anm. 15. Vielleicht führte *Willelmus Ketting* seinen Namen von dem Dorfe *Kattinkylae*, das ihm gehörte.

1674. Forte *Sall*. Hupel l. c. Allerdings Hof und Dorf *Sall*. [Es hält 10²⅟₇ Haken s. v. Bienenstamm S. 85, Possart 262].

4) *Kaegynurmi* ist nicht auszumitteln, wahrscheinlich war es ein früheres Dorf von *Sall*, das eingegangen. [Unter dem nahegelegenen Gute *Koil* erinnert das Dorf *Kawerre* einigermassen an *Kaegynurmi*].

5) *Katinkylae*, Dorf *Kaddiküll* unter *Sall*.

Dominus Rex
{
Tamicas [6]) IX. Dominus Otto XII.

Lestaenormae [1675]) II. Dominus Gotscalcus et Henricus XV. a domino Ottone.

Auespae [7]) VIII.

Paysseuerae [1676]) VIII. Henric Hund VIII.

Maeinard [8]) VII, non a rege.
}

---

6) *Tamicas.* Dies ist der Hof und das Dorf Gross - *Tammik*, nahe bei *Sall* und *Lassenorm* gelegen, und häufig einherrig mit *Sall*, daher es ehstnisch auch wohl *Salla - Tammiko* heisst. [Dazu gehören 9½ Haken s. v. Bienenstamm S.-85, Possart S. 262.

1675. Hodie *Lasinorm*, quae habet 12½ uncos. Hupel l. c. Das ist richtig und auch die Hakenzahl des Gutes noch dieselbe.

7) *Auespae*, Dorf *Awispae* unter *Ottenküll* im Kirchspiel *St. Marien.* Dies ist wahrscheinlich das grosse Dorf an der Grenze von Wierland und Jerwen, welches Heinrich der Lette in den Script. rer. Livon, I, 236 *Anispae* nennt, wenn nicht irrthümlich *n* für *u* gelesen worden, oder ein solcher Schreibfehler der abweichenden Leseart zum Grunde liegt.

1676. Hodie *Pastfer* vel *Paastfer*, quae habet 15¾ uncos. Hupel l. c. *Paysseuerae* ist allerdings Hof und Dorf *Pastfer* [vor Alters *Paistfer*, s. Landg. II, 8, mit noch 15¾ Haken, wie schon zur Schwedenzeit], ehstnisch *Paaswerre*.

8) S. oben pag. 102 not. 1625. [Vielleicht besass dieser *Maeinard* und sein Nachbar *Henrich Hund* die an *Pastfer* nahe angrenzenden Waldgüter *Rocht, Rachküll, Münkenhof, Wennefer* und *Kerro*, deren im Liber Census gar nicht gedacht ist, entweder weil die Wälder jener Gegend damals noch zu wenig gelichtet und die Besitzungen daher noch zu wenig angebaut waren, oder weil man jene Gegenden wenigstens zum Theil wohl noch nach Livland rechnen mochte, wie denn namentlich *Münkenhof* ein Klostergut der Abtei *Falkenau* bei Dorpat war und von der Verwaltung der Mönche dort seinen Namen behalten hat.

Zum Schluss nur noch die Bemerkung, dass wie in Heinrich's des Letten Chronik, so auch im Liber Census Daniae 5 Kylaegunden oder Districte in Wierland vorkommen, von denen jener indessen nur 3 namhaft macht: *Pudymen*, vielleicht das *Paydola* des Census in der Gegend des jetzigen *Pöddes.* — *Puduren*, etwa das *Purdus* oder *Purdis* des Census im heutigen *Pühs* und *Purtz* oder Alt- und Neu-*Isenhof*; weiter mochte der Letten-Priester in *Allentacken* nicht vorgedrungen sein, — und *Tabellus*, das sich in den uns aufbehaltenen Ortsnamen nicht wieder erkennen lässt, vielleicht das südliche und westliche Wierland in sich begreifend. Woher die gänzliche Verschiedenheit der Bezeichnung dieser 5 Districte, welche der Census als *Repel, Maum, Alentagh, Askaelae* und *Laemund* oder *Lemmun* Kylaegund aufführt, in diesen beiden ältesten Quellen unserer heimischen Geschichte und Geographie herrühren mag, ist nicht leicht zu bestimmen. Gewiss aber lässt sich vermuthen, dass Heinrich der Lette, wenn nicht falsch berichtet, so doch wenigstens nicht genau genug von Allem unterrichtet war, da er Ehstland nur ganz gelegentlich auf raschen Durchzügen kennen lernte und der Landessprache hier wohl kaum mächtig gewesen sein wird; dagegen die dänische Regierung, welche das Catastrum anfertigen liess, den Grundbesitz in dem ihr unterworfenen Ehstenlande wenigstens dem Namen nach kennen musste. Die Chronik des Ersteren entlehnt vielleicht die Namen einzelner Districte von besonders merkwürdigen Ortschaften, wie oben bemerkt, oder bezeichnete sie wohl auch nach besonders hervorragenden Häuptlingen, wie z. B. *Kubbesele* in Lettland nach dem so hochgestellten Livenfürsten *Caupo* oder *Kobbe*, während der District doch ohne Zweifel einen andern Namen geführt haben wird. Jedenfalls ist der Liber Census in der geographischen Beschreibung von Harrien und Wierland ein ungleich genauer unterrichteter und zuverlässigerer Führer, als es die Chronik des sonst so ehrenwerthen Letten-Priesters H e i n r i c h hierin sein konnte, dem wir dagegen in dem Gebiete der von ihm aufgezeichneten Geschichte seiner Zeit in unsern Provinzen um so zuversichtlicher und vertrauensvoller folgen, als er da in Wahrheit und Treue unter seinen Zeitgenossen und Nachfolgern fast einzig und allein dasteht.

Register der Personen-Namen.

A.

Abel (König v. Dännemark) 30.
Adam s. Schraffer 57.
Adam fil. Regneri 78.
Aeverard 37.
Alaud, Herman 50.
Alber 91.
Albern, Albert s. de Kokael 87.
Albernus, Godefriti frater 88.
Albert 83.
Albert, Albertus, Bischof in
   Livland 28. 29. 31. 48. 57.
Albert s. de Osilia 63.
Albertus 90.
Albrict 59.
Albs, Johannes (Albus) 91.
Albus, Eilardus 102.
Albus, Henric 70.
Alexander 60. 81.
Alexander s. de Rumen, Abt
   in Gothland 71.
Alexander VI., Papst 34.
Ampten, Bischof Friedrich 69.
Angaer, Anger, Gerarth de 21.
   60. Haenrich fan 36.
Apelgart, Tuco 59.
Arnald, Arnold 34. 35. 66.
   67. 70.
Arnald s. Litlae 67. 70. 79.

Arnaldus 90.
Arnaldus s. Parvus 84.
Arnaldus s. Litlae 67. 70. 79.
   84. 90.
Arus, Aarhus, Nicolaus de, da-
   nus 49. Petrus, Bischof von 7.
Ascerus, Bischof von Ripen 7.
Asserien 21.
Athenhorp, Henricus de 50.

B.

Baat, Henric 70. 80.
Balduinus, episcopus Semigal-
   lensis seu Selonensis 82. 83.
Baldwini, episcopi, frater v.
   Nicolaus 82. 83. 86.
Barel, Henri de 99.
Barre, de la 99.
Barto 33.
Basilius 46.
Batae, Henric 70.
Bechschonek, Heithenricus de
   80.
Bechschouede, Heidenricus et
   frater Henricus de 80.
Bernard 78.
Bernard s. de Bixhouaet 80.
   99.
Bertald 70.

Bertold v. Campanei 50.
Bertold v. de Maekius 79.
Bertoldus v. de Swavae 50.
Bertram 56.
Bertram s. Blomae 100.
Beuer 91.
Bicharth 97.
Bickaeshöveth, Heidenricus, Heitenricus de 6. 21. 80.
Bixhouaet, Bixhövet, Bernard de 80. 99.
Bixhöueth, Bixhöwet, Henric, Henricus de 80. 90.
Blomae, Bertram 100.
Borg, Petrus (Bischof von Roeskild) 7.
Borg, Simon von der, Bischof von Ehstland 27.
Brakel 99.
Brakel, Hans 96.
Bremen, Tuue 55.
Budberg, Landräthin 57.
Burguardus, magister s. Burkhart von Hornhausen 55. 56.
Buxhöwden 80.

C.

Campanei, Bertold 50.
Canut IV. und König Canut der Grosse 33.
Carbom, Carbomae, Henricus 35. 53.
Caupo 104.
Christian s. de Holzaetae 97.
Christiarn s. de Holsatae 84.
Christiarnus 84. 89. 90.
Christina, Königin von Schweden 69.
Christophorus I., rex 6. 7. 27. 69.
Chulmo 33.
Clemens IV., Papst 60.
Clodt 21; von Jürgensburg, Freiherren 82.
Cocus, Johannes 85.
Cokaenhus, Thideric de, s. Kokenhus 58. 78.

Collae, Cola, Tuui 38. 55. 71. 73.
Colongue 99.
Conrad, Abt 58.
Conradus 60. 64.
Conradus juvenis 63. 64. 68.
Conradus s. Haefskae, Höfskae 70. 71. 85.
Crusae, Jon 57.
Curia Domini Regis 73.

D.

Delwig, Obristl. v. 96.
Diedrich s. von Kivel 86.
Dietrich s. Duue, Tuue, Taube 55.
Dittmann 93.
Domkirche in Reval s. ecclesia 64. 69. 75.
Domus fratrum leprosorum de Rewelia, Stadt-Siechenhaus oder St. Johannis-Hospital 73. 75.
Duve, s. Tuue, Taube 55.
Dynamynnae, Dynaemynnae, Dunemunde, Monachi de 57. 58. 69. 72. 78.

E.

Ecclesia, bischöfliche Haupt- oder Cathedralkirche auf dem Dom zu Reval 64. 69. 82. 97.
Efrardus 60.
Eggebertus 80.
Eilardus, Eylardus, Heilardus, Eilard, Eilart, Eilhart (v. Hoberg) 46. 54. 60. 61. 80. 83. 91. 98.
Eilardus, Presbiter 96.
Eilardus s. Albus 102.
Eilhart s. v. Hoberc 46.
Ekrist, Thideric de 56.
Elf 35. 57. 99.
Engaelard miles, Engelardus, Engelhardt 56. 86.
Ensiferi, 29. 73.

Equaest, Thideric de, s. Ekrist
  56. 86. 87.
Erhard 46. 47.
Erich Mendwed, König 58.
Ericus 69. 71.
Erik Plogpennig, König 66.
  69. 71.
Ernest s. Röth 52.
Ernestus 90.
Estoni 60.
Eylardus 46. 60. 98.

F.

Fahrensbach 21. 63.
Feuchtwangen, Conrad von, O.
  M. 35.
Föghae, Thorth 36.
Foot, Herman 52.
Fraetaeland, Hermannus 102.
Fraetricus 81.
Frater Baldwini episcopi 82.
Fratres milicie Christi s. Ensi-
  feri 29. 73.
Fretric, Fritric 65. 67.
Friedericus 50.
Friedrich (mit dem Zunamen
  Ampten), Bischof 69.
Fritric s. de Stathae 48.

G.

Galindo 33.
Garcon Gratli s. (Jacob), Thit-
  mar 61.
Gardie, Pont de la 99.
Garto 33.
Gerard, Gerarth, Gerardus 60.
  64. 66. 76.
Gerard, frater Winrici 64.
Gerard s. Klingae 88.
Gerard s. de Milnae 99.
Gerards Skyttae 66.
Gerlacus 70.
Gislaebrict 87.
Godaefrit, Godefrit 88. 96.
Godefrit s. Rigbob 70.
Godefrith 35.

Gotscalcus, et Henricus 103.
Grabae, Henricus 51.
Gratli s. Garcon 61.
Griwe, der Preussen Hoher-
  priester 33.
Gutae, Helf 57. 66. 99.
Guthaescalk, Gottschalk 74.
Gylsen 21.

H.

Haefskae, Conradus 70. 71.
Haelf 35. 57. 99.
Haellae, Siuarth 61.
Haenrich s. fan Anger 56.
Haerborth 35.
Halfpapae, Herbart 58. 78.
Halworth 35.
Hamel, Jan de 50.
Hans s. Brakel 96.
Hans s. Schwartz 56.
Haquin 33.
Harbertus 95.
Harrien 21.
Hartinan (Hartman) 47.
Hastfer, von 85.
Heidenricus s. de Bickaeshöueth
  6. 21. 80.
Heilardus 6. 46. 54. 80. 83.
Heilard 91.
Heinrich, Priester 29.
Heitenricus s. de Bickaeshö-
  weth 6. 21. 80.
Helde, Henricus de 45.
Helf s. Gutae 57. 66. 99.
Hellinger s. Lang 57.
Helruisep 89.
Henri s. de Barel 99.
Henric 65.
Henric s. Batae, Baat 70.
Henric s. de Bixhöueth 90.
Henric s. Hund 103.
Henric s. Lapicida 95.
Henric s. Libaec 50.
Henric s. Morsael 56.
Henric s. de Wispen 100.
Henricus 48. 77. 89. 96. 103.
Henricus de Athentorp 50.

Henricus s. de Bixhöveth 80. 90.
Henricus s. Carbom, Carbomae 35. 53.
Henricus et filii 43.
Henricus s. Gotscalcus et 103.
Henricus s. Grabae 51.
Henricus s. de Helde 45.
Henricus s. de Jochae 47.
Henricus s. de Lothae 77.
Henricus s. Odbrictae 67.
Henricus s. de Rin 46.
Henricus s. rufus 71. 90.
Henricus s. Comes de Schwerin 61.
Henricus s. Comes de Suorthoghae 61.
Herbart 58. 95.
Herbart et fratres sui 60.
Herbart s. Halfpapae 58.
Herbort 53.
Herborth s. Halfpapae 78.
Hercher 89.
Heredes domini Villelmi 66.
Herman 37. 60.
Herman Alaud 50.
Herman s. Foot 52.
Herman, Osilianus 60.
Herman s. Spring 85.
Herman s. Wisae 56.
Hermannus 35. 80.
Hermannus s. Fraetaeland 102.
Hermann, Hermannus, Bischof von Dorpat 29.
Hildelempae 76.
Hilddewarth, Hilddevarth 45. 48.
Hildeward, Hilward 37.
Hiltae 76. 81.
Hilward 37.
Hoberc, Hoberg, Eilard, Eilhart von 46.
Höfskae, Conradus, s. Haefskae 85.
Hoggo 33.
Holsatae, Holsatia, Christiarn de 84.
Hollstein, Jacob, Stael von, General 64.

Holzaetae, Christian de 97.
Hornhausen, Burguardus, Burchard, Burkhart von 55.
Huith, cognatus Lamberti 68.
Hund, Henric 103.

J.

Jacob s. Skyttae 58.
Jacobus 60. 61. 82.
Jan s. de Hamel 50.
Jan s. Rufus 99.
Jan s. Seakaman 79.
Jan s. Stockfisk 53.
Infirmi s. Johannis-Hospital 76.
Jochae, Henricus de 47.
Johann s. Taube, Tuue, Duve 55.
Johannes 35. 59. 69. 71. 74. 77. 80. 88. 90. 96.
Johannes lator piscium 67.
Johannes s. Albs 91.
Johannes s. Cocus 85.
Jon s. Crusae 57.
Jon s. Morae 63.
Jon s. Röth 52.
Jon s. Scakaeman 67.
Isun 93.
Iwarus s. Ywarus 52.

K.

Kalb, Kalff, von 90.
Kanutus 33. 43. 44.
Keding, Keting, Ketting, Willelmus de 89. 91. 97. 102.
Kiampernos, Lambert 54.
Kiewell 21. 41. 69.
Kiuael, Thideric de 6. 21. 41. 69. 81. 91. 101.
Kivael 21. 82.
Kivel, Diedrich von 86.
Kiwael 21. 87.
Kiwel, Henricus, miles 69.
Kiwele, Theodericus 69.
Kiwell, Johann, Bischof in Oesel 41.
Klein s. Litlae, Litle 67.
Klein s. Parvus 84.
Klingae, Gerard 88.
Kloster St. Brigitten 44. 78.

Kloster St. Catharinen 69. 78.
Kloster St. Michaelis 71. 78.
Kloster St. Nicolai zu Düna-
   münde 57. 58. 69. 72. 73.
Kloster zu Padis 57. 58. 78.
Kloster zu Rumen anf der Insel
   Gothland 71. 72. 78.
Knustmorth, Kunstmorth 98.
Kobbe 104.
Kokael, Albern, Albert de 87.
Kokenhus, Thiteric de, s. Co-
   kaenhus 58. 78.
Kynael, Kyvel, Thideric de 69.
   91. 95. 100. 101.

L.

Lablanque, Johann de 99.
Laendaer 34.
Lambert, Lambertus 53. 54.
   65. 68.
Lambert, s. Kiampernos 54.
Lamberti cognatus Huith 68
Lang, Haerbort 36.
Lang, Hellinger 57.
Lang, Lydulf 70. 98.
Lapicida, Henric 95.
Leo 54.
Leo s. de Reno 52. 71.
Leonis gener s. Richard 69.
Leös, Tuui 55. 71.
Libaec, Henric de 50.
Lichard 63.
Lidulf, Lidulff 65. 70. 87.
Litlae, Arnald 67. 70. 79. 84.
   90. 98. Lidulf 70. 87.
Litle, Lütge, Lütke s. Klein 67.
Litwo 33.
Lode, Rötgert 40.
Lode, von 84.
Looth, s. Lode, Odewardus de,
   Capitaneus 35.
Lothae, Henricus de 77.
Ludulf 36.
Luggenhusen, Luggenhausen 21.
   95.
Lybrict s. Polipae 78.
Lybroc 52.
Lycgyaer 52.

Lydbrict 78. 84.
Lydgerus 97.
Lydulf 96. 98.
Lydulf s. Lang 70. 98.

M.

Maeinard 103.
Maeinardus 88.
Maekius, Bertold de 79.
Margarethe, Königin 35. 61. 80.
Mariae virginis sc. ecclesia ca-
   thedralis 64.
Martinus 60.
Martinus IV., Papst 30.
Marwar 59.
Mattil s. Risbit 56.
Maydell 21. 95.
Meck 79.
Mendwed, Erich, König der
   Dänen 58.
Milnae, Gerard de 99.
Monachi de Dynamynnae 57.
   58. 69. 72. 73.
Monachi de Gutland ex mona-
   sterio Roma 71. 72. 78.
Monachi monasterii Stae. Catha-
   rinae Revaliae 69.
Morae, Jon 63.
Morsael, Henric 56.

N.

Nadro 33.
Notango 53.
Nicles s. Stenpikker 88.
Nicolaus (Bischof von Viborg) 7.
Nicolaus, danus, de arus 49.
Nicolaus, frater Balduini epi-
   copi 83. 86.
Nieroth 80.
Noctae, Thidericus de, s. Nortae
   71. 84.
Nogat, Thidericus 71.
Nortae, Thidericus de, s. Noctae
   84. 98.

O.

Odbrictae, Henricus 67.
Odwardus, Odewardus, Odewart,

s. Lode 35. 53. 55. 73, Puer
  Odvardi, Odward's Knappe
  41. 42.
Olaus (Bischof in Ehstland) 78.
Ölric 37.
Ölricus 65.
Ordo Teutonicus, Deutscher
  Orden 29.
Osilia, Albert de 63.
Othin 44.
Otto 47. 103.

P.

Paeter s. Tolk 37.
Pahlen, Freiherren von der 63.
Palne, Palnis s. Tuue 6. 55.
  61. 63. 88.
Palnissun, Tuu 55. 61.
Palnisun, Woghaen, Capitaneus
  61.
Parenbeke 21.
Parvus, Arnoldus s. Arnold Litlae
  34. 35. 67. 70. 79. 84. 90.
  98.
Pergolla, Widewud's Weib 33.
Petrus (Bischof von Arhus) 7.
Polipae s. Lybrict 78.
Pomezo 35.
Presbiter, Eilardus 96.
Prister 77.
Puster 77.

R.

Rath zu Reval 55. 80.
Regner s. dessen Sohn Adam 78.
Reimarus 83.
Reno, Leo de 52. 69. 71.
Revalsche Domkirche 64. 66.
  69. 73. 75.
Revel 21.
Rex, dominus 36. 38. 39. 40,
  41. 49. 51. 52. 58. 64. 66.
  67. 68. 69. 73. 74. 75. 78.
  81. 83. 84. 85. 87. 88. 89.
  92. 93. 94. 96. 97. 99. 100.
  102. 103.
Ricard 92.
Ricardus 96. 97.

Ricbod, Ricbold 98.
Richard, gener Leonis 52. 69.
Rigbob, Godefrit 70.
Rimbolt 52. 53.
Riu, Henricus de 46.
Risbit, Risebiter, Mattil 56.
Ritter- und Domkirche in Reval
  64. 66. 69. 73. 75.
Robert, Robertus, s. Slutter
  66. 88.
Robertus, frater dni. Eilardi 98.
Rötgert s. Lode 40.
Röth, Ernest et Jon 52.
Rufus, Henricus Jan 71. 90. 99.
Rumen, Alexander de, Abt 71.
Rupertus s. de Sluck 66.

S.

Salvatoris sc. ecclesia 64.
Samo 33.
Saxi 64. 70. 77. 84.
Saxo 64. 65. 70. 77. 85. 95.
Saxo f. Petri, Capitaneus 64.
Scakaeman 67.
Scakaman, Jan 79.
Schalauo 33.
Scharenberg 21.
Schraffer, Adam 57.
Schütt, Schütze, Gerhard, Gehrt
  66.
Schwartz, Hans 56.
Schwebs, Staatsrath von 94.
Schwerin, Henricus comes de
  61.
Senkau 67.
Sifrith 70.
Simon 59. 88.
Siuarth s. Haellae 61.
Siuerth-Puster 77.
Skytt, Skyttae, Gerard, Gehrt,
  Gerdt, Giärt 66.
Skyttae, Jacob 58.
Sluck, Rupertus de 66.
Slutter, Sluter, Robert, Robertus
  66. 88.
Spring, Herman 85.
Stackelberg, Graf 97.
Stackelberg, Kammerherr 89.

Stael von Holstein, Jacob, General 64.

Stathae (Stade), Fritric de, s. de Urbe 48.

Stenhacker, Henricus, 68. 88. 95.

Stenpikker, Nicles 88.

Stokfisk, Jan 53.

Stryck 21.

Sturae, Thideric de (Steyer) 57.

Sudo 33.

Sune 93.

Suorthoghae, Henricus comes de 61.

Swavae, Bertoldus de (Schwaben) 50.

Swort, Sworth, Thidric, Thidericus 88. 99.

T.

Taemma, frater Wibaerni 54.

Taube s. Tuue 55. 63.

Temmo 100.

Theodorich, Priester 29.

Thetwardus 87.

Thideric, Thidericus 36. 37. 48. 69. 71. 80. 84. 98.

Thideric s. de Cokaenhus 58.

Thideric s. de Ekrist 56.

Thideric s. de Equaest 56. 86. 87.

Thideric s. de Kivael, de Kiwael, de Kyuael, de Kyuel 6. 69. 81. 82. 86. 91. 96. 98. 100. 101.

Thidericus s. de Noctae, de Nogat 71.

Thidericus s. de Norţae 84. 98.

Thideric p. Odvardi 41. 42.

Thideric s. Sturae 57.

Thidric s. Sworth 99.

Thitmar, Thitmarus 61. 71.

Thomas 37. 53.

Thorapita 89.

Thort s. Föghae 36.

Tiesenhausen, Freiherren 80.

Tiesenhausen, Berend v., Wittwe 81.

Tödwen 34.

Tolk, Tolks, s. Paeter 37. 79.

Tolk s. Waerner 79.

Tolks 21. 87.

Torchill, Torkill, Bischof 37. 41. 64. 71. 81.

Tuco 59. 61.

Tuki s. Wrang 21. 66. 67.

Tuu, Tuue, Tuve, Tuwe 55. 61. 63. 88.

Tuui s. Cols 38. 71.

Tuui s. Collae 55. 73.

Tuui s. Leös 71.

Tuui s. Palnis 63. 88.

Tuu s. Palnissun 55. 61.

U.

Ulrich s. Ölric 37.

Urbe, Jacobus de, s. de Stade, Stathae 48.

Uxküll, Johann 34.

Uxküll, B. J., Mannrichter 57.

V.

Villelmi heredes 66.

Villelmus, dominus 95.

Vinric 67.

W.

Waerner s. Tolk 79.

Waeszaelin, Waezelin 35. 52. 53.

Waldemarus II. rex (Waldemar, König von Dännemark) 5. 6. 7. 8. 11. 13. 27. 30. 31. 33. 34. 41. 53. 55. 59. 64. 73.

Waldemari regis filius naturalis v. Kanutus 43.

Waldemar IV., (König von Dännemark) 78.

Walter 69.

Walterus 79.

Wangersheim, Hakenrichter 96.

Warmo 33.

Wescelo, Wesselin, Wesselinus, Kaplan 53.

Wessenberg 93.

Wibaern 54.

Widewud 33.

Widid 88.
Wikinger 33.
Wilbrand 69.
Wilhelm von Modena, Bischof 76.
Wilhelm's Erben 67.
Willelmi relicta 90.
Willelmus s. de Keding, Keting, Ketting 89. 90. 95. 97. 102.
Winald 68.
Winric, frater Gerardi 64. 67.
Wisae, Herman 56.
Wispen, Henric de 100.

Woghaen s. Palnissun 61.
Woldemar, König, der Sieger 99.
Woldemar III. 101.
Wrang, Tuki 21. 66. 67.
Wrangell 66. 96.
Wrangell, Mannrichter Carl 96.
Wrangell, Oberst 96.

Y.

Ywarus 34.

Register der Ortsnamen.

Erklärung der gebrauchten Abkürzungen.

D. Dorf. — Dstr. District. — G. Gesinde. — Fl. Fluss. — H. Hof. —
Hl. Hoflage. — Klg. Killgund. — K. Kirche. — Kl. Kloster. — Kp.
Kapelle. — Ksp. Kirchspiel. — Kr. Krug. — Lds. Landschaft. — M.
Mühle. — Pɪ. Provinz. — Schl. Schloss. — St. Stadt.

A.

Aa, H. 96.
Aarhus 49.
Aaso, D. 61.
Aaso-mäggi 61.
Accola, Accota s. Haggud 39.
Achildelempae, Aehildelempae 47. 48.
Ackelap, D. 55.
Adalica 71.
Adalsyssel, terra maritima s. Wiek 31. 32.
Addila, H. 34.
Addinal, H. 83. 86. 87. 90.
Adele, D. 78.
Adelic, Athelic 71.
Adisel, G. 47.
Adnaeias 90.
Aeilaes, Aela, D. s. Harm 49.

Aekizae, Aigitse, Aitz D. 35. 36.
Aesmecke, D., Aessemeggi 61.
Agginal 92. 93.
Abagfer, H. und D. 93.
Ahhila, D. 86.
Ahhisilla, Hl. 48.
Ahila 49.
Abisill, Hl. 48.
Ahyla, H. 48.
Aigitse, D. 35.
Ailaes 48.
Ailis, Ailiperre, D. 62.
Aita, D. 58.
Aito, H. und D. 96.
Aitol 58.
Aits, Aitz, Neu-, H. Gross-, D. 96.
Akedolae 87.
Akimal 93.

Akiolae 53.

Akylla, Aekylla D. 53. 59.

Alaetagh, Alentagh, Alentakae, Allentacken, Allo-taggane 18. 31. 73. 74. 83. 86. 91. 94. 100.

Alafae, Allefer, D. 42. 47.

Alamtsi, D., Alanascae 51.

Alauerae, Allawerre, H. 47.

Alber 62.

Alempos, Alempoys, Klg. 15. 30.

Alipar, G. 48.

Allafer 42. 46.

Allants, D. 44.

Allawerre, H. 47.

Allefer, D. 42.

Allentacken, Allentaken, Allentagh, Kylaegmd 18. 31. 74. 83. 86. 91. 94. 100.

Alliqua, D. 59. 60.

Allo 37. 38. 42.

Alloperre, D. 62.

Allowerre, Alouerae, D. 82.

Altengut s. Wahhakant 40.

Altenhof, H. 84. 85.

Alumbus, s. Alempos 30.

Amma, D. 85

Ammer, D. 59.

Amplae Mariae (Ampel Ksp.) 100.

Anafer, G., s. Hanaras 39.

Andja, H. 90.

Andikewaerae 85.

Angaer, Angeru 36. 40.

Angerja, D. s. Hanaras 39.

Angelby, Anglokülla, 61.

Anispe 103.

Ankse-saar s. Wrangelsholm 67.

Annigfer, H. 85.

Aokülla 87.

Apur 81.

Arbafer, H. 81.

Ardada, Ardala 88.

Arensburg 15.

Arhus, arus (in Dännemark) 7. 49.

Arhukylae, Arrokyll, D. 57. 60.

Arissilae, Arysill, D. 86.

Arkenallae 82.

Arknal, H. 82.

Arla, D. 88.

Arrangwerre 42.

Arrese, D. 86.

Arro 57.

Arroküll, Arrokyll, H. 51. 57. 58. 72. 79.

Arrowall, H. 48.

Artinas 79.

Arus, Aarhus 7. 49.

Asae, Asse 44.

Asaebaek, Asenbach 61.

Asaeleus 44. 46.

Asaemulae 16. 98.

Asa - Sysler 32.

Ascalae, Askaelae, Klg. 18. 95. 97.

Asgard 57.

Asmiekae, Aasomäggi, Asenberg 61.

Ass, H. 21.

Assak 75.

Assamalla 16. 98.

Asse 44.

Asserien, H., Assery 21. 88. 89.

Assuncauae, Assenkau, D. 75.

Atanascae 51.

Athelic 78.

Attel, H. 44. 49. 51.

Atto, D. 58.

Auendoys 101.

Auespae 103.

Auküll, D. 84.

Aunapo 45.

Avendes, Awandes, Awandus, H. 101.

Awerre, D. 65.

Awispae, D. 103.

Awwinorm H. 17.

Ayentacka 56.

Aytis 96.

B.

Baltisch - Port, See - Stadt 55.

Bärendorf, s. Ottenküll, Ottiküll, 21.

Barten, Bartia, Bartonia, das Barterland in Preussen 32. 33.
Bartholomaei, Ksp. in Livland 15. 29.
Bialystock, Bielcensis terra 33.
Bias 86.
Boicko, Bug, Fl. 33.
Borgholm, Borkholm, Schl. 16. 27. 98.
Borussia, Preussen 32.
Brigitten s. Kloster 44. 65. 78.
Buxhöwden, H., s. Niroti oder Nirottimois 21. 79. 80.

C.

Calablae s. Kailbo, Kallepe D. 43.
Callax 71.
Callumanae 58.
Campen 66.
Capal s. Kappel 58.
Capis 85.
Cappala s. Kappel 88.
Carias 60.
Carola s. Karrol 83.
Carvanal s. Karnakülla 54.
Casacu 44.
Catharinae parochia, St. Catharinen, Ksp. in Wierland 16. 17. 18. 71. 76. 77. 78. 79. 80. 81. 84. 85. 86. 100.
Catharinen, Ksp. auf Nuckö in der Wieck 32.
Chokere, D. 66.
Chudleigh, H. 93.
Cirpae 94.
Cokaenhus, Cokenhusen, s. Kokenhusen 58.
Compayas s. Kedenpae 41.
Corauerae 98.
Coriacmae s. Kaeremecke 47.
Cosius 50.
Coskius s. Kosch und Buxhöwden 80.
Cournal, H. 44.
Culdale, D. 53.
Culmerland in Preussen 33.
Culmias 71.

Cupanal 97.
Curlandia, Curonia, ducatus 27. 28. 33. 44. 83.
Custus - Wacke 36.

D.

Dagö, Insel 15.
Damicas, Damitas 94.
Dänemark (Königreich), Dania 8. 10. 11. 12. 13. 20. 23. 26. 64.
Danemunde s. Dunemunde 57. 72.
Dohbelene, Doblehn in Curland 33.
Dorm, Dore D. 42.
Dorpat, Stadt 29.
Dörper, 42.
Duna, urbs 57.
Dunemunde 57. 72.
Dynamynnae 57. 58. 69. 72. 73.

E.

Ebbafer 29.
Eddara, Hl. 100.
Eddeuer, Eddifer, Eddiwerre, D. 93.
Eddise, H. 92.
Egentak, G. 80.
Egentakaes 56. 80.
Eghaentakae, Egentak 80.
Ehstonia, Esthonia, das Land der Ehsten, Ehstland 5. 6. 8. 10. 11. 12. 13. 14. 16. 19. 20. 22. 23. 24. 25. 27. 28. 31. 34. 44. 61. 74. 104.
Eichenhain, H. 92. 94.
Eimarsmecki, Eimerssmecki, Emmersmecki, Eimersmeggi, D. 54. 59.
Ekius s. Jöggis 53. 80.
Emmari, Emmarn, Emmern, D. 59.
Emmersmecki, D. 54.
Emmomäggi, H. 102.
Emomekae 102.
Engael, Engel, D. 61.
England 12.

Erlenfeld, G. 35. 36.
Ermeland in Preussen 32.
Erras, H. und D. 92. 95. 97.
Erreda 94.
Erredes 94.
Errides, H. 94.
Essemeki, Eisemeggi, Esmäggi, H. 54. 61.
Esso, H. 81.
Eteus 92.
Ettiauerae 93.
Etz, H. 92. 93.
Eukyll, D. 53. 59.
Ey - Syssel, Insel Oesel 31.

F.

Fähna, Fehna, Feine H. 54. 59. 60.
Falkenau, Abtei 10. 36.
Fall, H. 53. 59. 60.
Falster (in Dännemark) 6.
Fall, M. 65.
Farenskot, G. 42.
Fegefeuer s. Kiulo, Kiwilo 21. 41. 52. 65. 69.
Feine, H. 59.
Fellin, St., 30.
Finn, H. und D. 98.
Fionia, Fühnen in Dännemark 70.
Fockenhoff, H. 93.
Fohre, D. und H. 43. 53.
Fonal, H. 71. 77. 78. 81.
Forby, H. 54.
Friedrichshoff 52.

G.

Gabriel 71.
Gailtegarwo, Gailgarben, Gallgarben in Samland 33.
Galindo, Galinden, Galindia, Galindien, Landschaft in Preussen 32. 33.
Gallas s. Jallase, D. 38.
Garthen, s. Grodno 33.
St. Georgii, parochia s. St. Jürgen 29. 65. 72.
Gervia, Jerwa-maa, s. Jerwen 28.
Gesse s. Jesse 81.

Gevi s. Jewe 92.
Goldenbeck, parochia 32. 34. 53.
Gothland, Gutland, Insel 71. 78.
Grodno, St. in Litthauen 33.
Gudwall, Guthwallia, Kl. 71.
Guidan 60.
Gundas 90.
Gutland, Gothland 71. 78.
Guyla 41.
Gylden, D., Gylden-Wacke 53. 60.

H.

Haakhof, Haa, Aa 96.
Haball, Habelach, D. 72.
Habbat, Habbaja, H. 46. 48. 49. 50. 51.
Habbinem, Hapnem, H. 59.
Habelach, Haball, D. 72.
Haber, D. 65.
Hacae 96.
Haccriz, Hackers, Hagger, Haggeri, Haggers, parochia 16. 30. 34. 50. 51. 54. 62.
Hackel, D. s. Accola 39.
Hackers s. Haccriz 30. 62.
Hackhoff, Hacka Gardh 87. 95. 96. 97.
Haeimestkylae 54.
Haehl, H. s. Hehl 49.
Haelae 98.
Haeppaetha 77.
Haeriae s. Harria 34.
Haermaeto, Hermet, H. 43.
Haeunopo 65.
Haggers, Ksp. s. Haccritz 30. 34. 35. 37. 38. 39. 49. 50. 51. 52.
Haggud, H. 39.
Haiba, G. 36. 37.
Hakroz, Hackers, Haggeri, D. 35.
Halcka 51.
Haldja, D. 85.
Halela 85.
Halelae, parochia, Haljal, Ksp. 18. 24. 31. 73. 85. 86.
Halenhabus s. Hallinap 67.

Haljall, K. u. D. 18. 31. 73. 85.
Haljall, Ksp. 18. 24. 31. 62.
  73. 77. 81. 82. 83. 85. 86.
  90.
Haljawa 67.
Hallinap 66. 67.
Hallo, D. s. Ola 44. 45.
Hama 85.
Hanaegas, Hannia 68.
Hanaras, Hanaros s. Anafer, G.,
  Angerja, D. 39.
Hanaus, D. 97.
Hangus, D. 97.
Hannijöggi, Hannigeck, H. und
  D. 62. 64. 65. 68.
Hapnem 59.
Hapsal, Stadt 32.
Harandaeuaerae s. Arrangwerre
  42.
Harck, H., Harcke 52. 57.
Harco 48.
Harjo - ma s. Harria oder Har-
  rien 31.
Hark, Harka, Harck, Harcke,
  Harcko, H. und D. 52. 57.
  58. 59. 60.
Harkokülla 57.
Harkua 57.
Harm, Harmi, Neu-, H., Alt-,
  H. 43. 44. 49. 50. 51.
Harria, Harriaen, Provincia, Hae-
  riae, Haria, Harrien 16. 17.
  21. 24. 29. 30. 31. 34. 41.
  62. 64. 70. 71. 73. 76. 83.
  100. 104.
Harto, Hardo, Harde, D. 48.
Hasperi 85.
Hattakyla, Hattokyll, Hattoküll,
  H. 51. 58.
Hauauerae 65.
Hauder, D. 84.
Haudis 84.
Heccaerokae 100.
Heckelal 69.
Hehl, Hehle, Haehl, H. 43.
  49.
Heinrichshoff 77.

Helda, D. 49.
Helenhabus s. Halenhabus, Hal-
  linap H. 67.
Helmet, D. 49.
Hemaeri 59.
Heraes 95.
Hergaenpae, Härjapae, D. 89.
Herkial, Herckel, Herckell, D.
  45. 51.
Herküll, Herckell, Herkyll, H.
  44. 45. 46. 51.
Hermae 50.
Hermaes 95.
Hermell, Hirmel, D. 71.
Hermet 38. 43.
Hetkyl 73.
Hettaeracae 100.
Heukael 59.
Hietaggusse, D. 56. 80.
Hiis 90.
Hiltae 84.
Hira, Hirae, Hyo, D. 41.
Hirben 62.
Hirmosta, D. 95.
Hirmus, Hl. 95. 97.
Hirro D. 62.
Hirwae 62.
Hirwen, D., Hiurenkylae s.
  Huirenkylae 59.
Höbbet, Höbbeda, H. 77. 80.
Höckae 85.
Hockerland in Preussen 33.
Hoculae 97.
Hohen 47.
Holki 72.
Holl, D. s. Ola 44.
Hollstein, G. in Preussen 33.
Honolius 84.
Hopasal, Hopesel, Hoposal 37.
Hoppenorm, D. 75.
Höraetha, Hörreda, Hördel,
  H. 49.
Horogoye, Horrogorye, G. 75.
Horumperae 96.
Houonurmae 75.
Howympae, Howi - pael 36.
Huer, D. und H. 59.
Huirenkylae 59.

Hullia, Hulja, Huljall, Hulljell,
H. 77. 80. 81.
Humblakülla 61.
Humebo, Humelo 61.
Hummala, H. 61.
Huxnum 53.
Hvaetel, D. 16. 98.
Hvalet 94.
Hvarelae 95.
Hyraenkulae, Hyraenkylae, D.
58.
Hyre, D. und M. 59.
Hyrla, D. 101.
Hyruelae 101.

J.

Jaccowal, Jackewal, Jackewalt
64. 66.
Jacobi, Ksp. 16. 18. 19. 77. 87.
88. 97. 99. 100.
Jacomeckae, Jackemecke 75.
Jackomeggi, Jagomal, D. 75.
Jaergaekylae, Jerwekülla 69. 73.
Jägel-Wacke (Jöggis) 54. 73.
Jagenael 78.
Jägen-Holm 69.
Jaggala-Wald 66.
Jaggowal, H. 63. 64. 65. 66.
67.
Jakowoldal, Jackewal, Jacke-
walt 66.
Jales, Jallase, D. 38.
Jälgimäggi, Jalgimäggi, H. 52.
Jalkemaetae, Jalkemaecae, Jal-
kemekke, Jalgemeggi, D. 52.
Jallase, D. 38.
Jani-Lin s. Warbola 38.
Järsell, D. 72.
Jaruius 78.
Jarvius, Jerwen, Jersi, D. 72.
81.
Jarwaén 81.
Järwa-ma s. Jervia, Jerwen 28.
Järwe 81. 91.
Jäsala, D. 69.
Iddawerre, s. Loodna 84.
Idenurm 40.
Idla, D. 90.

Jeeleth, Jelleth, parochia Jege-
lecht 17. 31. 41. 61. 62. 63.
64. 65. 69. 70. 71. 75. 76.
Jeggis, D., Jöggis, H. 53. 54.
Jerfes, D. 78.
Jerffaesall, D. 72.
Jerffweküll 91.
Jerkfer 32.
Jerküll, Jerweküll, Järwekülla,
Jerwekyll, D. 69.
Jerlep, H. 45.
Jerto, Järto, D. 78. 84.
Jervius 91.
Jerwakant, G. 39. 63.
Jerwia, provincia, Järwanma, Jer-
wen 15. 17. 19. 28. 29. 70.
72. 100. 101. 103.
Jesse, Jess, H. 81. 82. 85.
Jewe, Ksp. 18. 19. 74. 91. 92.
94. 95. 97.
Igentack, D. 56.
Jid-jalla 90.
Jis 90.
Illuck, H. 91. 92.
Ingermannland, Provinz 17. 95.
Ingliste, H., s. Haehl 49.
Inie 98.
Inis, Inio, Innis, H. 98. 100.
Joa, M. 64. 65.
Joakülla, D. 64.
Joal 64. 66.
Jöbbijerwe, Järwe 91.
Jöelehtme, Jegelecht, D. und H.
62. 70.
Jöggis, H. 53. 73. 80.
St. Johannis, parochia 17. 31.
41. 58. 62. 64. 65. 66. 67.
68.
Johannis-Hospital 73. 75. 76.
Johannishoff, Johannshoff, H.
73. 75.
Jöhntack, Jöetagga, Joentagga,
H. 80.
Jömper, G. 79. 81.
Jörden, Kirchspiel, s. Juriz 16.
30. 40. 43. 44. 45. 46. 48.
49. 51.
Jöwwi, H. 92.

Irgaste, D. 56.
Irmari 71.
Isaak, K. 18. 19.
Isenhoff, Neu-, Alt-, H. 96. 97. 103.
Itereuerae 84.
Itfer, Ittfer, H. 84. 85. 95. 98.
Jukal 64.
Jürgeu, St., Jürrl, Ksp. 17. 55. 59. 72. 76.
Juriz, Juro, Jurro, Jörden, D., H. und K. 16. 30. 45. 49.
Juriz, Jörden, parochia 30. 45, 49. 52.
Jutia, Jütland in Dänemark 11. 70.

K.

Kaaps 85.
Kabbala, Kawwala, Kappel 38., Käbbiküll, D. 36. 39. 41.
Kaberla, D. 71.
Kacal 51.
Kachis 49.
Kactaekylae, Kaetaekylae, parochia 16. 101.
Käddere, Kedderes 68.
Kaddiküll, D. 102.
Kadis, Kathis, D. 49.
Kaegynurmi 102.
Kaeremecke, D. 47.
Kaeris, Kairas, D. 66. 90.
Kaersae, D. 76.
Kaersaelae 102.
Kaetaekylae, parochia 18. 101.
Kaffla 94.
Kahhal, D. 71. 72.
Kahhala 94.
Kahola, D. 94.
Kai, H., Kay, D., Kain 43. 45. 46. 48. 50. 51.
Kaial 72.
Kaidma, D. 95.
Kailbo, D., Kallepe 43.
Kain 46. 50.
Kaipiaverae 47.
Kaiu 46. 50.
Kalameki 72.

Kale, D. 71.
Kalfsholte, praedium in Sialandia 69.
Kaligalae 81. 88.
Kallaeuaerö, Rootsi-Kallawerre, D. 63.
Kallafer, Kalber, D. 63.
Kallamäggi, Hl. 71. 72.
Kallawerre, D., Ma-Kallawerre 63.
Kallax 71. 78.
Kallemeggi, D., Kalameki 72.
Kallepe D. 43.
Kalliküll, D. 81. 88.
Kallina, D. 92.
Kallis, Kalles, D. 67. 71.
Kallo 51.
Kallomets, Kallometz, Kallonetz, D. 58.
Kallus, D., Gross-, Klein-, Kallukse 78.
Kalpy, Kelp, G., H. 35. 36. 49.
Kaltanus 93.
Kalwi, H. 90.
Kämmast, Kömmast, Kommast, D. 59.
Kandalae, Kandel, H., Kandle 83. 86.
Kandküll, D. 99.
Kandukylae 99.
Kangelae 72.
Kangel, Kangla, D. 72.
Kannafer 51.
Kappel, G., H. 35. 38. 88.
Kareperre D. 21.
Kariael 100.
Karjaküll, Karjakyll, Karjakülla, D. 57. 60.
Karies, D. 66.
Kariskae, Karitz, D. 45.
Karku, Körgo, D., Körke, M. 41.
Karla 73.
Karnakülla, Karnaküll, D. 54. 60.
Karol 51.
Karowelae, Karla, D. 73.
Karrila, Karrill, D. 100.
Karritz, D., H. 49. 82.

Karrokülla, D. 60.
Karrol, H. 83.
Karro - welli 73.
Karrunga, D. 16. 78. 100.
Kärso, D. 66.
Karsowene, Lds. in Kurland 53.
Karungca, Karrunga, D. 16. 78. 100.
Kasawan, Kaszawan, D. 45.
Kasawand, Kaswando, D. 45.
Kasiko, Kassika, D. 44.
Kaske, G., Koieck, Kökemoise, 37.
Kasse, D. 50.
Kassiuerae s. Rassiuerae 84.
Kasso, Kassokülla D. 35.
Katal, Kattel, Katala, D. 51. 83.
Kataekylae, Katküll, D. 73.
Katcaekyläe 101.
Katenshapac 85.
Katharinen s. St. Catharinen, Ksp. 31. 62.
Katinkylae, D. 102.
Katka, D. 41.
Katkantagus 85.
Katko, D. 101.
Katkotagga, Hl. 99.
Katküll, Ketküll 73. 101.
Katkuntakusae 99.
Kattel D., M. 51.
Kattentack, H. 84. 85.
Kattisabba 85.
Kau, H. 42. 44. 46. 49. 50.
Kaukis, D. 96.
Kaustinido, Kr. 80.
Kautel, H. 75.
Käwa 39.
Kawal 94.
Kawast, Kawasto, H., M. 84. 85.
Kawpisell, D., s. Kiwise, Kyui-zael 35.
Kawwel, D. 71.
Kaxwold, Kassowald, Kassokülla, Kasso 35.
Kay, D. 46. 50.
Kayfer, Kaiwerre, D. 40. 47.
Kaytamaelae 93.

Keamol 68.
Kebbiküll, D. 38. 39. 41.
Kechtel, H. 37. 39. 40. 41. 43.
Kectaelae 93.
Kedder, H. 68.
Kedenpac, Kchdenpäh, H. 39. 51.
Kegel, Keila, Ksp. 34. 52. 53. 54. 57. 58. 59.
Kegel-Lähn 54.
Kchempe, D. 43.
Kehl, Kehhal, Kele, Ksp., D. 16. 78. 97. 93. 100.
Kehhal, D. 97.
Keikael, Kegel, H. 54.
Kelp, H., s. Kalpy 35. 38. 49.
Kemba, G. 68.
Kemel, D. 68.
Kemnast, Kemnaest, D. 58.
Keppeküll, Kewekülla, D. 39. 41.
Kera, Korme, G., Kermo, D. 76.
Kermae, Kermo, Hl., D. 85.
Kerpell, D. 40.
Kerriste, D. 45.
Kerrefer 42.
Kersaelae 102.
Kersel, H. 16. 102.
Keskfer 32.
Ketherae, Kedder, H. 68.
Ketküll, D. 73.
Kettis, D. 29. 70. 73. 101.
Keykel, parochia, Kegel, Ksp. 16. 17. 30. 52. 53.
Kiaeppaekulae; Kiaeppekylae, Käbbiküll, Kebbiküll, D. 36. 39. 41.
Kiakülla, D. 54. 60.
Kiarkifer, Kerrefer, Hl. 42.
Kiarpalae, Kerpell, D. 40.
Kichlefer, Kiglefer, H. 78. 84.
Kicko, Kikko, D. 79.
Kida, Kio, H. 70.
Kieckel, Kiikla, H. 91. 94.
Kiemal, D. 68.
Kienkylae 60.
Kiepe 30.
Kikalae 94.
Kilpefer 78.

Kiltsi mois, s. Ass, H. 21.
Kimakülla 68.
Kipunkaelae, Käbbiküll, Kep-
  küll, D. 39.
Kircanaos 93.
Kircotaen, Kirckentay, Hst. 52.
Kirfer, Kirkfer, Kirrefer, D. 56.
Kiriawold 51.
Kiriollae maec 51.
Kirk, Kirkus, G. 42.
Kirkota, D. 52.
Kirkull, D. 54. 60.
Kirmaer 37.
Kirna, H. 36. 37. 38.
Kirrimäggi, Kieremecki, Hl. 51.
Kirriwol, D. 51.
Kiskeuerae 82.
Kissofer, D. 82.
Kithae 70.
Kiulo, Kiwilo s. Fegfeuer 21.
  41. 46. 69.
Kiumbala 68.
Kiwise, D., s. Kyuizael 35.
Kiwwioja, D. 68.
Klein-Pungern 32.
Kloster s. Brigitten 62. 65. 78.
Kloti, M., Klotimois s. Peuth,
  H. 21. 82.
Koal, D. 87.
Koci, Kouti, Koykas, Kocken-
  dus 37.
Kocial, Kotz, Kozzo, D. 42.
Kochtel, H. 95. 97.
Kockendey, D. 37.
Kockenhusen, Schloss 58.
Kocoaassen, Kossos, Kossas,
  Kossaste, D. 43. 44.
Koddil, Koidill, Koydill, H.
  42.
Koddowerre, D. 86.
Koerafer, D. 98.
Kogael, Kogel 65.
Kogelae 102.
Kohhala, russisch Керола s.
  Tolks 87.
Kohhat, Koijat H. 35. 37. 38.
  39.

Kohhila, Koil, Koyall, Koylae,
  35. 37.
Köhoy 68.
Koic, Koik Hl. 42.
Koick, Koige, D. 54.
Koieck, D., 37. 42.
Koil, H. und D. 35. 36. 37.
Koila, D. 65.
Koit, Koist 42.
Kök, G. 52.
Kokael 87.
Kökemoise, D. 37.
Kokota, D. 43.
Kolga, Kolk, Kolck, Kolcka,
  H. 71. 72.
Kolgael 92.
Kolga-habla 72.
Koliwan s. Stadt Reval 30.
Kolkis oder Koskis, parochia, s.
  Kosch 16. 30. 41. 42. 44. 46.
Kolliall 92.
Kollota, H. 93.
Köndes, H, 78.
Köndos 78.
Koock, D. 85.
Kook, Kr., H. 65. 87. 89.
Kookendey, Kockendey, G. 37.
  42.
Koorma, D. 88.
Korjoth, H. 85.
Körke, M., Körgo, D. 41.
Korme, G. 76.
Kornal, H., Kurnal 75.
Koronal, D. 51.
Korpywomais 88.
Korwambs, D. 88.
Kosch, Kosse, Koskis, K., Ksp.
  16. 30. 41. 42. 44. 46. 49.
  50. 51. 52. 68.
Kosk 80.
Koskil, Kosch 62. 63.
Kossas, Kossase, Kossos 44.
Kossast 49.
Kossasto, Hl. 44.
Kosse, D. 62.
Kosseküll, D. 44.
Kossküll, D. 50.
Kostaeuerae, Kostfer 65.

Kostifer, H. 62. 63. 65. 74.
Kottewaerae 86.
Kottiper 52.
Kotz, D. 37. 38. 46.
Kotzum, H. 71.
Kow, D., H. 50.
Koy 50.
Koyhel, Koiel, D. 65.
Koykas, D., 37. 43.
Koylae, Koil, Kohhila, Koyall, 35. 37.
Kreutzhoff 52. 54. 57. 58. 60.
Kreuz, Ksp. 17. 32. 59.
Kuaet, Kuate, Kohhat, Koijat 37.
Kubbesele 104.
Kuckarus 92.
Kuckers, H. 91. 92.
Kucke-Pelligk, G. 51.
Kujames, D. 37. 46.
Kuimetz, H. 45. 46. 48. 49. 51. 74.
Kukke, D. 51.
Kuldenkaua, D. 16. 98.
Kulla, D. 71.
Kullama, Kirche zu Golden- beck 32.
Kullawa, D. 71.
Küllenga, D., Hl. 16. 98.
Küllesall 58.
Kullina 97. 98.
Kumna, H. 61.
Kunda, H. 20. 81. 87. 89. 90.
Kunghold, praedium in Sia- landie 69.
Kuowälja, D. 87.
Kupnal, Kupna, H. 97.
Kura-saar, Kurre-saar, Insel Ösel 31.
Kurckus, D. 51.
Küri, Kurtna s. Männiko 37. 51.
Kürri- alla-mäggi 51.
Küriawald 51.
Kurkenoy 51.
Kurkeverae 74.
Kurküll, D., H. 51. 97. 98.
Kurland, Pr. 13. 15.
Kurnal, H. 74. 75.

Kurrena, D. 51.
Kurre-saar, Ösel, Insel 31.
Kurrewerre, Kurrefer, D., G. 74.
Kurs, Hst. 51.
Kürsel, D. 76.
Kurtna, D., H. 38. 51. 93.
Kusala, parochia, Kusal, Kusallo 17. 31. 70. 76. 78. 86.
Kuscaelae, D. 90.
Kuseken, G. 44.
Kusiko, G., D. 40. 50.
Kustizae, Kustja, Kustus, D. 36.
Kutnorm, D. 93.
Kutsala, D. 90.
Kwalae 87.
Kyas, G. 49.
Kyda, H. 70. 72.
Kyfion 68.
Kyllaeuaerae 78.
Kyminaestkylae 58.
Kyuizael, Kawpisell, Kiwise 35.

L.

Laakt, Laggedi, Lahket, H. 65. 75. 76.
Lääne-maa, Wieck 32.
Ladysse 53. 55. 73.
Laelleuer, Lellefer, Lellewerre, H. 40. 63.
Laemaech, Laiekmegk, Laie- meggi 35.
Laemestaekilae 54.
Laemund, Klg. 16. 18. 97.
Laeuel 82.
Lagena, H. 91.
Laidus 55. 73.
Laiduscae, Laitse, Laits, Laitz 53. 55. 57. 73.
Lais, parochia, K. 15. 29. 30. 102.
Lammato s. Sammato 33.
Lanchi, Lanthi, Lante 81.
Ländermegke, D., 47.
Land-Wieck, Dist., 17.
Land-Wierland, Distr. 97.
Langemae, G. 78.

Lanlania, Lanzania in Preussen 32.
Lante, D. 81.
Lappegunde, Lds. 29. 101.
Lassila, H. 16. 78. 100.
Lassinorm, H. 103.
Lateis, Laehts, D. 74.
Laucotaux 48.
Lauge, Laukad, D. 48.
Laukataggusse 48.
Layden, Laiden, D. 53. 73.
Layus, Lejus, Leius, D. 44. 45.
Leal, Lehal, Schl. und Flecken, Bisthum 32.
Lechte, G., Lechts, D. 74.
Leheta, Lehhet, Lähhätt, H. 53.
Lehmja, D. 59.
Lehmja-külla, D. 54. 59.
Lehol, Lehola, D. 59.
Leidis-Wacke 57.
Leitz, Leetz, H., D. 53. 55. 73.
Leiusi, G., Lejns, Leius, D. 45. 46.
Lellefer,Lellewer re, H. 40. 63.
Lellepe, Lelleperre, G. 63.
Lembde, Lemiell, Lemial, D. 73.
Lemeküll, D. 54.
Lemethel, Lehmja, D. 74.
Lemethos 59.
Lemial, H. 74.
Lemkylla, Lemküll, D. 54.
Lemmiaküll 54.
Lemmial, Lemkyll, D. 59.
Lemmun, Kylaegund 16. 101.
Lendae lemet 47.
Lenderma, D., Lendermegke, 47.
Lepac, Lepate 38.
Lepna, D. 82.
Leppiko, D. 38.
Lepte, D. 38.
Lestaenormae 103.
Lesy, D. 38.
Lethonia, Lettland 33. 104.

Leuetae 53.
Leuzen, Kirchdorf in Preussen 32.
Lewola, D. 82.
Lewwa 44.
Lidendahl, D. 43.
Liefland, Livland 13. 15. 17. 19. 27. 28.
Ligaelae, Ligill 85.
Ligus, D. 85.
Lihhola, H. 59.
Lihholep, D. 83.
Lihhoweski 43.
Liikwa, Lieckwa, D. 60.
Lilkaenpet 83.
Lillaeuerae 63.
Limbus 73.
Limmat, Lümmat, Lummède 35.
Limmo, D. 73.
Linas, Linnaal, D. 39.
Linköping, Dioecesis 71.
Linna-mäggi 89.
Lippanal 82.
Lippe, Lipz, Fluss 33.
Lippowöhma 96.
Liqua 60.
Litnanas 43.
Littonia, Littovia, Littuania, Litthauen 32. 33.
Livonia, Livland 17. 19. 27. 28. 44.
Loal, H., Lohal-Wacke 36. 37. 40.
Lode, Schl. 32. 53.
Loodna s. lttfer 84.
Lopae, Loop, H. 80. 81. 83.
Luggaene 95.
Lüggandusse, D., Lyggandusse, K., Luggenhusen, Ksp. 18. 74. 87. 89. 90. 91. 94. 95. 97.
Luggenus, D. 21.
Lükkat 63.
Lund, St. 37.
Lyddendal 43.
Lygenus 95.
Lyndanisse, Castrum Lyndaniense, non Lyndaviense 30.

M.

Maart, Mahrt, Mart, H. 63. 69. 75. 76.

Machielae 55.

Machters, Mahtra, Mataros, H. 44. 45.

Maddila, D. 55.

Maegaer 57.

Maeks, H., Mekes, M., Mecks, H. 44. 46. 47. 48. 50. 51.

Maeküll, D., Maekülla 47. 50. 59.

Maethcus, Maetaggusse 50.

Mahheda, D. 85.

Maholm, Ksp., Mahho kirrik s. Niggola, K. 18. 74. 82. 86. 87. 88. 90. 91. 99.

Majanpathe, Lds. 39.

Maidalae, D. 21. 85.

Maidel, Maydell, H. 44. 46. 49.

Maier, D. 59.

Mairusa 59.

Maleiafer, Malefer, D. 65.

Malla, H. 88. 90.

Mallefer, D. 65.

Mallula 90.

Mandaes, Monasta, Mönnuste, D. 36.

Männiko-, Kurtna, Mennikurten 37.

Mäoküll, D. 79.

Maraküll, Märreküll, D. 57.

Maria Magdalena, parochia 28.

Marjama, Merjama 32. 58.

St. Marien, Ksp., früher Kp. 15. 18. 19. 78. 98. 100.

Mariendahl, Kl. zu St. Brigitten 78.

Marienurm, D. 87.

Marrina, D. 87.

Mart, H. 63. 69.

Martae-Kilae, D. 41. 69.

St. Martens, Ksp. 32.

Masovia 33.

Mataros 44.

Mathetae 39.

Mathielae 55.

Matli, Matti 39. 55.

St. Matthias, Ksp. 17. 30. 53. 56. 57. 58. 59.

Maum, Klg. 18. 31. 86.

Maum, parochia 18 31. 86. 90.

Mauris 86.

Maydalae 95.

Maydel, Maidell, Maydell, H. 44. 49. 90. 96.

Mecks 44. 46.

Meeküll, Meheküll, D. 50.

Mehetta, D. 96.

Mehheküll, D. 39.

Mehren, Meyern, D. 57.

Meintacus, Mehntacken, Maetaggusse, H. 93.

Mekius, Mäoküll, D. 44. 79.

Melanculae 58.

Mellaes 85.

Memela, Fl. 33.

Memtacus 93.

Menge-Kurten 50.

Mennikurten s. Männiko-Kurtna 37.

Merremois, D. 59.

Meschohtene, Mesothen in Kurland 33.

Metapae 84.

Methias 96.

Metsikus, H. 86.

Mettapaeh, Mettapae 78. 84.

Metzlauk, Metzlouken, D. 58.

Meyentack, D. 50.

Meyern, Gross- und Klein, D. 57.

Milola 88. 90.

Mocha, Klg. 15. 17. 28. 29. 30. 75.

Mödders, Möddriko, H. 99.

Modrigas 99.

Moege, Möge, Mogeke, Klg. s. Mocha 15. 17. 29. 30. 75.

Moikae, Moik, Moick, Moicke, Moiko, Moyke, H. 29. 69. 75.

Moises, Moisaküll, Moisseküll,
D. 75.
Mone (Insel) 15.
Mönniko 37.
Morras, Moratz, Morasz, Mo-
reste, D. 59.
Morrasmäggi, D. 47.
Müla, D. 88.
Muldillippae, D. 96.
Münchewiek 71.
Münkenhoff, H. 100. 103.
Murro, D. 87.
Murumgunde s. Nurmegunda 30.
Musta, Musto, D. 57.
Mustaen 48.
Mustifer, Mustefer, G. 48.
Mustjöe 57.
Musto, D. 48.
Mustuth 57.
Mustwet 57.

N.

Nacalae 79.
Naddalam s. Naddemal, Nata-
mol, D. 41. 43.
Nadrauia, Nadrauen, Landschaft
in Preussen 32. 33.
Naggala, D. 79.
Nahkjalla, D. 59.
Nakael, Nackel, D. 59.
Namerma, D. 32.
Napalae 74.
Nappel, H. 48. 74.
Narffua Ladugards-Lähn 90.
Narva, Stadt 20. 27. 70. 74.
93. 95.
Narvia 93.
Natamol, Naddemal, Naddalam,
D. 41. 43.
Natangia, Natangen in Preussen
32. 33.
Nehat, H. 62. 63.
Neuenhoff, H. 47. 48. 50. 51.
Neukirch s. St. Marien-Kirche
19. 100.
Newe, H. 17.
Niemo, Niemen, Fl. 33.
Nigattae 62.

Niggola sc. kirrik in der Wieck
s. Pönal 32.
Niggola kirrik, Nicolai-Kirche
zu Maholm 86.
Niroti, Nirottimois s. Buxhöw-
den, H. 21. 28.
Nissae, Nisse, Nissi, Niss, Ksp.
16. 17. 30. 34. 37. 38. 39.
51. 53. 55. 56. 57. 73.
Noa rotsi, Nuckö 15. 32.
Nömme, D. 65.
Normius 55.
Notangia, Notangen in Preussen
32.
Nucke 90.
Nucrae 90.
Nuggers, D. 90.
Nurmegunda, Normegunde, Nor-
mekunde, Nurumegunda, Klg.
15. 28. 30.
Nurmis, Nurms, H. 50. 51. 53.
55. 56. 57.
Nygut-Wacke 48.
Ny-Slotts-Lähn 90.
Nysso s. Nissi, Ksp. 34.

O.

Oal, Ola, D. 44. 45. 52.
Ober-Pala, Oberpahlen, paro-
chia 15. 30. 72.
Obias, Obja, D. 100.
Ocht, H. 59.
Ocrielae, Klg. 17. 31. 72.
Octinus 87.
Odenkatt, Odenkatke, Oden-
kattke, H. 40. 43. 50.
Odenkotz, H., Odenkotsa, D. 38.
Odenpäh, Burg 93.
Odenwald 38.
Odremois, H. 94.
Odris, Ottris, D. 94.
Oeas 90.
Oerten, H. 88.
Oesel, Insel 15. 28. 41.
Offuerbeck, D. 74.
Ogel, D. 49.
Ohhakwerre, H. und D. 93.
Ohhekatko 43.

Ohhekotso, H. 38.
Ohhepal, D. 77.
Ohhoküll, D. 84.
Ohholeppe s. Erlenfeld 36.
Oja 94.
Ojajerwe, G. 81.
Ojakülla, D. 87. 90.
Ojama, D. 94.
Oiel, Oël, D. 42.
Oikae, 52.
Onka, H. 92.
Onorm, Hl., H. 17. 18. 75. 78.
   100.
Ontika, H. 92. 94.
Orawel 54.
Ore, D. 43. 81.
Orfus, D. 67.
Orgiöl, Oriel, Orgiol 34.
Orrenhoff 51. 52.
Orro, D. 34.
Osilia, insula 31.
Ost-Harrien, District 16.
Ost-Jerwen 28.
Othaccauerae 93.
Othaencotaes, Odenkotza, Ohhe-
   kotso, Odenkotz, H. 38.
Othaenpan, D. 76. 77.
Othengac, Othengat, Odenkat,
   Ohhekatko, D. 43.
Otoll, D. 52.
Ottenküll, Otti-külla, H. 21. 36.
Ottenpa, Odenpaeh, D. 77.
Ougel, D. 42.
Öuhut 77.
Ouna, Ouuapu, D. 45. 65.
Oyckalla, D. 87.
Oyka, D. 52.
Oylaperre, G. 65.

P.

Paasküll, D. 89.
Paatna, D. 84.
Paccari 93.
Paccas, Pakkas, G. 74.
Pachel 34.
Padagas 88.
Paddas, H. 87. 88. 89. 90. 91.
Paddesso 38.

Paderborn, Stadt 55.
Padis, Kloster Cistercienser-
   Ordens 57. 58. 59. 78.
Paegkalae 83.
Päeide, M. 82.
Paeitis 82.
Pae-murd 89.
Paggar 93. 96. 97.
Paihac, Pajak, Payaek, D. 37.
   39.
Paikna 74.
Pajo-alluse, Hl. 79.
Paionpae, Paiopä D. 69. 73.
Pajumpe, Payempae 73.
Paiunalus 79.
Pakikanal, Paikwal, D. 74.
Pala, Fl. 30.
Palamala, Pallamae, Palla, Pal-
   lama, D. 42.
Palas 50.
Palfer, Palwerre, H. 47. 48.
Palikyl, Pallokülla, D. 43. 48,
Palla, D. 42. 50.
Pallal, D., H. 42. 43. 47. 50.
Pallenkull, D. 43.
Pallfer, Palwerre, H. 47.
Pallifer, D. 47.
Pallofer, D. 47.
Palms, H. 20.
Paltauerae 47.
Pamicus 100.
Pannkyl, Pauküll 48.
Papenwieck 71.
Parenbeke 21. 63.
Parenbychi 21. 63.
Pariawarekylla, D. 63.
Pariol, Parrila, Parrill 68.
Parrasmäggi, Parrassmeggi, D.
   21. 63.
Pasae, Paddesso, D. 38.
Pasich, Pasikes, D. 63.
Pasies 63.
Pasik, Pasick, D., Hl. 68.
Päsküll s. Peäsküll 52.
Pastfer, Paastfer, Paistfer, Paas-
   werre, H. 103.
Pate, D. 92.
Pategas 92.

126

Patenal 81.
Pathes 58.
Pati, D. 39.
Patriekae 76.
Pattick, D. 76.
Patz, H. 91.
Paunküll, H., M. und D. 43.
48. 50.
Payac, H. 37.
Paydelin s. Weissenstein 28.
Paydola 90.
Payempae, D. 73.
Paymol 89.
Payonal, H. 79.
Paysseuerae 103.
Peäskülla, Päsküll, D. 52.
Pebo 74.
Pegast, Pegest, D. 39.
Pehadt s. Pühhat 39.
Pehküll 83.
Peipus, See 15. 17. 18. 19.
28. 96. 100.
Peite, D. 92.
Penningby, H. 68.
Peragodia, Perigodia, in Preus-
sen 32.
Pergel, H., Pargel, D. 64. 65. 68.
Peri, Periby, D., Hl. 91.
Periel, Perjel, D. 65.
Perifer, H. 91.
Pernau, St. 30.
Pernispä, Perrispe, D. 71.
Pernoviensis, provincia 30.
Perri, Hl. 79.
Perrila, D. 65.
Persak, Pörsaküll, D. 38.
Pesack, D. 66.
Peskulae 52.
Petershoff, Hl. 54. 60.
Peuth, H. 21. 82. 83. 84.
Peuthoff, H. 92.
Piacae, Pati, Maian-Pate, D. 39.
Pickaeuaerae, Pittkefer, Pikka-
werre 67.
Pickfer, Pittkefer, Pittfer, H.
65. 67. 68.
Pickuta, Pitkuta, D., Pikkuta,
G. 41. 46.

Pier 91.
Pihhali, D. 34.
Pikaeuaekae, Pikkawerre s. Pick-
fer 67.
Pillistfer, parochia 15. 30.
Pirgall, D. 34.
Pirk, H. 36. 45. 50.
Pirso, D., Pirsch, Pirsoe 62. 68.
Pirsö, D. 68.
Pirsoe 62. 68.
Pitkow-Wacke 68.
Pitkwa, Pitke, Pitkoa, D. 46.
Pittfer s. Pickfer 67.
Poceriis s. Poterus 82.
Poco 92.
Pöddis, Poeddes, Peddis, H. 82.
90.
Pöddrus, D. 82.
Podlachia 33.
Pododt s. Pootsik 92.
Pöho, Pöhhat, D. 58.
Poidifer, H. 101.
Poll, G., H. 38. 88. 99.
Pöllküll, H. 58.
Pöllula, Poll, H. 99. 100.
Pomizania, Pomezania, Pome-
sanien in Preussen 32. 33.
Poenal, Pöhal, Kirchsp. 17. 32.
Pootsik, D., Potzek, 92.
Pörsaküll, D. 38.
Portae 92.
Porussia, Prussia s. Pruzie,
Preussen 32.
Poterus 82.
Pöthraeth 72.
Pöus 58.
Prangli-Saar s. Wrangö, Wran-
gelsholm 67.
Pregel, Fl. 33.
Prösu, D. 62.
Pruzie, Porussia, Pruschia, Prus-
sia, Preussen 15. 27. 32. 33.
Puckurby 96.
Puduren 103.
Pudymen 103.
Puekalle, Landschaft 39.
Pugiotae 72.
Pühhajöggi, Kapelle, 18.

Pühhat, H. 39.
Pühs, H. 86. 94. 95. 96.
Puiato, nicht Puixto, Puyat, Pujatta, D. 72.
Pukar, D. 92.
Pungern 92.
Purculi, Porkall, Purkis, D. 40.
Purdis 96. 103.
Purdus 96. 103.
Purilo, Purgel, Purrila, H. 44.
Purkis D. 40.
Purro, D. 92. 96.
Purtz, H., D. 96.
Pussewelle, G. 58.
Püssi (nicht Piassi, was ein Druckfehler 86.
Püyet, Pühhat, Pöhhat, Pöhe, Pehadt 39.
Pyari 91.
Pyol 34.
Pyri, D. 91.

Q.

Queronia 75.
Quinames, Quiuames s. Kujames, Kuimets 46.

R.

Raad, D. 74.
Rabbifer, G. 35.
Räbla, D. 21. 62.
Rachel, M. 88.
Rachewel, M. 88.
Rachküll, H. 88. 103.
Rackeuerae 99.
Rackfer, D. 47.
Rackwerre, H. 99.
Raddewa, Radwa 94.
Radwas, D. 94.
Raekaevaer, Rackefer 40.
Rael, D. 50.
Raesa, Hl. 90.
Raesaemaekae 54.
Rafel, D., Rawwila, H. 44.
Raggofer, Raggowerre, Raggafer, Raggawerre, H. 99.
Ragwas 94.
Rahhola, H. 52.

Rahküll, D. 88.
Rai 90.
Raja 90.
Raiklap 39.
Raiküll, D., H., Racküll, Rayküll 39. 40. 50.
Rakal, Rack, D. 42.
Rakela 88.
Rakka 51.
Rakwerre 76.
Randu 89.
Ranelik 50.
Rannawald, Rannamois s. Strandhoff 52.
Rannoküll, D. 89.
Ransauerae 92.
Ranwalae 52. 53.
Rapal, Rapel, Rappel, Ksp. 16. 30. 34. 37. 38. 39. 40. 41. 42. 43. 44. 49. 50. 58. 62. 63. 64. 76.
Rapal, D. 62.
Rappel, G. 38. 39.
Rasick, H. 66. 72.
Rasiuerae, Rasiuer 47.
Räsma 54.
Rasmerae, Rasimerae 47.
Rassiwerre, D. 47. 84.
Rastifer, D. 47.
Ratho, Rahdo, D. 74.
Rauangaes, Rauangas 46.
Rauculeppi 99.
Raudanal, Raudenal 88.
Raudlep, D. 99.
Raudna, D. 88.
Raudwerre, D. 99.
Rauelik, Rawel, Rafel, Rawila, D. 50.
Raulaeuaerae 99.
Raumetz, D. 46.
Rauoselke 53.
Rausaverae 92.
Rausiferby 90.
Raustfer, H. 92.
Ranswerre, D. 92.
Rauwal 52. 53.
Rauwalae, Rauola, Rahola 52. 53.
Rawa, D. 46.

Rawala, Rawola, Ravola 47. 53.
Rawel, D. 50. 53.
Rayfer, D. 47.
Rayküll, H. 39.
Raysiferby, D. 90.
Rebbala, D. 64.
Remmeuo 50.
Remmilep, D. 50.
Repel, Klg. 16. 17. 18. 21. 31.
  62. 70. 76. 81. 85. 103.
Reppel 21. 62. 64.
Rettel, H. 65.
Reuaelae, Reuelae, Reuele, Re-
  val, Revalia, Rewel, Provincia
  16. 17. 26. 27. 30. 31. 62.
Reuanal 92.
Reuinol, D. 92.
Reval, Rath der Stadt 55.
Revalia, Reval, Revele, Stadt
  20. 27. 29. 30. 37. 57. 61.
  64. 69. 72. 73.
Revelensis provincia 31. 76.
Rewine, D. 92.
Rewwiko, D. 92.
Reynenen, D. 29.
Riddali, K. s. Rötel 31.
Riesenberg, Alt- und Neu- 34.
  39. 51. 53. 55. 56.
Riga, Stadt 57.
Rikalae 57.
Ripen (in Dänemark) 7.
Risti, K. 32.
Ristwerre, Hl. 77.
Röa, G. 36. 44.
Rocht, Rohho, H. 35. 36. 98. 103.
Rockel, D., Klein und Gross
  12. 42.
Rocol s. Roküll 47.
Rodickae 97.
Rodo, D. 97.
Rodowa, G. 98.
Roeskild (in Dänemark) 7.
Rohomecki, Kst. 54.
Roilae 100.
Roküll, H., Rookyll, Rouküll,
  Reckel, D. 42. 47.
Roma, Ruma, Rum, Rumen, Kl.
  69. 71. 78.

Romove 33.
Rookyll, Rouküll 47.
Rop, G. 49.
Ropae 49.
Rosenhagen 59. 74. 75.
Rotele, Rötel, Röthel, Ksp. 31.
  32.
Rotelewich, provincia 15. 31.
  32.
Rötel, Ksp. 31, K. 32.
Rötmecki 54.
Rotol s. Rocol 47.
Rotula, Rötel, Riddali, Ksp. 32.
Routhae, Röuthae 98. 100.
Ruddo, Ruda, Rukülla, D. 66.
Rughael 54. 69.
Ruil, Ruyel, Ruill, Rughael,
  Rojel, Roela 36. 37. 39. 40.
  45. 54. 55. 69. 91. 98. 100.
Rum, Rump, H., Rumen, Kl.
  69. 71. 78.
Runafer, Hl., Riunifer 37.
Rung, Runghe 71.
Rüsma, G. 54.
Russia, Russland 14. 33.
Rutae, Ruts, Ruddo, D. 66.
Ryghel-Gardh s. Ruyel, Ruil
  40. 54.

S.

Saage, Sauge, G., Sahha, H.
  38. 40. 41. 42. 69.
Saara, D. 69.
Saccala, Provinz, 15. 30.
Sack, G., Sacko, Sackus, H.,
  34. 40. 52. 61.
Saddel, D. 65.
Saddola D. 45.
Sadyalck 51.
Saga, Sage, Sagh, Sahha, H.,
  K. 76.
Saggad, H. 20. 85. 86.
Sahmu-Semme s. Saare-ma,
  Insel Oesel 31.
Saintakae 66.
Sakko, D. 40. 61.
Salablia, Selligel, D. 40.
Salandaris 45.

Salda, Sall, D. 79.
Salentaken, Sallentak, D. 39. 45.
Salgallae 81.
Salge, Selje, Sellie, Zellie, H. 40.
Salimal 86.
Sall, H., D. 79. 102. 103.
Salla, Saula, D. 95.
Sallas, D. 89. 95.
Sallentack, Salntak, H. 39. 40. 50.
Sallo 57.
Sallowal, D. 86.
Saltz, M. 89.
Salunal 86.
Saluual 86.
Samaiten s. Sammato, Ldsch. in Preussen 32. 33.
Samb, D. 67.
Sambas, Sambo, Sams, D. 67.
Samland, Ldsch. in Preussen 33.
Samm, D., H., Samma 88. 89.
Sammato, Samayten 33.
Sammitkertel 66.
Sandae, Sonde, D. 35.
Sandate, Sondo, D. 35.
Särge, Särgewerre 45.
Sare-ma, Inselland Oesel, 31.
Sarmus, Saremois, H. 44. 45.
Sarnae 69.
Sarnakorb 61.
Satael 89. 91.
Sataial, Sattyalck, Saddola, D., Sadyalk 45.
Satzae 91.
Satzo 88. 89. 91.
Saul, Saula, Kr.-G. D. 50. 75. 95.
Saunoy, Saunja, D. 69.
Saur, Saura, D. 69.
Sauss, Sawis, H. 74. 75. 84.
Sauthael 75.
Sawwola, Sawola, D. 89.
Saximois, H. 21. 77.
Sayentacken s. Ksp. St. Johannis 58. 66.
Scalvo, Sclalvo 33.
Scandinavia 44.

Schalauen, Ldsch. in Preussen 33.
Schleswig, 11.
Schwartau, Fl. 61.
Schwartzen, H. 56. 80.
Schwarzbach s. Swartenbeke 57.
Seculis, Seckul, D. 48. 74.
Selge, Selje, Sellie s. Zellie 40. 42. 44.
Selgs, H. 81.
Selja, D. 81.
Selien, Gebiet in Preussen 32.
Selknis s. Sellie, Zellie 40. 44.
Sellaegael, Selligel, D. 40. 81.
Selli, Sellie, H. 42. 52. 101.
Sem, Fl. 88.
Semaer, Sömero 48.
Semgallen, Semigallia 13. 15. 33.
Semis, Semm, H. 88. 89.
Semme, D. 88.
Serde, D. 47.
Serges, Gross- und Klein-, D. 45.
Serneuerae 60.
Serriuerae 45.
Sialandia, Seeland in Dänemark 69.
Sicalöth, Seckull, D. 48.
Sick, M. 48.
Sickaleth, Sicklecht, Sikkeldi, H. 41. 42.
Sickensarwe, G. 48.
Sicklecht, G. 37. 38. 41. 42. 43.
Sickul, D. 72.
Sicudal, Sicutal, Sicutol 71. 72.
Siggel, Siggola, D. 71. 72.
Silgele 101.
Silla, Sue, G. 49.
Silmel 64.
Silms, D. 64.
Silmus, Silms, Silmo, D. 48.
Simonis, Ksp. 15. 16. 18. 19. 70. 79. 88. 97. 98. 100. 101.
Sirgo 81.
Siuge, D. 48.
Seal, D. 86.
Socal, Sotal 65.
Sochentakaes 61.
Sodla, D., Soddel 65.

Soentacken 61.

Soffware, Sowar, D. 60.

Soka, Sakko, Sac, Sacko, Sackus 40.

Sokoera, D. 74.

Somaecos, Somekos 81.

Somaetos 81.

Somaro 48.

Someres 74.

Somerhusen, Neu-, Alt-, H. 82. 87. 98. 99.

Someruerae 82.

Sommer, D. 47. 48.

Sömmeres, Sommeren, D. 74.

Sommerhof, Hl. 47. 48.

Sommero 82.

Somokes, Somikus, D. 81.

Sompneperre, D. 74.

Sonal, Sonalae, Soal, Soale, D. 39. 40.

Sonaldae 86.

Sonorm, Sonurm, D. 97.

Soontagga, Sontaggana, Ldsch. 30. 39.

Sootaggusse 61.

Soppe, D. 94.

Sörwe, D. 60.

Sotala, Sodla 65.

Soul, D. 50.

Stensby 73.

Strandhoff s. Rannawald 52. 57.

Strand-Wieck 15.

Strand-Wierland 18. 74. 77.

Sudauen, Sudavia, Ldsch. in Preussen 32. 33.

Süd-Harrien, Dstr. 16.

Süd-Jerwen, Dstr. 28.

Suik, Suige, D. 49.

Surti 48. 49.

Sutlem, H. 35. 39. 50.

Suyke, Syke, D. 49.

Svandaus 79.

Swartenbeke 57.

Syllonia, Syllonis 32.

Syrs, D. 94.

T.

Tabbaarro 57.

Tabbasallo, D. 57.

Tabellus, Pr. 77. 103.

Taeukeuerae 85.

Tallin, Dani-lin, Dänen-Stadt, Reval 30.

Tamicas 103.

Tamicus 100.

Tammes, M., Tamse, D. 46.

Tammick, H., Tammik, D., Gross-, H. und D., Klein-, D. 92. 94. 100. 103.

Tamsas, Tamse, D. 46.

Tannaper, Tapper, D. 51.

Tannas, Tanuas 46.

Tapaiarhu 57.

Tapawolkae 51.

Tappe, G. 51.

Tapper, D. 51. 57.

Tappesal, D. 51.

Tarpatum, Dorpat, St. 29.

Tarrakus, D. 91.

Tarrama, G. 53.

Tarremeg, D. 53.

Tarrismeggi 54.

Tarwameki 53.

Tarwanpe, Tarwaupe, D. 77.

Tatarais 83.

Tatters, H., Tattrusse 83.

Tedan 34.

Tehrwitene, Ldsch. Kurlands 33.

Tennaesilmae, Tennasilm, Tännasilm, D. 52.

Terma, Törma, Tor-maa, Torma, Tormas, D. 41. 82.

Theiles 84.

Thula 53.

Tirbik, D. 80.

Tirrastwerre, D. 77.

Toal, Thoal, Tohal, Tuhhala, H. 44. 45. 50. 52.

Tocolep, Tokolöp, Tokolop, D. 79.

Tödwa, D. 34.

Toikwerre, Hl. 85.

Tois, Tohhise, H. 37. 40,
Tolcks, Tolks, H. 86,
Tolkas 87.
Tolsburg 87.
Tonnawaerae, D. 16. 98.
Tonnas, Thomas, Toompja, D. 46.
Tönnofer, D. 16. 98.
Torma, Törma s. Terma D. 41.
Tormas, Torma, D. 82.
Torpius 80.
Tors 37.
Toruascula 91.
Torwe-Jege, Terffwejöckiby 91.
Torwejöki, D. 91.
Torwesthewerae, Toruastaeuae-
    rae, parochia 16. 17. 18. 31.
    76. 77.
Trigimois s. Ottenküll 21.
Trister, Tristfer, Ksp. 16. 18.
    76. 84.
Tuddolin, H., Kp., 17. 18. 19. 100.
Tudu, Tuddo, H. und D. 100.
Tülale, Tüla, H. 53.
Türpsal, H. 91.
Tydy 100.

U.

Uvalkal 70.
Uarpal 38.
Uauae 50.
Ubbasallo, D. 37.
Ubbina 67.
Ubenek, D. 67.
Ubja, D. 82.
Uchten, H. 82. 87. 88.
Ucri, Ugri, Uri 71. 72.
Udawe, G. Udewa 50.
Uddrias, D. 91.
Uddrich, Uddrike, H. 79.
Uddriki, Kr. 91.
Uekülla, D. 59. 75.
Ueri 71. 72.
Uianra 69.
Uillae 92.
Uillölemp s. Vllelep 73.
Uilsae 84.
Uilumaeki 56.
Uiraekilae 56.

Uironia s. Vironia, Wironia 16.
    17. 19. 27.
Uitcae 78.
Uldalep 54.
Ülgas, H. 64.
Uljast, D. 90.
Ulkaenpet s. Lilkaenpet 83.
Üllelep 54. 73.
Üllesoo s. Sicklecht 42.
Unaes 85.
Undaegas 92.
Undel, Undla, H. 77. 79. 81.
Undyl 79.
Unnaleppe 54.
Unnuks, H. 87.
Unox 87.
Untika 92.
Uomentakae, Klg. 16. 30. 52.
Urokyll 51.
Urwaste, D. 67.
Usküll, D. 75.
Utric 79.
Uvaetho 75.
Uvanghaelae 65.
Uvannae 78.
Uvarangalae 83.
Uvartae 74.
Uvaskaethae 87.
Uxnorm, D., H. 53. 61.

V.

Vbbianes 67.
Vbias 82.
Vdryby 91.
Vemais, Vehemes s. Wehemes 88.
Veri, Veer, D. 43.
Viborg (in Dänemark) 7.
Viliacaueri 102.
Viol, Viola, H. 83.
Vitcae 78.
Vitni 98.
Vldalep, Vllelep s. Uldalep, D.
    54.
Vllelep 73.
Vov, parochia 16. 18. 97. 100.
Vrwas 67.
Vsikylae, Vskülle 75.
Vvalaelinkae 61.

Vvarangaelae 83.
Vyaskael 73.

W.

Wäarla, D. 63.
Wachküll, D. 40.
Waeghaeccae 77.
Waeibigerwa 84.
Waela, D. 75.
Waerael 63.
Waeraeng s. Worikan, D. 43.
Waerkaela 89.
Waerkun 94.
Waestja, D. 40.
Waeszaelin, Wesselin 52.
Waetheuerae, Waettaeuaer 52.
80.
Waeudith 93.
Wagenper, D. 46. 48.
Wagria 61.
Wahaman, D. 56.
Wahaniua 56.
Wahantaa 56.
Wahema, D. 56.
Wahhakant, H. 40. 43. 50. 63.
Wahhakalm, D. 77.
Wahhe, D. 50.
Wahumperae 48.
Waida, Wait, H., Waytt, D. 75.
Waide 93.
Waiga, Wagien, Wayga 15. 28.
29. 30.
Waiküll, Wayküll, H. 99.
Waila, D. 60.
Waimastfer, H. 19. 102.
Wainjalla, Wainjalg, D. 65.
Waiolae, Waela, Wayel, D. 75.
Waiwara, Ksp. 17. 18. 19. 74.
91. 94. 95.
Wakalae 99.
Waldau, H. 38. 42.
Walghamus, Walgma, D. 80.
Walküll, Wallkyll, H. 70. 86.
Wallasto, D. und H. 94.
Wallifer, D. 94.
Wallust, D. 92.
Walling, Wallingusse, H. 58. 61.
Walsaraevaerae 92.

Wamal, D. 68.
Wandila, D. 65.
Wando, D. 79.
Wannamois, H. 52.
Wannik, Wannike, D. 56.
Waoküll, H. 28.
Waoperre, Wagenper, D. 46. 48.
Warodas 88.
Warblaewich 52.
Warbola, Warbjalla s. Janilin
58.
Wardes, Alt- und Neu-, H. 88.
Warenorm, Warranurm, G. 97.
Waret sutö 55.
Warjel, Warja, Warje, Wariol,
Wargel 95.
Wariel 51.
Wariell, D. 63.
Warmien, Ermeland in Preussen
32. 33.
Wärne, M. 69.
Warrang, H., Warrango, M.
21. 83.
Warras, D. 55.
Warrese, D. 55.
Warrodi, H., Warreda 88.
Warroper, H. s. Woropaer 96.
Wasal 60.
Waschel, Waschiel, H., Ksp.
29. 72. 73. 87.
Wasifer 92.
Waskael, parochia 17. 29. 31.
72. 73.
Waskjal, D. 73.
Waskilae, Waskylae, Wachkül,
Waschel 40. 90.
Wassalem, H. 58.
Wassaewerre, D. 92.
Wasta, M. 87.
Wataekya 79.
Watkyll, H. 79.
Watsla, Watzala, D. 60.
Wattküll, H. 79. 85.
Watzel, Watzial, D. 52. 60.
Watzsale, D. 52. 60.
Waydefer, D. 52.
Wayga, Waygele s. Waiga, We-
gele 15. 28. 29. 30.

Wayküll, H. 88. 99.
Weädla, D. 16. 98.
Wegele, Klg., Waygele, 15. 28.
  30.
Wehemes, D. 88.
Weissenstein, s. Wittensten, St.
  28.
Weltsi, M. 84.
Weltz, H. 84.
Wende-Pall 43.
Wennefer, H. 102. 103.
Wennekc, D. 56.
Weresmecke, D. 47.
Werike, D. 43. 51.
Werno 94.
Wesenberg, Ksp. 18. 76. 77.
  80. 82. 84. 86. 87. 90. 97.
  98. 99.
Wesenberg, Stadt und Schloss
  20. 27. 76. 82. 93.
West-Harrien, Dist. 16.
Wetka, G. 78.
Weylep s. Erlenfeld 36.
Wichterpall, H. 51. 53. 56. 61.
Wielcke, H. 56.
Wierland, Vironia, Wironia 15.
  16. 17. 19. 24. 27. 29. 34.
  62. 78. 81. 83. 100. 104.
Wihhola, M. 83.
Wikia, der Wiecksche Kreis,
Wieck, Wik 17. 29. 31. 32. 44.
  72.
Willakfer, Willakwerre, D. 102.
Willike 58.
Willomäggi 56.
Willowalla, D. 56.
Winni, H. und D. 98.
Winnisto 71.
Wirçol, Wireol 51.
Wirekyll, Wirrokülla 56.
Wirokyll 51.
Wironia, Wirronia, Wirlandia,
  Wirria, Wierlaad, Provinz 15.
  16. 17. 19. 24. 27. 29. 34.
  62. 70. 73. 74. 76. 77. 78. 79.
  81. 83. 100. 101. 103. 104.
Wirrofer, D. 56.

Wirrokülla, D. 56.
Wirroma s. Wierland 27.
Wittensten 28.
Woddofer, Wöddofer, H. 80.
Wöhho, D., Hl. 97.
Wöhmo, D. 88.
Woibifer, D., H. 52. 101.
Woiperre, D. 46.
Woljell, H. 85.
Wonei, Wohnja, D. 71.
Wopal 46. 48.
Wori s. Ore, Fohre, D. 43.
Worikan D. 43.
Wörküll, D. 89.
Wormegunda, Wormegunde s.
  Nurmegunda 30.
Wörno, D. 94.
Wornoby, Worrimes, Wörnss,
  Werns 94.
Woropaer, Worroper, H. 96. 97.
Woryness 94.
Wosel, Wosela, D. 52. 58.
Wosilki 58.
Wottiper, D. 84.
Wowell, D. 46.
Wrangel, 83.
Wrangelshof 83.
Wrangelsholm, Insel 67. 83.
Wrangö, Wrangelsholm 67. 83.
Wredenhagen, H. 35.
Wyreke, D. 43. 51.

X.

Xalemechi 71.

Y.

Ydiala 90.
Ydrigas 91.
Yrias 56.
Yrjawe 56.

Z.

Zabell, D. 89.
Zambia, Samland in Preussen 33.
Zellie s. Sellie 40. 44.
Zudua, Sudauen, Landschaft in
  Preussen 32.

Berichtigungen.

S. 21 Z. 1 v. u. lies *erkennen* statt erkeunen.
— 22 — 5 v. o. — *ausgemittelte* statt ausgemittelt.
— 29 — 26 — — *ordo teutonicus* statt ordo cruciferorum.
— 30 — 5 — — *den Wirzjerw umgangen* statt um den Wirzjerw gegangen.
— 34 — 27 — — *1501* statt 1502.
— 35 — 18 — — ··]
— 37 — 13 v. u. — *Mr. G. v. Brevern's* statt Herrn Brevern's.
— 38 — 9 — — *Lepac* statt Lepae.
— 39 — 3 v. o. — *Hanaras* statt Hanaros.
— 44 — 26 — — *man auf das* statt man das.
— 55 — 16 v. u. — *geboren;* st. geboren,
— 57 — 23 v. o. — *Harcke* st. Harike.
— 59 — 4 v. u. — *jetzigen* st. jetzigcn.
— 60 — 12 — — [*Culdan?* st. Guidan, Gylden; vergl. S. 53 Anm. 9 und Heinrich's des Letten Culdale S. 226.]
— 61 — 12 — — *Palne oder Palnis, wie er in der gleich folgenden Parochia Jeeleth vorkommt* st. Palne in der gleich folgenden Parochia Jeeleth oder Palnis etc.
— 63 — 8 — — [*Der ehstnische Gesinde-Name Lükkat mag immerhin vom einstigen deutschen Besitzer jener Ortschaft Lichard herrühren.*]
— 65 — 18 — — *Dom-Kirchen-Bauern* st. Domkirchenbauer.
— 66 — 16 — — *hier unten* st. auf der folgenden Seite.
— 70 — 21 v. o. — *suchen ist, und* st. suchen, ist und.
— 73 — 15 — — *in Vvaskael 5 Haken* st. Vvaskael, 5 Haken.
— 78 — 17 — — *Mettapäh* st. Mattapäh.
— 78 — 2 v. u. — *Lassila* st. Russila.
— 78 — 0 — — 9) *Athelic,* wahrscheinlich Dorf *Ahhila* unter *Höbbet,* nicht weit von *Kallus.* Die Landrolle von 1586 nennt es das Dorf *Adele* bei *Höbbet,* vergl. not. 1566 oben S. 71.
— 79 — 12 v. o. — 10) S. *Jon Scakaeman* oben S. 67.
— 82 — 21 — — *Peuth* st. Pcuth.
— 86 — 14 — — [Dorf *Salnwall* mit 12 Haken, dem Bischof von Reval gehörig, ward von diesem um die Mitte des 16. Jahrh. an *Marcus von dem Berge zu Saggad* verkauft und ist mit diesem Gute noch jetzt vereinigt.]
— 86 — 15 v. u. — *Püssi* st. Piassi.
— 92 — 14 v. o. — *unter* st. nnter.
— 94 — 16 v. u. — *Ojame* st. Ojume.
— 95 — 25 v. o. — *oben vor* st. oben.
— 98 — 2 v. u. — *24* st. 25.
— 101 — 16 — — *Waldemar IV.* st. III.
— 101 — 14 — — Hiärn S. 156, Arndt II, S. 97 Anm. e und
— 103 — 16 v. o. — *III, 236* st. I, 236.
— 103 — 18 — — Das Dorf *Awispae,* 7 Werst von der *St. Marien*-Kirche und 2 Werst vom Hofe *Ottenküll* östlich gelegen, lässt noch jetzt Ueberreste alter Verschanzungen erkennen. Ganz in der Nähe und mit demselben fast zusammenstossend liegt das Dorf *Wönnusfer* in einer fruchtbaren Ebene. Hier war ohne Zweifel der Lagerplatz oder die *Maja* der Liven und Letten, als sie im J. 1219 von *Jerwen* aus verheerend in *Wierland* einfielen und die darauf nicht vorbereiteten Ehsten mit Tod und Verderben heimsuchten.
— 104 — 3 — — *genauer kennen* st. kennen.